Grandes temas do
novo **Código de Processo Civil**

Conselho Editorial
André Luís Callegari
Carlos Alberto Molinaro
César Landa Arroyo
Daniel Francisco Mitidiero
Darci Guimarães Ribeiro
Draiton Gonzaga de Souza
Elaine Harzheim Macedo
Eugênio Facchini Neto
Giovani Agostini Saavedra
Ingo Wolfgang Sarlet
José Antonio Montilla Martos
Jose Luiz Bolzan de Morais
José Maria Porras Ramirez
José Maria Rosa Tesheiner
Leandro Paulsen
Lenio Luiz Streck
Miguel Àngel Presno Linera
Paulo Antônio Caliendo Velloso da Silveira
Paulo Mota Pinto

Dados Internacionais de Catalogação na Publicação (CIP)

G752   Grandes temas do novo Código de Processo Civil : volume 2 / Luis Alberto Reichelt, Fernando Rubin (organizadores) ; Ernesto José Toniolo ... [et al.]. – Porto Alegre : Livraria do Advogado, 2017.
161 p. ; 23 cm.
Inclui bibliografia.
ISBN 978-85-69538-62-2

1. Processo civil - Brasil. 2. Brasil. Código de processo civil. 3. Direitos fundamentais. 4. Tutela. 5. Embargos (Processo civil). 6. Recursos (Direito processual). I. Rubin, Fernando. II. Reichelt, Luis Alberto. III. Toniolo, Ernesto José.

CDU 347.91/.95(81)
CDD 347.8105

Índice para catálogo sistemático:
1. Processo civil : Brasil   347.91/.95(81)

(Bibliotecária responsável: Sabrina Leal Araujo – CRB 10/1507)

Luis Alberto Reichelt
Fernando Rubin
(organizadores)

Grandes temas do novo Código de Processo Civil

— Volume 2 —

Ernesto José Toniolo
Felipe Camilo Dall'Alba
Fernando Rubin
Guilherme Beux Nassif Azem
Guilherme Botelho
Jaqueline Mielke Silva
João Paulo K. Forster
José Tadeu Neves Xavier
Luis Alberto Reichelt

livraria
DO ADVOGADO
editora

Porto Alegre, 2017

©
Ernesto José Toniolo
Felipe Camilo Dall'Alba
Fernando Rubin
Guilherme Beux Nassif Azem
Guilherme Botelho
Jaqueline Mielke Silva
João Paulo K. Forster
José Tadeu Neves Xavier
Luis Alberto Reichelt
2017

(Edição finalizada em setembro/2016)

Capa, projeto gráfico e diagramação
Livraria do Advogado Editora

Revisão
Rosane Marques Borba

Imagem da capa
Stockphoto.com

Direitos desta edição reservados por
Livraria do Advogado Editora Ltda.
Rua Riachuelo, 1300
90010-273 Porto Alegre RS
Fone: 0800-51-7522
editora@livrariadoadvogado.com.br
www.doadvogado.com.br

Impresso no Brasil / Printed in Brazil

Prefácio

É motivo de singular alegria a oportunidade de prefaciar o excelente volume de estudos sobre o Novo Código de Processo Civil, em sequência a outro no qual, com singular competência e maturidade, o mesmo grupo de jovens processualistas gaúchos encetara um oportuno exame dos grandes temas da área. Ligado a esses assuntos por ofício e por gosto, revisitá-los é sempre um prazer, e com acrescido júbilo através dos saudosos olhos da juventude. A coletânea cobre vasta e variada gama de aspectos do processo civil e de sua legislação, quase sempre com uma ênfase que é também a do próprio Código de 2015: as garantias constitucionais do processo.

O primeiro ensaio dedica-se ao exame da defesa processual no âmbito da nova legislação, partindo das bases constitucionais (presentes com notável intensidade, como já ficou registrado, nesse Código), passando a uma particularidade também marcante nele, qual seja, a constante e explícita preocupação com a efetividade do direito de defesa não só no momento específico em que ela se concentra, mas também ao longo de todo o caminho processual. O papel do juiz, em grande parte condicionado por essa realidade, assume uma feição mais colaborativa. Ocupa-se o estudo do potencial conflito entre os interesses da efetividade do processo e da amplitude da defesa – dilema que resolve com argúcia e precisão. Anota a simplificação ritual que o diploma busca, passa pelas questões relativas ao saneamento e culmina com oportuna análise do "direito ao diálogo" entre os atores do processo.

Deveras oportuno é o artigo que se segue, relativo ao direito probatório – como de todos sabido, uma espécie de "patinho feio" entre os temas de Direito Processual, sem embargo de sua enorme importância. Com notável proficiência, o autor enfatiza a distinção entre *inversão do ônus da prova* (tema muito em voga na esfera do Direito do Consumo, mas ainda rico em aspectos insuficientemente explorados) e a *dinamização* do encargo de provar. Nesta última perspectiva, mostra o estudo que, mesmo tomada como ponto de partida ainda necessário à definição do *onus probandi* segundo a procedência da alegação (cada parte prova os fatos que alegara), é preciso dar um passo além, para assegurar que, na distribuição das cargas, se atenda a critérios como a melhor posição de um e outro litigante em relação à possibilidade, ao acesso e à facilidade de produzir a prova de cada fato. Essa interessante formulação convoca a atenção do estudioso para o dado importante do ajustamento da regra (também no campo das provas) às necessidades de cada caso.

Ainda uma vez, volta à cena o tema do equilíbrio necessário entre os valores da efetividade (agora, do direito do credor) e as garantias do processo, inclusive e sobretudo no pertinente à adoção de técnicas executórias mais enérgicas e invasivas. A análise adentra com acuidade o tema das *astreintes* e, indo adiante, identifica certa tendência do Código novo a consagrar institutos com os quais nosso Direito, historicamente, não tem mostrado proximidade maior. Fala do *namoro* (relevada seja a minha ousadia linguística) da nova legislação com realidades como o *contempt of court* do *common law*. Mas não deixa de alertar para as dificuldades e perigos que tal abordagem pode encerrar, sempre inevitáveis quando se busca a adaptação de soluções exóticas a um sistema cuja tradição e trajetória lhes foram sempre alheias. O que nos pode levar a um novo choque de princípios, que a autora trata com sabedoria e prudência.

A motivação das decisões judiciais é objeto de exame acurado, desde a visão de garantia do processo, seguindo com as diferentes técnicas de construção do *iter* lógico percorrido pelo julgador, para fixar-se depois, a modo mais específico, na chamada motivação *per relationem*. Essa cômoda mas perigosa modalidade de fundamentação ancorada ao conteúdo de outros atos, do mesmo ou de outro processo, tende a generalizar-se no ambiente – que é o do momento histórico – de enorme valorização dos precedentes e do aligeiramento (nem sempre no melhor sentido!) da prestação jurisdicional. O texto mostra-se atento a esses riscos, tanto quanto à tendência jurisprudencial que, nessa como em tantas outras matérias, nem sempre faz eco à melhor doutrina. O resultado, como posto em destaque pelo artigo, pode ser comprometedor para a garantia fundamental da motivação dos julgados, quando se faz mais prestigiada a liberalização dos fundamentos *per relationem* e *aliunde*, em quadro de massificação no qual mais se cuida de extrair soluções prontas do ventre dos computadores do que de construí-las para o caso concreto.

O sempre atual e inesgotável *Leitmotiv* da coisa julgada, nervo vital e sensível de toda a doutrina processual, comparece em instigante ensaio de ressignificação de alguns conceitos e certificação de resultados à luz da nova legislação. Como em vários outros estudos da coletânea, o enfoque principal põe-se na visão da garantia constitucional (para o caso, da intangibilidade da *res iudicata*). Embora continue eu crítico do conceito legal de coisa julgada material, neste como no anterior Código (tenho que a imutabilidade é ainda um dado formal e o fenômeno realmente relevante é a substituição do comando legal abstrato pela regra concreta que a jurisdição elabora), confesso-me impressionado com a solidez e precisão do exame feito, à vista desse conceito, dos temas envolvidos. Em especial, no relativo às inovações terminológicas e conceituais da lei nova e às investigações, habilmente conduzidas, dos reflexos que elas podem ter sobre a efetiva realização da garantia constitucional da imutabilidade – cuja substância primeva está na Lei Maior, mas só se pode particularizar em textos infraconstitucionais.

Por coincidente com o conteúdo de artigo que publiquei há poucos anos, apraz-me registrar, particularmente, um estudo voltado à necessidade de reabilitação dos embargos declaratórios, aviltados e desvalorizados pelo mau uso que deles se faz: os advogados banalizam esse recurso; os juízes o desprezam e hostilizam. E, no entanto, tem enorme importância como remédio de integração e como ponto alto do *processo colaborativo*. O autor, a par desses dados, registra a tendência à ampliação do objeto, que erige o recurso aclaratório em remédio para situações como a de manifesto erro material, quando pode atuar como alternativa prática apta, inclusive, a impedir o trânsito em julgado de sentenças rescindíveis. Aliás, pesquisa mais aprofundada na jurisprudência poderá revelar até casos onde o erro não seria exatamente de fato, mas de direito, e o recurso foi ainda assim admitido. Como quer que seja, o escrito é especialmente importante, traz preciosas luzes ao trato do tema e contribui sobremaneira para o objetivo de reabilitação do remédio.

O novo tratamento dispensado ao agravo de instrumento vem estudado também no volume. O autor analisa a grande inovação trazida pelo Código no sistema de admissibilidade do recurso: ao invés de uma cláusula aberta e abrangente, o legislador de 2015 optou por uma lista fechada, casuística, de hipóteses de cabimento. (Questiono essa opção desde a Comissão de Juristas que elaborou o Anteprojeto. O sistema anterior era melhor e vinha funcionando bem. Menos mal que a proposta inicial, ainda mais restritiva, foi barrada, assim como a de radical abolição da modalidade recursal). O autor analisa a casuística legal instituída com visão crítica, mas não se posiciona quanto à perspectiva de resultados melhores, ponderando que mais prudente será aguardar a experiência pretoriana. Mas, desde logo, registra a preocupação quanto ao provável retorno a uma realidade indesejável e ultrapassada: a inevitabilidade de uma nova proliferação dos mandados de segurança contra ato judicial, como a que, com visos de praga, se viu em certos momentos da vigência dos Códigos de 1939 e 1973.

Ensaio sobre a função dos recursos extraordinários *lato sensu* põe em tela o que o autor denomina, apropriadamente, "instrumentalidade objetiva" desses recursos excepcionais. Não se trata só de reafirmar o caráter objetivo dos remédios, que, ao contrário dos ordinários, menos servem ao interesse da parte em ter razão (ainda que o parasitem, porque precisam da interposição, ato de vontade do litigante) do que ao interesse público da uniformização e da correta interpretação do direito federal. Trata-se, mais, da instrumentalidade finalística, significando que, segundo norma expressa do Código, é possível relevar o defeito de forma (salvo intempestividade) para admitir o recurso cujo objeto seja importante para as finalidades específicas do instituto. Um juízo de valor inspirado pela proporcionalidade permite comparar a relevância do erro formal ao interesse público, apreciado em concreto, na apreciação da questão jurídica federal. Esse mecanismo, de certo modo, relativiza uma inegável contradição lógica entre a proclamada função de interesse público e a dependência, em que são postos os recursos, da vontade da parte.

Fecha o volume um estudo específico (incomum no panorama geral da doutrina) sobre modalidade recursal de emprego restrito e refinamento técnico notável: os embargos de divergência nas cortes suprema e superior de justiça. As peculiaridades desse recurso não o tornam menos importante. Com efeito, se a jurisprudência daqueles tribunais deve servir de baliza nacional à atuação de todos os demais órgãos jurisdicionais, essa função unificadora só pode operar quando não sobrevivam. Com efeito, se, no seio das próprias cortes, dissonâncias comprometerem essa padronização (vale dizer, se o *standard* é múltiplo), mais se prestará a estimular dissonâncias do que a impedi-las. Vem destacado que o novo regime de cabimento do recurso em tela amplia seu objeto possível para alcançar as chamadas questões processuais, antes imunes ao seu controle segundo entendimento pacífico de ambas as cortes. Outra inovação do Código posta em relevo é a admissibilidade do recurso face à divergência entre julgados do mesmo órgão fracionário, sempre que ele tenha experimentado mudança relevante em sua composição, capaz de provocar prevalência de um ou outro dos entendimentos contrastados.

Gratificado pela oportunidade de prefaciar livro tão significativo e abrangente, peço que me seja permitida uma nota pessoal, que é também uma homenagem. Alegra-me constatar que a doutrina magistral de Carlos Alberto Alvaro de Oliveira, sobretudo a da sua importantíssima e seminal obra sobre o formalismo no processo civil, frutifica amplamente entre os cultores da ciência processual da nova geração, como atesta sua presença frequente na bibliografia citada. Um grande livro, cuja penetração na ciência processual brasileira em geral ainda é menor do que a merecida, já impregna a modo sensível e salutar o pensamento jurídico de seus conterrâneos.

Nosso grande Estado, hoje tão debilitado e diminuído, exibe longeva e ilustrada tradição cultural, inclusive na esfera das ciências jurídicas em geral e na do Direito Processual em particular. Tivemos, nos albores da República, quando o princípio federativo ainda era um sonho possível e os Estados-Membros ostentavam essa competência legislativa, o primeiro de todos os códigos estaduais de processo, de excelente qualidade técnica. A doutrina de Inocêncio Borges da Rosa permanece viva e prestigiada depois de oitenta anos. No longo interregno, floresceram entre nós, com singular destaque, os estudos de Direito Processual, a que se dedicaram aqui alguns dos mais importantes cultores das letras jurídicas brasileiras, como continua a acontecer nos dias de hoje. Entre todos, avulta a figura gigantesca de Galeno Lacerda, a quem não perco ocasião de renovar a homenagem de discípulo, colega e amigo.

Esta coletânea mostra que a chama ainda está acesa, e cada vez mais viva seguirá no futuro.

Porto Alegre, julho de 2016.

Adroaldo Furtado Fabrício
Desembargador inativo e ex-Presidente do TJRS
Professor Titular jubilado no PPGD da UFRGS
Membro do Instituto Brasileiro de Direito Processual,
do Instituto Iberoamericano de Direito Processual,
da *International Association of Procedural Law*
e da Academia Brasileira de Letras Jurídicas

Sumário

1. A defesa no novo Código de Processo Civil
   Felipe Camilo Dall'Alba..13

2. Novo Código de Processo Civil: dinamização ou inversão do ônus da prova?
   Guilherme Botelho..35

3. As medidas coercitivas previstas no novo Código de Processo Civil e o direito fundamental do credor à tutela jurisdicional tempestiva e efetiva
   Jaqueline Mielke Silva..47

4. A motivação *per relationem* à luz do novo Código de Processo Civil
   João Paulo K. Forster...67

5. Sobre a densificação conceitual do direito fundamental à intangibilidade da coisa julgada no novo Código de Processo Civil
   Luis Alberto Reichelt..85

6. Embargos de declaração: a valorização de sua utilização nas instâncias ordinárias e as novidades trazidas pelo novo CPC
   Fernando Rubin..97

7. O Agravo de Instrumento no novo Código de Processo Civil
   José Tadeu Neves Xavier..119

8. Da instrumentalidade objetiva dos recursos extraordinário e especial – Breves considerações sobre o art. 1.029, § 3º, do novo Código de Processo Civil
   Guilherme Beux Nassif Azem..139

9. Os embargos de divergência no novo Código de Processo Civil
   Ernesto José Toniolo...149

— 1 —

A defesa no novo Código de Processo Civil

FELIPE CAMILO DALL'ALBA[1]

Sumário: 1. Introdução; 2. O direito fundamental de defesa na CF/88; 2.1. A CF/88 e o Processo Civil brasileiro; 2.2. Eficácia plena e aplicabilidade imediata da norma constitucional referente ao contraditório e à ampla defesa; 3. O direito fundamental de defesa no novo Código de Processo Civil; 3.1. Conceito de contraditório e ampla defesa; 3.2. Manifestações do direito de defesa no CPC/2015; 3.2.1. A proibição de decisão-surpresa; 3.2.2. O direito de ver os argumentos respondidos; 3.2.3. A tutela antecipada requerida em caráter antecedente: ação para desconstituir a estabilização da tutela; 3.2.4. O direito de defesa e a improcedência liminar; 3.2.5. As novidades da citação e da intimação; 3.2.6. A concentração da defesa do réu na contestação; 3.2.7. O saneamento e o direito de defesa; 3.2.8. O direito de se defender provando; 3.2.9. O direito de defesa nos recursos; 4. Conclusão; Referências.

1. Introdução

O estudo, com o auxílio da doutrina e da jurisprudência, aborda a relação entre a Constituição Federal e o processo civil, pontuando-se a natureza de direito fundamental das normas constitucionais referentes ao processo. É objeto de consideração, também, a densidade normativa das referidas normas-princípios, em especial da ampla defesa e do contraditório, descortinando-se, com isso, eficácia e aplicabilidade.

A ampla defesa e o contraditório derivam do devido processo legal e se inter-relacionam. Porém, em que pese aparentemente serem iguais, a ampla defesa e o contraditório são diferentes, cada qual exerce uma função no processo. Some-se a isso o fato de se perquirir se a ampla defesa diz respeito somente ao réu, ou, ao contrário, é dirigida às partes – autor e réu. Acrescenta Comoglio que, no juízo cível, não se dá tanto valor ao aspecto técnico da defesa como no penal; o que se exige no processo cível é a "necessidade de garantir à parte e ao seu procura-

---

[1] Mestre e Especialista em processo civil pela UFRGS. Professor da Graduação e Pós-Graduação do Centro Universitário Ritter dos Reis. Advogado.

dor ou advogado o concreto exercício de adequados poderes de ação, contradição e defesa".²

Mas, quando necessário, no cível, a inexistência de defesa não se transforma propriamente num problema, já que o sistema apresenta soluções. Por exemplo, na citação por edital, o Código manda nomear curador para apresentar defesa (art. 72, II), ou, em se tratando de direitos indisponíveis, a revelia não induz o seu efeito material (art. 345, II), ou seja, os fatos não são considerados verdadeiros. Além disso, a ampla defesa não permite a não observação das preclusões processuais, ou seja, o recebimento, por exemplo, de manifestações e provas fora do prazo, a não ser em casos especiais, porque são elas as responsáveis por um procedimento justo e organizado e as que ajudam a prevenir as malfadadas chicanas processuais.³

Assim, este trabalho tratará do contraditório e da ampla defesa no CPC/215, em especial: a) a proibição de decisão-surpresa; b) a necessidade de o juiz responder os argumentos das partes; c) o contraditório na estabilização da tutela; d) o direito de defesa na improcedência liminar; e) o direito de defesa na citação e intimação; f) a concentração da defesa na contestação; g) o saneamento do processo com a participação das partes; h) o direito de influenciar o convencimento do juiz provando; i) o direito de defesa na etapa recursal.

2. O direito fundamental de defesa na CF/88

A Constituição Federal de 1988 foi responsável pela atualização e pela interpretação dos Códigos, bem como atualizou a aplicação prática dos processos, pois suas normas, em grande número, possuem aplicação imediata. Assim, nos próximos tópicos, trabalha-se a relação entre a Constituição e o processo.

2.1. A CF/88 e o Processo Civil brasileiro

O devido processo legal mereceu alusão expressa na Constituição Federal de 1988 no seu art. 5º, LIV, que prevê que "ninguém será pri-

---

² [...] la necessità di garantire alla parte ed al suo procuratore od avvocato il *concreto esercicio* e adeguati poteri di azione, contraddizione e difesa. (COMOGLIO, Luigi Paolo. *La garanzia costituzionale dell' azione ed il processo civile*. Padova: Cedam, 1970. p. 217).

³ Outro não é o entendimento de Delosmar Junior, que doutrina: "A figura processual da preclusão, frustrando a participação real dos sujeitos processuais em nome da efetividade, é outro 'limite' ao contraditório que preserva o seu núcleo básico, pois a parte teve oportunidade e não a usou por conduta culposa, não devendo ser reaberta a oportunidade, para não criar o ciclo das 'dilações indevidas'." (MENDONÇA JUNIOR, Delosmar. *Princípios da ampla defesa e da efetividade no processo civil brasileiro*. São Paulo: Malheiros, 2001. p. 81).

vado da liberdade ou de seus bens sem o devido processo legal". Dessa feita, estando em jogo a liberdade e os bens de qualquer pessoa, bens empregados no sentido amplo, como "situação de vantagem integrante do patrimônio jurídico do sujeito de direito", a referida garantia opera garantindo a lisura da disputa.[4] Nesse passo, importa lembrar que, de acordo com Fazzalari, o próprio processo é caracterizado por ser um procedimento em contraditório.[5] Além disso, consoante doutrina Carlos Alberto Alvaro de Oliveira, "no fundo, a garantia do devido processo legal constitui a expressão constitucional do formalismo processual; o informalismo excessivo (em que as partes perigam soçobrar ao arbítrio e ao poder do Estado) e o excesso de formalismo (em que o conteúdo – o direito material e a justiça – corre o risco de periclitar por razões de forma) estabelecem os seus limites externos".[6]

Nesse giro, do princípio do devido processo legal derivam os princípios do contraditório e da ampla defesa, de maneira que Nery Junior chega a dizer, e com razão, que "em nosso parecer, bastaria a norma Constitucional haver adotado o princípio do *due process of law* para que daí decorressem todas as consequências processuais que garantiriam aos litigantes o direito a um processo e uma sentença justa".[7]

Neste ponto, Humberto Ávila destaca o valor do devido processo legal e de sua inter-relação com o contraditório e com a ampla defesa. Os princípios possuem "aptidão para produzir efeitos em diferentes níveis e função", a que o autor dá o nome de "função eficacial". A **eficácia interna e direta** é a "atuação sem intermediação ou interposição de um outro (sub)princípio ou regra", quando, por exemplo, inexiste previsão legal de prazo para falar nos autos; porém, tal afigura-se necessário; com efeito, diante da necessidade imperiosa de tal prazo, entra em cena o princípio do devido processo legal, o qual irá garantir sua abertura. Em seguida vem a **eficácia interna indireta** exercida pelos princípios, que seria aquela em que, para atuação, haveria necessidade

---

[4] OLIVEIRA, Carlos Alberto Alvaro de. *Do formalismo no processo civil*. 2. ed. rev. e ampl. São Paulo: Saraiva, 2003. p. 85.

[5] FAZZALARI, Elio. Procedimento e processo (teoria general). *Enciclopédia – XXXV*. p. 82. No mesmo sentido, DINAMARCO, Cândido Rangel. *A instrumentalidade do processo*. 11. ed. rev. atual. e ampl. São Paulo: Malheiros, 2003. p. 152 e OLIVEIRA, op. cit., p. 112. A esse respeito destaca Daniel Mitidiero ser o contraditório um elemento fundamental para o processo, cuja função é a de legitimar o Poder Judiciário "num autêntico ambiente democrático". (MITIDIERO, Daniel Francisco. *Comentários ao Código de Processo Civil* (art. 1º a 153). São Paulo: Memória Jurídica, 2004. p. 24. t. 2).

[6] OLIVEIRA, op. cit., p. 86.

[7] NERY JUNIOR, Nelson. Princípios do processo civil na Constituição Federal. 8. ed. rev. ampl. e atual. com as novas súmulas do STF e com análise sobre a relativização da coisa julgada. São Paulo: Revista dos Tribunais, 2004. p. 60. É importante registrar que a expressão *devido processo legal* está no seu sentido processual e não material. Consultar também MENDONÇA JUNIOR, op. cit., p. 33.

de "intermediação ou interposição de um outro (sub) princípio ou regra". A outra função é a **interpretativa**, que é exercida pelo princípio do devido processo legal, que "impõe a interpretação das regras que garantem a citação e a defesa, de modo a garantir protetividade aos interesses do cidadão". Tem, ainda, a função **bloqueadora**, no sentido de que, em havendo uma norma que prevê um prazo insuficiente "para garantir efetiva protetividade aos direitos do cidadão", o devido processo legal impõe seu alargamento. Por fim, uma das funções mais importantes que o sobreprincípio do devido processo legal exerce é a **rearticuladora**. Por exemplo, "o sobreprincípio do devido processo legal permite o relacionamento entre os subprincípios da ampla defesa e do contraditório com as regras de citação, de intimação, do juiz natural e da apresentação de provas, de tal sorte que cada elemento, pela relação que passa a ter com os demais, em razão do sobreprincípio, recebe um significado novo, diverso daquele que teria caso fosse interpretado isoladamente".[8]

2.2. Eficácia plena e aplicabilidade imediata da norma constitucional referente ao contraditório e à ampla defesa

A norma constitucional, conforme sua eficácia, pode ser aplicada imediatamente, ou sua aplicação necessitará da atividade do legislador ou de algum órgão estatal; desse modo, é imprescindível empreender estudo sobre sua eficácia e aplicabilidade, dando-se neste estudo especial relevo ao art. 5º, LV. Mas deve-se registrar que todas as normas constitucionais possuem eficácia, em maior ou menor grau. Com José Afonso da Silva, é lícito dizer que elas "importam sempre uma inovação da ordem jurídica preexistente à entrada em vigor da constituição a que aderem e a nova ordenação instaurada".[9] A respeito da eficácia e aplicabilidade das normas, algumas classificações sobressaem na doutrina, mas, para efeitos deste trabalho, atenção especial merece a de Pontes de Miranda, a de Sarlet e a do professor José Afonso da Silva.

Para Pontes de Miranda, as normas podem ser bastantes em si ou não bastantes em si. Afirma que "quando uma regra se basta, por si mesma, para sua incidência, diz-se bastante em si, *self-executing, self-acting, self-enforcing*. Quando, porém, precisam as regras jurídicas de regulamentação, porque, sem a criação de novas regras jurídicas, que as completem, não poderiam incidir e, pois, ser aplicadas, dizem-se

---

[8] ÁVILA, Humberto. *Teoria dos princípios:* da definição à aplicação dos princípios jurídicos. 3. ed. São Paulo: Malheiros, 2004. p. 78-80.

[9] SILVA, José Afonso da. *Aplicabilidade das normas constitucionais*. 6. ed. 3. tir. São Paulo: Malheiros, 2004. p. 81.

não bastantes em si".[10] Por sua vez, José Afonso da Silva doutrina que as normas constitucionais são: a) de eficácia plena e aplicabilidade imediata; b) de eficácia contida e de aplicabilidade imediata, diferenciando-se da primeira porque podem sofrer restrição do legislador e, por último; c) de eficácia limitada, isto é, não são autoaplicáveis.[11] Já o professor gaúcho Sarlet, seguindo o pensamento de Meirelles Teixeira, faz uso de uma "classificação binária", ou seja, para ele as normas ou são de eficácia plena ou de eficácia limitada.[12]

No que diz respeito mais de perto com a norma a ser tratada, qual seja, a do contraditório e da ampla defesa, não grassa maiores dúvidas quanto à sua eficácia plena e aplicabilidade imediata, já que tem condições de incidir desde já, sem necessidade de complementação futura pelo legislador. Até mesmo porque o art. 5º, § 1º, da CF, aduz que "as normas definidoras dos direitos e garantias fundamentais têm aplicação imediata". Dessa forma, qualquer processo judicial ou administrativo, seja o rito que for, deve respeitar tais princípios. Outra não é a doutrina de Alvaro de Oliveira: "Além disso, o § 1º do art. 5º da Constituição brasileira estatui de modo expresso que 'As normas definidoras dos direitos e garantias fundamentais têm aplicação imediata'. Esta última disposição constitucional reveste-se de grande significado. Por outro lado, principalmente em matéria processual, os preceitos consagradores dos direitos fundamentais não dependem da edição de leis concretizadoras. Por outro, na Constituição brasileira, os direitos fundamentais de caráter processual ou informadores do processo não tiveram sua eficácia plena condicionada à regulação por lei infraconstitucional".[13]

Outrossim, o princípio da ampla defesa e do contraditório não tem apenas a potencialidade de incidência imediata, mas a de balizar a legislação e servir "de vetor de interpretação do ordenamento processual".[14] Porém, é bom ressaltar, novamente, que não apresentam caráter absoluto tais normas-princípios, podendo, em determinados casos, a lembrar as hipóteses de cabimento de liminar, haver sua restrição.

Com efeito, como se vê, somente a Constituição seria suficiente para delimitar a aplicação e o alcance do direito fundamental ao contraditório e à ampla defesa. Mas o CPC, mesmo assim, foi iluminado pelos direitos fundamentais. Este aspecto é abordado no próximo tópico.

---

[10] MIRANDA, F. C. Pontes de. *Comentários à Constituição de 1967*. 2. ed. rev. São Paulo: Revista dos Tribunais, 1973. p. 126. t. 1.

[11] SILVA, op. cit., p. 82-83.

[12] SARLET, Ingo Wofgang. *A eficácia dos direitos fundamentais*. 2. ed. rev. e atual. Porto Alegre: Livraria do Advogado, 2001. p. 230-231.

[13] OLIVEIRA, Carlos Alberto Alvaro de. O processo civil na perspectiva dos direitos fundamentais. In: ——. *Do formalismo no processo civil*. 2. ed. rev. e ampl. São Paulo: Saraiva, 2003. p. 263-264.

[14] MENDONÇA JUNIOR, op. cit., p. 46.

3. O direito fundamental de defesa no novo Código de Processo Civil

O CPC/2015 tem, como primeiro capítulo, as normas fundamentais do processo civil, a demonstrar que o modelo de processo civil mudou, pois, o novo código explicitou os direitos fundamentais previstos na Constituição. O Código teve uma preocupação especial com o direito de defesa, porque, acredita-se, é um dos direitos fundamentais desrespeitados na prática do foro.

Com isso, passa-se do modelo autoritário do CPC/73 para um modelo de garantias, embasado na igualdade dos sujeitos do processo, devendo todos cooperar entre si para se obter, em tempo razoável, decisão de mérito justa e efetiva (CPC, art. 6º). Ensina Araken de Assis que o modelo mudou; o papel das partes foi redefinido, graças ao contraditório. Doravante, não é dado ao órgão judiciário conhecer de ofício matérias de processo, sem antes dar direito a prévio debate às partes. O ponto alto do novo modelo é o contraditório; agora tem que haver um prévio debate entre as partes e o órgão judiciário. Se não assumimos integralmente, o modelo de garantias deu largos passos nesse sentido.[15]

Como se pode observar, o CPC/2015 não reinventou os direitos fundamentais processuais, mas explicitou e definiu as garantias, de modo a atualizar a visão do aplicador desses direitos, principalmente no que tange ao contraditório e à ampla defesa.

3.1. Conceito de contraditório e ampla defesa

A partir de uma visão sociológica, a defesa é um instinto vital dos seres vivos, pois, para conservação da sobrevivência, opõe resistência a qualquer ameaça contra sua integridade. A sua origem vem bem antes de sua delimitação jurídica, sendo a "ideia de defesa uma exigência insuperável e conatural de reação no homem" frente a atos de ofensa; sem esta inexiste defesa.[16] Já no direito processual, a defesa significa a atividade de reação ante uma demanda, ou ante outro ato processual da parte contrária, que tenha o condão de afetar seus interesses.[17] Este fato não poderia ser diferente, pois, do contrário, o sujeito envolvido no

---

[15] ASSIS, Araken de. Palestra na Escola da Advocacia Geral da União, no dia 7 de abril de 2015.

[16] PÉREZ, Alex Carocca. *Garantia constitucional da defesa processual*. Barcelona: Boch, 1998. p. 13.

[17] PÉREZ, op. cit., p. 17. Destaca, outrossim, Alvaro de Oliveira, que a " idéia de que o tribunal pode promover atos processuais e julgar a causa na ausência do demandado, previamente cientificado este de acordo com as formalidades estabelecidas em lei, efetivamente se inicia com o procedimento contumacial do direito romano post-clássico assim mesmo depois de uma longa e penosa batalha de superação da antiga concepção. Antes, o contraditório só ocorria com a submissão voluntária da parte passiva da demanda". (OLIVEIRA, op. cit., 2003, p. 228).

processo seria um mero objeto, havendo um desrespeito à "personalidade humana e à sua dignidade, valores que são supremos no ordenamento jurídico".[18] Nessa linha, obtempera Nicòlo Trocker, dizendo que "a atual experiência jurídica alemã confirma portanto, a distância dos séculos, a validade da famosa frase de Cesare Beccaria: 'Não há liberdade toda vez que a lei permita que em algum evento o homem cesse de ser pessoa e torne-se coisa'".[19]

A defesa não pode ser vista tão somente no seu aspecto de oposição ou resistência, mas também como possibilidade de agir ativamente sobre o desenvolvimento e o êxito do juízo.[20] Nesse sentido, também o é para Alvaro de Oliveira, para quem o contraditório tem de ser visto de uma nova maneira, ou seja, ele "não significa apenas o debate das questões entre as partes, mas o concreto exercício do direito de defesa para fins de formação do convencimento do juiz, atuando, assim, como anteparo à lacunosidade ou insuficiência da sua cognição".[21] Porém, não para por aí o professor gaúcho, pois entende que as partes devem participar também da valorização jurídica dos fatos da causa, a fim de que não sejam surpreendidas com "decisão que se apoie" em visão jurídica não debatida ao longo do feito.[22] Como se vê, Alvaro de Oliveira advoga uma defesa renovada, na qual a simples ciência prévia dos atos do processo é insuficiente, pois as partes devem ter o direito de intervir e participar, ao longo de todo o processo, até mesmo nas matérias reconhecidas de ofício como pressupostos processuais.[23]

Outra importante manifestação vem de Gilmar Ferreira Mendes, quando afirma que não é outra a avaliação do tema no direito cons-

---

[18] TROCKER, Nicolò. *Processo civile e costituzione*. Milano: Giufrè, 1974. p. 378.

[19] "L'attuale esperienza giuridica tede2sca conferma quindi, a distanza di secoli, la profonda validità della famosa frase di Cesare Beccaria: ' No vi è libertà ogni qualvolta le leggi permettono che in alcuni eventi, l'uomo no cessi di essere persona e diventi cosa." (TROCKER, op. cit., p. 393).

[20] TROCKER, op. cit., p. 371.

[21] OLIVEIRA, op. cit., 2003, p. 234.

[22] OLIVEIRA, op. cit., 2003, p. 236-237. Nessa esteira, Dinamarco cita o art. 16 do novo Código de Processo Civil francês, segundo o qual o juiz "não pode fundamentar sua decisão sobre pontos de direito que ele próprio haja suscitado de ofício, sem ter previamente chamado as partes a apresentar suas alegações"... O juiz, p. ex., que ouve as partes antes de extinguir o processo por ilegitimidade *ad causam*, não alegada pelo réu e portanto não posta em contraditório entre as partes, não está manifestando uma suposta predisposição *contra* o autor, ou prejulgando: ao contrário, ele estará oferecendo ao próprio autor uma oportunidade para, alegando, dissuadi-lo daquela impressão inicial. (DINAMARCO, Candido Rangel. *Instituições de direito processual civil*. 4. ed. rev. e atual. São Paulo: Malheiros, 2004. p. 225. v. 1).

[23] Para uma abordagem profunda, ver ALVARO DE OLIVEIRA. O juiz e o princípio do contraditório. *Revista de Processo*, n. 73, p. 34-35, 1994. Destacando o aspecto do diálogo como fator importante do contraditório, (LOPES, João Batista. Efetividade da tutela jurisdicional à luz da constitucionalização do processo civil. *Revista de Processo*, 116, p. 29, jul./ago., 2004). Refere Dinamarco que a "participação que a garantia do contraditório impõe ao juiz consiste em atos de *direção*, de *prova* e de *diálogo*. A lei impõe ao juiz, entre seus deveres fundamentais no processo, o de participar efetivamente". (DINAMARCO, op. cit., 2004. p. 221).

titucional comparado, pois apreciando o tema da pretensão à tutela jurídica no direito alemão, assinala o *Bundesverfassungsgericht* que essa pretensão **envolve não só o direito de manifestação e o direito de informação sobre o objeto do processo, mas também o direito de ver os seus argumentos contemplados pelo órgão incumbido de julgar** (Cf. Decisão da Corte Constitucional alemã – *BVerfGE* 70, 288-293). Daí afirmar-se, correntemente, que a pretensão à tutela jurídica, que corresponde exatamente à garantia consagrada no art. 5º, LV, da Constituição, contém os seguintes direitos: 1) direito de informação (*Recht auf Information*), que obriga o órgão julgador a informar à parte contrária dos atos praticados no processo e sobre os elementos dele constantes; 2) **direito de manifestação (*Recht auf Äusserung*), que assegura ao defendente a possibilidade de manifestar-se oralmente ou por escrito sobre os elementos fáticos e jurídicos constantes do processo**; 3) **direito de ver seus argumentos considerados (*Recht auf Berücksichtigung*), que exige do julgador capacidade, apreensão e isenção de ânimo (*Aufnahmefähigkeit und Aufnahmebereitschaft*), para contemplar as razões apresentadas**.[24]

O professor Klaus Koplin resume, com muita clareza, as ideias expostas, para ensinar que o contraditório não corresponde somente à visão tradicional da informação e da reação, assume, igualmente, importância o direito à influência sobre o convencimento judicial.[25]

A doutrina, outrossim, em geral, não costuma diferençar o contraditório da ampla defesa, de forma a delimitar cada um dos princípios; ao contrário, muitas vezes dá tratamento idêntico a ambos.[26] Parte da doutrina,[27] como se verifica, aponta algumas distinções, de modo que, após a exposição, se faz a opção pela que mais de perto depurou suas diferenças.

Na opinião de Ada Pellegrini Grinover, **num determinado enfoque, é inquestionável que é do contraditório que brota a própria defesa**. Desdobrando-se o contraditório em dois momentos – a informação e a possibilidade de reação –, não há como negar que o conhecimento, ínsito no contraditório, é pressuposto para o exercício da defesa. Mas, de outro ponto de vista, é igualmente válido **afirmar que a defesa é que garante o contraditório, conquanto nele se manifeste**. Isso porque

---

[24] MENDES, Gilmar Ferreira. Supremo Tribunal Federal. MS 24268.

[25] KOPLIN, Klaus Cohen. O novo CPC e os direitos fundamentais processuais: uma visão geral, com destaque para o direito ao contraditório. In: Fernando Rubin e Luis Alberto Reichelt. *Grandes temas do novo Código de Processo Civil*. Porto Alegre: Livraria do Advogado, 2014. p. 38.

[26] Um dos autores, que não faz a diferença entre o contraditório e a ampla defesa, é Dinamarco, deixando transparecer que são a mesma coisa. (DINAMARCO, op. cit., 2004, p. 214-215).

[27] A seleção dos doutrinadores não obedeceu a nenhum critério científico que indicasse uma precisa visão doutrinária.

a defesa representa, na realidade, um aspecto integrante do próprio direito de ação, quais face e verso da mesma medalha, até porque não se pode falar em ação senão com relação à defesa, baseando-se a atuação de ambas as garantias sobre componentes idênticas.[28]

Para Alexandre de Moraes, a ampla defesa é o asseguramento que é dado ao réu de condições que lhe possibilitem trazer para o processo todos os elementos tendentes a esclarecer a verdade, ou mesmo de omitir-se ou calar-se, se entender necessário, **enquanto o contraditório é a própria exteriorização da ampla defesa**, impondo a condução dialética do processo (*par conditio*), pois a todo ato produzido pela acusação caberá igualmente direito da defesa de opor-se-lhe ou de dar-se a versão que melhor lhe apresente, ou, ainda, de fornecer uma interpretação jurídica diversa daquela feita pelo autor.[29]

Portanova aponta com clareza as diferenças entre o contraditório e a ampla defesa, o *princípio da ampla defesa é uma consequência do contraditório, mas tem características próprias*. Além do direito de tomar conhecimento de todos os termos do processo (princípio do contraditório), a parte também tem o direito de alegar e provar o que alega e – tal como o direito de ação – tem o direito de não se defender. Optando pela defesa, o faz com plena liberdade.[30] Assim, o contraditório é obrigatório, significando o direito de informação, enquanto a ampla defesa é facultativa, significando a possibilidade de reação. Os dois conceitos são estanques, mas ao mesmo tempo conexos, porque não adianta permitir a defesa, se a parte não tem conhecimento dos atos processuais; de outro, de nada vale dar conhecimento dos atos processuais e não se possibilitar a defesa. No trabalho, embora façamos a diferença, opta-se, muitas vezes, por utilizar a expressão *direito de defesa*, para abranger tanto o contraditório como a ampla defesa.

Além disso, o termo *defesa*, numa acepção restrita, seria usado unicamente em atenção ao réu, pois a primeira defesa dentro do processo judicial é ele quem faz. Contudo, essa visão não é a melhor, e não se coaduna com a prática judicial, porque quantas vezes é negada a defesa ao próprio autor, que, no decorrer do processo, teve negado seu direito de apresentar provas e, no recurso à tese, é de cerceamento de defesa, e não de cerceamento de ação. Para Alex Carocca Pérez, o direito de defesa é exercido quando se está na presença de um ato contrário ao

---

[28] GRINOVER, Ada Pellegrini. *Novas tendências do direito processual*. Rio de Janeiro: Forense Universitária, 1990. p. 4-5.
[29] MORAES, Alexandre. *Direito constitucional*. 12. ed. São Paulo: Atlas, 2002. p. 124.
[30] PORTANOVA, Rui. *Princípios do processo civil*. 4. ed. Porto Alegre: Livraria do Advogado, 2001. p. 125.

próprio interesse, tanto faz ser esse ato do autor quanto do réu, o qual dá às partes o direito de formular suas alegações e de prová-las, com o fito de influenciar a decisão judicial. Afirma o autor que "se tomarmos novamente como ponto de partida o significado originário do termo defesa, devemos recordar uma vez mais que se trata da possibilidade de reação frente a uma prévia atuação contrária. Portanto, se é uma garantia que tem por objeto a defesa, seu conteúdo deve ser precisamente assegurar essa possibilidade de atuação de cada parte processual frente à atividade da parte contrária".[31]

3.2. Manifestações do direito de defesa no CPC/2015

O direito de defesa, como se pode constatar nas passagens anteriores, no CPC/2015, não se restringiu ao direito à informação (contraditório) e à possibilidade de reação (ampla defesa), pois assegurou às partes, também, o direito a influenciar a decisão judicial. Com efeito, selecionaram-se algumas inovações que impactam o direito de defesa no CPC/2015, no que tange às alegações das partes, às provas, aos recursos e ao direito de influenciar a decisão judicial.

3.2.1. A proibição de decisão-surpresa

No modelo do CPC/73, em desrespeito à Constituição Federal, os magistrados resolviam as questões processuais, fáticas, probatórias e de direito material, sem ouvir as partes previamente. Contudo, o CPC/2015 vai de encontro a essa praxe, pois os arts. 9º e 10 privilegiam a participação das partes na construção da decisão judicial. Deve-se reconhecer, como já foi frisado no outro tópico, que o professor Alvaro de Oliveira já defendia a proibição de tal conduta.

Dessa feita, proíbe o CPC decisão contra uma das partes, sem que a mesma seja previamente ouvida. Ressalva-se, é claro, a tutela provisória de urgência; as hipóteses de tutela da evidência, previstas no art. 311, incisos II e III; e a decisão prevista no art. 701 (CPC, art. 9º). Isso ocorre porque, na sociedade de massa em que vivemos, as pessoas não toleram processos que se arrastam no tempo; muito menos aceitam, em casos de urgência, quando o direito é evidente, meses de instrução para um julgamento, quando no final, quem sabe, nem vivos mais

---

[31] Si tomamos nuevamente como punto de partida o significado originário del término *defesa*, debemos recordar uma vez más que se trata de la posibilidad de reacción frente a una previa actuación contraria. Por lo tanto, si es una garantia que tiene por objeto a la *defesa*, su contenido debe ser precisamente asegurar esa posibilidad de actuación de cada parte procesal frente a la actividad de la contraria. (PÉREZ, op. cit., 1998, p. 94).

estejam.[32] É aí que surge a efetividade (direito fundamental), como um dos valores de primeira grandeza no processo civil moderno,[33] a permitir uma prestação jurisdicional rápida e "com potencial de atuar eficazmente no plano dos fatos".[34] Alvaro de Oliveira doutrina, com inteira razão, que "é claro que não basta apenas abrir a porta de entrada do Poder Judiciário, mas prestar jurisdição tanto quanto possível eficiente, efetiva e justa, mediante um processo sem dilações ou formalismos excessivos".[35]

Por isso, ganham corpo as técnicas processuais que procuram resolver a lide, mesmo que provisoriamente, em cognição sumária,[36] de maneira rápida sem maiores delongas, tais como a tutela cautelar e a antecipação de tutela.[37] Com isso, há uma restrição às normas, princípios do contraditório e da ampla defesa, mas não sua abnegação total, já que ele será efetivado mais adiante. Assim, para justificar esse procedimento, fala-se em contraditório diferido.

Por essa razão, os processos em que há liminar de antecipação de tutela, sem a oitiva da parte contrária, segundo Ovídio Baptista da Silva, "integram a classe de demanda em que o contraditório, ao contrário de ser prévio, é diferido".[38] Na realidade, o contraditório e a ampla defesa serão obedecidos, mas em momento posterior, eis que a urgência da medida assim impõe. Reluz que o conflito, entre efetividade e segu-

---

[32] Daniel Mitidiero, já no início dos seus comentários, ao falar da influência do tempo no processo, ressalta que, "se tivermos em conta que o processo, entendido de forma larga, é o caminho onde 'em momentos seguidos algo se desenvolve', veremos que é ineliminável de sua essência a mediatividade da resposta jurisdicional: não se conforma ao conceito de processo a instantaneidade, circunstância que coloca o tempo (esse 'elemento misterioso', como referia Thomas Mann) como alvo de preocupação constante da precessualística". (MITIDIERO, Daniel Francisco. *Comentários ao Código de Processo Civil* (art. 1º a 153). São Paulo: Memória Jurídica, 2004. p. 15).

[33] Ressalta Alvaro de Oliveira que a efetividade não tem só assento no sadio intento de tornar mais prestadio, mais rápido e eficaz o instrumento processual. E nessa direção se agiganta – e parece ser esta uma causa nada desprezível, em razão das notórias deficiências da administração da Justiça brasileira, agoniada cada vez mais pela intensidade dos litígios, após o processo de redemocratização iniciado com a promulgação da Constituição de 1998. (OLIVEIRA, op. cit., 2003, p. 239).

[34] ZAVASCKI, Teori Albino. *Antecipação de tutela*. 3. ed. rev. atual. e ampl. São Paulo: Saraiva, 2000. p. 64.

[35] OLIVEIRA, op. cit., 2003, p. 271.

[36] Quanto à cognição, Alvaro de Oliveira diz: merece outras considerações a cognição desenvolvida pelo órgão judicial no momento de exarar sua decisão liminar, cognição essa também denominada *prima facie* – fenômeno comum a todo tipo de tutela de urgência. Sumária do ponto de vista material, porque restrita ao *periculum in mora* e ao *fumus boni iuris*, de aparência ou superficial, por se bastar com o aporte fático e probatório do autor, *em matéria ainda não submetida ao contraditório*. (OLIVEIRA, Carlos Alberto Alvaro de. *Comentários ao Código de Processo Civil*. Rio de Janeiro: Forese, 2001. p. 18. v. III. t. 2).

[37] Importantes lições em: OLIVEIRA, op. cit., 2003, p. 70.

[38] SILVA, Ovídio A. Baptista da. *Processo e ideologia:* o paradigma racionalista. Rio de Janeiro: Forense, 2004. p. 152.

rança, deve ser solucionado tendo como escopo o "interesse humano objeto do procedimento".[39]

Nessa quadra, embora a Carta Constitucional e o CPC/2015 prevejam a ampla defesa, a sumarização das demandas continua em vigor, sem maiores alterações, já que o próprio sistema possui mecanismos para solucionar a questão, seja com o contraditório diferido, seja com o eventual. Comoglio afirma textualmente, em adesão ao posicionamento aqui debatido, que "a inviolabilidade do direito de defesa possa enfraquecer-se nos casos nos quais a instauração do contraditório seja diferido ou eventual".[40] Além do mais, nenhum direito é absoluto,[41] nem mesmo a ampla defesa, de modo que se outro valor da mesma grandeza estiver em conflito, ela poderá ser restringida. Como já foi ressaltado no decorrer do texto,[42] o processo vive um constante conflito entre a segurança jurídica e a efetividade, resolvido caso a caso, pelo processo de ponderação, já que, no mais das vezes, com ampla defesa não se tem plena efetividade, e com plena efetividade não se tem por inteiro ampla defesa.

Porém, a maior inovação centra-se na regra que proíbe o juiz de decidir, em grau algum de jurisdição, com base em fundamento a respeito do qual não se tenha dado às partes oportunidade de se manifestar, ainda que se trate de matéria sobre a qual deva decidir de ofício (CPC, art. 10).

Com base nesse artigo, não é mais admitida qualquer decisão que inove no processo, sem que as partes se manifestem. Dessa proibição não escapam as matérias processuais como pressupostos processuais ou condições da ação, ou as questões fáticas, ou até mesmo as questões de direito material como prescrição, decadência e o fundamento legal da demanda. Fredie Didier exemplifica com o caso em que o órgão jurisdicional considera a lei inconstitucional, mas o autor e o réu não haviam debatido, previamente, a constitucionalidade do ato normativo. Tal julgamento é nulo à luz do CPC/2015, pois fere o contraditório.[43]

---

[39] OLIVEIRA, op. cit., 2003, p. 273.

[40] [...] "l'inviolabilità del diritto di difesa possa affievolirsi nei casi in cui l'instaurazione del contradittoria sia differita ed eventuale". (COMOGLIO, op. cit., 1970, p. 233).

[41] Lembra-se, ainda, como já fora agudamente ressaltado por Eduardo Silva da Silva, "que todos os direitos constitucionais, incluindo as garantias à vida, à liberdade, à igualdade, à segurança e à propriedade (art. 5°, *caput*, da Constituição Federal), não são absolutos em si mesmos". (SILVA, Eduardo Silva et al. *Teoria geral do processo*. Porto Alegre: Fabris, 2002. p. 34).

[42] Na nota seis consta que essa ideia é do professor Alvaro de Oliveira, inclusive com citação integral do texto. Consultar também ZAVASCKI, Teori Albino. *Antecipação de tutela*. 3. ed. rev. atual. e ampl. São Paulo: Saraiva, 2000. p. 65-68.

[43] DIDIER, Fredie. *Curso de processo civil*. Salvador: Jus Podium, 2015. p. 81. v. 1.

3.2.2. O direito de ver os argumentos respondidos

O direito de influenciar e de participar encontra-se concretizado no art. 489, § 1º, IV, do CPC, já que não se considera fundamentada qualquer decisão judicial, seja ela interlocutória, sentença ou acórdão, que não enfrente todos os argumentos deduzidos no processo, capazes de, em tese, infirmar a conclusão adotada pelo julgador. Marinoni, Arenhart e Mitidiero deixam claro que "partindo-se de uma acepção forte de contraditório, o parâmetro para aferição da correção da motivação da decisão judicial deixa de ser tão somente intrínseco (a inexistência de contradição lógica do julgado e a correta exposição do convencimento judicial) e passa a assumir também feição extrínseca (a fundamentação dos arrazoados). Não há que se falar em decisão motivada se esta não enfrenta expressamente os fundamentos arguidos pelas partes em suas manifestações processuais".[44] Portanto, as partes não só exercerão a ampla defesa alegando, como os julgadores terão o dever de apreciar os argumentos das partes, seja o autor, réu ou terceiro que participe do processo.

3.2.3. A tutela antecipada requerida em caráter antecedente: ação para desconstituir a estabilização da tutela

O CPC/2015 permite que a parte autora "entre com uma liminar", ou seja, nos casos em que a urgência for contemporânea à propositura da ação, pode a parte postular somente a tutela antecipada, porém tem que indicar o pedido de tutela final, com a exposição da lide, do direito que se busca realizar e do perigo de dano ou do risco ao resultado útil do processo (CPC, art. 303). A tutela antecipada, concedida nos termos do art. 303, torna-se estável se da decisão que a conceder não for interposto o respectivo recurso (CPC, art. 304).

Na hipótese de estabilização da tutela, ter-se-á um contraditório eventual, pois a estabilidade dos efeitos só é afastada por decisão que a revir, reformar ou invalidar, proferida em ação ajuizada por uma das partes. (CPC, art. 304, § 6º). Então, a parte terá que ajuizar uma demanda própria para desfazer o conteúdo da liminar que se estabilizou.

Nas palavras de Jaqueline Mielke Silva, o fim principal do *référé* não é a composição definitiva do conflito, mas sim a estabilização de uma situação, a interrupção de uma ilicitude ou a paralisação de um abuso. Mas tudo é feito sumariamente e sem aspiração de definitividade. O procedimento se encerra no plano da emergência, com pro-

---

[44] MARINONI, Luiz Guilherme; ARENHART, Sérgio Cruz; MITIDIERO, Daniel. *Novo curso de processo civil*: teoria do processo civil. São Paulo: Revisa dos Tribunais, 2015. p. 511.

vimento próprio e independente de qualquer outro processo. Mas a sentença é desprovida da autoridade de coisa julgada. Em ralação a futuro e eventual processo principal ou de fundo, em torno da mesma controvérsia, o provimento *référé* é apenas provisório (embora não temporário nem acessório). Cabe às partes decidir sobre a instauração, ou não, do processo principal.[45]

O contraditório eventual verifica-se, também, por exemplo, na execução, e na ação monitória, as quais protegem num primeiro momento o demandante para depois "permitir que o demandado, se o quiser, dê início ao contraditório, tornando-se autor de uma demanda incidental",[46] via embargos. Ressalta Ovídio Baptista a diferença entre o contraditório eventual e o diferido, aduzindo o "que torna significativa a distinção entre o contraditório *eventual* e as demais expressões do princípio é que nele haverá uma *inversão do contraditório*, em razão da autonomia que a lei empresta ao que seria apenas *fase* inicial de uma única demanda, se o contraditório fosse *diferido*".[47]

3.2.4. O direito de defesa e a improcedência liminar

Nas causas que dispensem a fase instrutória, o juiz, independentemente da citação do réu, julgará liminarmente improcedente o pedido que: a) contrariar enunciado de súmula do Supremo Tribunal Federal ou do Superior Tribunal de Justiça; b) acórdão proferido pelo Supremo Tribunal Federal ou pelo Superior Tribunal de Justiça, em julgamento de recursos repetitivos; c) entendimento firmado em incidente de resolução de demandas repetitivas ou de assunção de competência; d) enunciado de súmula de tribunal de justiça sobre direito local (CPC,

---

[45] SILVA, Jaqueline Mielke. A tutela provisória no novo Código de Processo Civil. In: Fernando Rubin e Luis Alberto Reichelt. *Grandes temas do Código de Processo Civil*. Porto Alegre: Livraria do Advogado, 2015. p. 117.

[46] SILVA, Ovídio Baptista da. O contraditório nas ações sumárias. In: *Da sentença liminar à nulidade da sentença*. Rio de Janeiro, Forense, 2001. p. 275. No que tange ao contraditório eventual, Ada Pellegrini Grinover, Kazuo Watanabe, Luiz Guilherme Marinoni e José Roberto dos Santos Bedaque elaboraram um projeto de lei, que, segundo destaca Fabiano Beserra, "propõe que, uma vez requerida a antecipação de tutela, em procedimento antecedente ou em curso, se a medida for deferida integralmente ou de modo parcial, surge o que Ovídio Baptista da Silva chama de contraditório eventual, cabendo ao demandado (inversão da iniciativa), se não concorda, propor a ação de conhecimento (em se tratando de antecipação em procedimento antecedente) ou requerer o prosseguimento da ação (quando a antecipação é concedida no curso do processo de conhecimento). Se não fizer isso, a tutela se estabilizará, adquirindo autoridade de coisa julgada. Indeferida a tutela, ou concedida parcialmente, cabe, por sua vez, ao demandante propor a ação de conhecimento, ou requerer seu prosseguimento. (BESERRA, Fabiano Holz. *Processo, ideologia e tutela de urgência no pensamento de Ovídio A. Baptista da Silva*: exame da proposta de projeto de lei sobre estabilização da tutela antecipada. Disponível em: <http://www.tex.pro.br/>. Acesso em: 4 fev. 2005.

[47] SILVA, Ovídio A. Baptista. *Processo e ideologia:* o paradigma racionalista. Rio de Janeiro: Forense, 2004. p. 152.

art. 332). O juiz, também, poderá julgar liminarmente improcedente o pedido, se verificar, desde logo, a ocorrência de decadência ou de prescrição.

Tal disposição não ofende o direito de defesa do réu, porque a demanda é favorável a ele, havendo a permissão que, se o autor interpuser recurso, o mesmo possa, após ser citado, apresentar contrarrazões. Outrossim, tal situação aplicar-se-á, também, para o recurso de indeferimento da petição inicial, já que, se o juiz não se retratar da apelação interposta pelo autor, o réu será citado para responder o recurso, e sendo a sentença reformada pelo tribunal, o prazo da contestação começará a correr da intimação do retorno dos autos (CPC, art. 331).

3.2.5. As novidades da citação e da intimação

A comunicação permite que as partes formulem a reação. Uma das comunicações mais importantes é a citação, que é o ato pelo qual são convocados o réu, o executado ou o interessado para integrar a relação processual (CPC, art. 238). Lembra Fredie Didier que "a sentença, por exemplo, proferida em processo em que não houver citação, é ato defeituoso, cuja nulidade pode ser decretada a qualquer tempo".[48]

Portanto, merece crítica a inovação do CPC/2015, que admite que nos condomínios edilícios ou nos loteamentos com controle de acesso, seja válida a entrega do mandado a funcionário da portaria responsável pelo recebimento de correspondência, que, entretanto, poderá recusar o recebimento, se declarar, por escrito, sob as penas da lei, que o destinatário da correspondência está ausente. (CPC, art. 248, § 4º). Conforme Araken de Assim, a citação deve ser real, pessoal. Então não é correto, como fez o Código, permitir que a citação seja entregue ao funcionário da portaria. Isso pode ofender gravemente a defesa do réu. Como alguém vai ser ouvido, sem ser chamado regularmente.[49]

Numa análise prévia, talvez apressada, pode-se dizer que tal permissão pode dar ensejo a manobras, para anular o processo, gerando possibilidade de fraudes, pois o porteiro pode muito bem receber a carta ou o mandado, sem que o morador esteja presente. Obviamente quis o CPC/2015 privilegiar a efetividade, mas gerou uma grande insegurança.

Além disso, uma inovação no que toca à intimação, está prevista no art. 269, § 1º, que faculta aos advogados promoverem a intimação do advogado da outra parte, por meio do correio, juntando aos autos, a

---

[48] DIDIER, op. cit., p. 607.
[49] ASSIS, Araken de. Palestra na escola da AGU.

seguir, cópia do ofício de intimação e do aviso de recebimento. Com isso, os próprios advogados provocaram o contraditório, enviando a carta de intimação. No sistema do CPC/73, as intimações são realizadas pelo próprio Poder Judiciário, inexistindo a possibilidade de os próprios advogados assumirem o encargo de realizar as intimações.

3.2.6. A concentração da defesa do réu na contestação

No CPC/73, tínhamos basicamente três defesas, a contestação, as exceções e a reconvenção e, para cada uma delas, era destinada uma matéria específica, fora que ainda tínhamos, por exemplo, a impugnação ao valor da causa. O novel CPC simplificou o assunto, assim como já faziam os juizados especiais. De modo que, no CPC/2015, na contestação se concentra toda a defesa do réu, sendo ela o instrumento material da sua ampla defesa, tanto a defesa direta e indireta de mérito quanto a defesa processual.

Dispõe, assim, o art. 337 sobre a matéria processual, que incumbe ao réu, antes de discutir o mérito, alegar inexistência ou nulidade da citação; incompetência absoluta e relativa; incorreção do valor da causa; inépcia da petição inicial; perempção; litispendência; coisa julgada; conexão; incapacidade da parte, defeito de representação ou falta de autorização; convenção de arbitragem; ausência de legitimidade ou de interesse processual; falta de caução ou de outra prestação que a lei exige como preliminar; indevida concessão do benefício de gratuidade de justiça.

Além disso, na contestação, é lícito ao réu propor reconvenção para manifestar pretensão própria, conexa com a ação principal ou com o fundamento da defesa (CPC, art. 343). No CPC/73, a reconvenção, que é a ação do réu contra o autor, deveria ser formulada em peça apartada.

3.2.7. O saneamento e o direito de defesa

O saneamento do processo, no modelo do CPC/2015, é a decisão central. O juiz, passada a etapa postulatória, deverá, em decisão de saneamento, e de organização do processo, resolver as questões processuais pendentes, se houver; delimitar as questões de fato sobre as quais recairá a atividade probatória, especificando os meios de prova admitidos; definir a distribuição do ônus da prova, observado o art. 373; delimitar as questões de direito relevantes para a decisão do mérito; designar, se necessário, audiência de instrução e julgamento. (CPC, art. 357).

Nessa quadra, realizado o saneamento, as partes têm o direito de pedir esclarecimentos ou solicitar ajustes, no prazo comum de 5 (cinco) dias, findo o qual a decisão se torna estável (CPC, art. 357, § 1º). As partes podem apresentar ao juiz, para homologação, delimitação consensual das questões de fato e de direito a que se referem os incisos II e IV, a qual, se homologada, vincula as partes e o juiz (CPC, art. 357, § 2º).

Além do que, se a causa apresentar complexidade em matéria de fato ou de direito, deverá o juiz designar audiência para que o saneamento seja feito em cooperação com as partes, oportunidade em que o juiz, se for o caso, convidará as partes a integrarem ou em suas alegações (CPC, art. 357, § 3º).

Como se observa, o direito de influenciar, participando e cooperando está presente nas regras acima. As partes podem participar: a) solicitando esclarecimento; b) solicitando ajustes à decisão de saneamento; c) apresentando a delimitação das questões de fato e de direito; d) dialogando, como juiz, em matérias complexas. Tal regramento demonstra a tentativa do CPC/2015 em buscar a isonomia entre as partes e o órgão judicial, pois dá poder às partes de delimitar e de influir nas questões processuais.

3.2.8. O direito de se defender provando

As partes têm o direito de empregar todos os meios legais, bem como os moralmente legítimos, ainda que não especificados neste Código, para provar a verdade dos fatos em que se funda o pedido ou a defesa e influir eficazmente na convicção do juiz (art. 369). Observe-se que, na parte final, consta expressamente que as partes têm o direito de influir na convicção do juiz por meio das provas. Não é só o direito de apresentar as provas, mas de ver suas provas analisadas pelo julgador.

Além disso, a prova emprestada restou prevista no art. 372 do CPC/2015, ou seja, o juiz poderá admitir a utilização de prova produzida em outro processo, atribuindo-lhe o valor que considerar adequado, observado o contraditório. Portanto, a prova pode circular entre os processos, mas a parte contra quem a prova será usada tem que ter participado da sua colheita.[50]

3.2.9. O direito de defesa nos recursos

Na fase recursal, também deve estar presente o direito de defesa, já que as partes exercem a defesa alegando, provando e recorrendo.

---

[50] Consultar: CAMBI, Eduardo. *Código de Processo Civil Comentado*. Coordenação de José Sebastião, Antonio César Bochenek e Eduardo Cambi. São Paulo: Revista dos Tribunais, 2015. p. 643-644.

Com efeito, listar-se-ão algumas inovações apresentadas pelo CPC, no que concerne à matéria recursal, não tendo a intenção de esgotar o tema, mas sim de demarcar pontuais ocorrências.

O art. 1.003, § 5º, do CPC, uniformizou o prazo dos recursos e das contrarrazões, pois excetuados os embargos de declaração,[51] o prazo para interpor os recursos e para respondê-los é de 15 (quinze) dias. A uniformidade de prazos simplifica os recursos, pois não fazia sentido prazos diversos, para recursos igualmente complexos, como, por exemplo, agravo de instrumento e apelação.

No que tange aos embargos de declaração, o art. 1.023, § 2º, do CPC/2015, previu, expressamente, que o juiz intimará o embargado para, querendo, manifestar-se, no prazo de 5 (cinco) dias, sobre os embargos opostos, caso seu eventual acolhimento implique a modificação da decisão embargada. A lei somente consolidou a jurisprudência, que já era unânime, no sentido de que, nos embargos, com efeitos infringentes, a parte prejudicada teria direito de apresentar contrarrazões. De qualquer forma, mesmo em caso de omissão, por força do art. 10 do CPC/2015, se a nova decisão representar surpresa, o embargado tem que ser ouvido.[52]

O contraditório dialogado está previsto, igualmente, no art. 932, parágrafo único do CPC/2015, pois antes de considerar inadmissível o recurso, o relator concederá o prazo de 5 (cinco) dias, ao recorrente, para que seja sanado vício ou complementada a documentação exigível. Trata-se de regra muito importante, que privilegia o conteúdo em detrimento da forma.

Por sua vez, o art. 1.024, § 3º, do CPC/2015, instituiu hipótese de fungibilidade recursal, para proteger o direito ao recurso, já que o órgão julgador conhecerá dos embargos de declaração como agravo interno, se entender ser este o recurso cabível, desde que determine previamente a intimação do recorrente para, no prazo de 5 (cinco) dias, complementar as razões recursais, de modo a ajustá-las às exigências do art. 1.021, § 1º.

Ademais, o art. 1.021 do CPC/2015 aceita que, contra decisão proferida pelo relator, caberá agravo interno para o respectivo órgão colegiado, observadas, quanto ao processamento, as regras do regimento interno do tribunal. O relator intimará o agravado para manifestar-se sobre o recurso no prazo de 15 dias (CPC, art. 102, § 2º).

---

[51] O prazo dos embargos de declaração é de 5 dias.
[52] KOZIKOSKI, Santo Marcelo. *Código de Processo Civil*. Coordenação de José Sebastião, Antonio César Bochenek e Eduardo Cambi. São Paulo: Revista dos Tribunais, 2015. p. 643-644.

Por fim, já é sabido que da sentença cabe apelação (art. 1.009), mas como o CPC restringiu o recurso das decisões interlocutórias, o Código previu que, nas questões resolvidas na fase de conhecimento, às quais não caiba agravo de instrumento, não são cobertas pela preclusão e devem ser suscitadas em preliminar de apelação, eventualmente interpostas contra a decisão final, ou nas contrarrazões (§ 1º). Se tais questões forem suscitadas em contrarrazões, o recorrente será intimado para, em 15 (quinze) dias, manifestar-se a respeito delas (§ 2º). Observe-se que, para garantir o direito à ampla defesa, o CPC admitiu, na hipótese de alegação de questões na resposta ao recurso, contrarrazões às contrarrazões.

4. Conclusão

As normas constitucionais influenciam diretamente o processo e o legislador, além de auxiliarem na interpretação das normas infralegais, pois "a Constituição passa a ser a lente através da qual se leem e se interpretam todas as normas infraconstitucionais".[53] Demonstrou-se, no texto, a natureza de direito fundamental das normas-princípios do contraditório e da ampla defesa, de modo que, com esse *status*, é indiscutível sua eficácia plena e aplicabilidade imediata.

Ressalte-se, também, que o devido processo legal, no seu aspecto processual, além de fazer dele derivar a ampla defesa e o contraditório, possui eficácia interna direta, ou seja, atua sem a intermediação de outro princípio ou regra, bem como tem eficácia interna indireta, que, ao contrário, seu exercício necessita da intermediação de outro princípio ou regra, podendo exercer, dentre outras, as funções interpretativa, bloqueadora e rearticuladora.

O direito de defesa, conforme foi explanado, não significa tão somente uma resposta a uma ofensa, significa, também, o direito de intervir em todos os atos do processo em permanente diálogo entre os atores processuais (autor, réu e juiz), sendo defesa qualquer manifestação de surpresa por parte do magistrado, seja em matéria fática ou jurídica. Por outro, o contraditório e a ampla defesa apresentam grandezas diversas: o primeiro, com a função, que é obrigatória, de informar os acontecimentos do processo; o segundo, com o direito de reagir, que por sua vez não é obrigatório no sentido de impor à parte que apresente qualquer tipo de manifestação, sendo que juntos são o direito de defesa.

---

[53] BARROSO, Luis Roberto Barroso; BARCELLOS, Ana Paula de. Direito constitucional: o começo da história. A nova interpretação constitucional e o papel dos princípios no direito brasileiro. *Interesse Público*, n. 19, p. 52, 2003.

Nesse diapasão, o CPC/2015 tem como centro de seu modelo o direito de defesa, pois privilegia o diálogo e a cooperação entre os atores do processo. O Código proíbe expressamente as decisões-surpresa, bem como impõe que o juiz analise os argumentos trazidos pelas partes durante o debate. Por isso, não se fala somente em direito de defesa como informação e reação, mas como direito de influir. Inclusive, a prova é um dos meios utilizados para as partes influenciarem no convencimento do juiz.

A efetividade e as normas-princípio do contraditório e da ampla defesa estão em constante conflito, porém o próprio sistema soluciona o problema e o denomina contraditório diferido e eventual, ou seja, ao invés de se possibilitar a defesa previamente, ela é feita em momento posterior, como na antecipação de tutela e na ação para desconstituir a estabilidade da tutela. Há, de fato, uma restrição a essas duas garantias; em face, porém, da grandeza e importância que a efetividade adquiriu nos últimos tempos, não se afigura equivocada tal conduta.

Deve-se ressaltar, também, que a contestação, que materializa o direito de defesa do réu, é hoje a peça processual que contém o maior número de alegações, havendo, com isso, uma simplificação do sistema, pois alegações que eram feitas em peças apartadas, com nomes próprios, são feitas dentro da contestação.

Mas uma crítica que merece o CPC diz respeito à possibilidade de citação indireta na pessoa do funcionário da portaria, pois isso pode gerar um *deficit* na defesa do réu. Mas é de bom grado a possibilidade de os advogados intimarem diretamente os outros advogados, pois torna o processo mais célere. O saneamento também é umas das partes mais relevantes do novo CPC, já que ele é dialogado e cooperativo.

No que tange aos recursos, o CPC/2015 simplificou os prazos e ampliou a participação das partes, possibilitando, por exemplo, a resposta nos embargos de declaração, com efeitos infringentes, e no agravo interno.

Assim, o novo CPC, ao buscar a igualdade entre as partes e o órgão judicial, na direção do processo, está indo de encontro à cultura hoje reinante no dia a dia forense, a qual coloca o juiz como diretor máximo do processo. Vai dar certo? Veremos em março de 2016.

Referências

ASSIS, Araken de. *Palestra na Escola da Advocacia Geral da União*, no dia 7 de abril de 2015.

ÁVILA, Humberto. *Teoria dos princípios:* da definição à aplicação dos princípios jurídicos. 3. ed. São Paulo: Malheiros, 2004.

BARROSO, Luis Roberto Barroso; BARCELLOS, Ana Paula de. Direito constitucional: o começo da história. A nova interpretação constitucional e o papel dos princípios no direito brasileiro. *Interesse Público*, n. 19, p. 51- 80, 2003.

BESERRA, Fabiano Holz. *Processo, ideologia e tutela de urgência no pensamento de Ovídio A. Baptista da Silva*: exame da proposta de projeto de lei sobre estabilização da tutela antecipada. Disponível em: <http://www.tex.pro.br/>. Acesso em: 4 fev. 2005.

CAMBI, Eduardo. *Código de Processo Civil*. Coordenação de José Sebastião, Antonio César Bochenek e Eduardo Cambi. São Paulo: Revista dos Tribunais, 2015.

CANOTILHO, J.J. Gomes. *Direito constitucional e teoria da Constituição*. 4. ed. Coimbra: Almedina, 1987.

COUTURE, Eduardo J. *Estúdios de derecho procesal civil*: la constitución y el proceso civil. 2. ed. Buenos Aires: Depalma, 1978. t. 1.

COMOGLIO, Luigi Paolo. *La garanzia costituzionale dell' azione ed il processo civile*. Padova: Cedam, 1970.

DIDIER, Fredie. *Curso de processo civil*. Salvador: Jus Podium, 2015. p. 81. v. 1.

DINAMARCO, Candido Rangel. *Instituições de direito processual civil*. 4. ed. rev. e atual. São Paulo: Malheiros, 2004. v.1.

——. *A instrumentalidade do processo*. 11. ed. rev. atual. e ampl. São Paulo: Malheiros. 2003.

FAZZALARI, Elio. Procedimento e processo (teoria general*). Enciclopédia – XXXV*. p. 82.

GRINOVER, Ada Pellegrini. *Novas tendências do direito processual*. Rio de Janeiro: Forense Universitária, 1990.

KOPLIN, Klaus Cohen. O novo CPC e os direitos fundamentais processuais: uma visão geral, com destaque para o direito ao contraditório. In: Fernando Rubin e Luis Alberto Reichelt. *Grandes temas do novo Código de Processo Civil*. Porto Alegre: Livraria do Advogado, 2014. p. 38.

KOZIKOSKI, Santo Marcelo. *Código de Processo Civil*. Coordenação de José Sebastião, Antonio César Bochenek e Eduardo Cambi São Paulo: Revista dos Tribunais, 2015.

LIMA, Francisco Gérson Marques de. Fundamentos constitucionais do processo (sob a perspectiva de eficácia dos direitos e garantias fundamentais). São Paulo: Malheiros, 2002.

LOPES, João Batista. Efetividade da tutela jurisdicional à luz da constitucionalização do processo civil. *Revista de Processo*, n. 116, jul./ago., p. 29-39, 2004.

LUMMERTZ, Henry Gonçalves. O princípio do contraditório no processo civil e na jurisprudência do Supremo Tribunal Federal. In: OLIVEIRA, Carlos Alberto Alvaro de. (Org.). *Processo e Constituição*. Rio de Janeiro: Forense, 2004.

MARINONI, Luiz Guilherme; ARENHART, Sérgio Cruz; MITIDIERO, Daniel. *Novo curso de processo civil*: teoria do processo civil. São Paulo: Revisa dos Tribunais, 2015.

MENDES, Gilmar Ferreira. Supremo Tribunal Federal. MS 24268.

MENDONÇA JUNIOR, Delosmar. Princípios da ampla defesa e da efetividade no processo civil brasileiro. São Paulo: Malheiros, 2001.

MESQUITA, Gil Ferreira de. Princípio do contraditório e da ampla defesa no processo civil brasileiro. São Paulo: Juarez de Oliveira, 2003.

MIRANDA, F. C. Pontes de. *Comentários à Constituição de 1967*. 2. ed. rev. São Paulo: Revista dos Tribunais, 1973. t. 1.

MITIDIERO, Daniel Francisco. *Comentários ao Código de Processo Civil* (art. 1º a 153). São Paulo: Memória Jurídica, 2004. t. 1. t. 2.

MORAES, Alexandre. *Direito constitucional*. 12. ed. São Paulo: Atlas, 2002.

MOREIRA, Egon Bockmann. *Processo administrativo (princípios constitucionais e a Lei 9.784/199)*. 2. ed. atual. revista e ampl. São Paulo: Malheiros, 2003.

NERY JUNIOR, Nelson. *Princípios do processo civil na Constituição Federal*. 8. ed. rev. e ampl. e atual. com as novas súmulas do STF e com análise sobre a relativização da coisa julgada. São Paulo: Revista dos Tribunais, 2004.

OLIVEIRA, Carlos Alberto Alvaro de. *Comentários ao Código de Processo Civil*. Rio de Janeiro: Forense, 2001. v. III. t. 2.

——. O processo civil na perspectiva dos direitos fundamentais. In: ——. *Do formalismo no processo civil*. 2. ed. rev. e ampl. São Paulo: Saraiva, 2003.

——. A garantia do contraditório. In: ——. *Do formalismo no processo civil*. 2. ed. rev. e ampl. São Paulo: Saraiva, 2003.

——. O juiz e o princípio do contraditório. *Revista de Processo*, 73, p. 79-85, 1994.

PÉREZ, Carocca Alex. *Garantia constitucional da defesa processual*. Barcelona: Boch, 1998.

PORTANOVA, Rui. *Princípios do processo civil*. 4. ed. Porto Alegre: Livraria do Advogado, 2001.

SARLET, Ingo Wofgang. *A eficácia dos direitos fundamentais*. 2. ed. rev. e atual. Porto Alegre: Livraria do Advogado, 2001.

SILVA, Jaqueline Mielke. A tutela provisória no novo Código de Processo Civil. In Fernando Rubin e Luis Alberto Reichelt. *Grandes temas do Código de Processo Civil*. Porto Alegre: Livraria do Advogado, 2015. p. 117.

SILVA, José Afonso da. *Aplicabilidade das normas constitucionais*. 6. ed. 3. tir. São Paulo: Malheiros, 2004.

SILVA, Eduardo *et al*. *Teoria geral do processo*. Porto Alegre: Fabris, 2002.

SILVA, Ovídio A. Baptista da. A 'plenitude de defesa' no processo civil. In: *Da sentença liminar à nulidade da sentença*. Rio de Janeiro: Forense, 2001.

——. *Processo e ideologia:* o paradigma racionalista. Rio de Janeiro: Forense, 2004.

——. O contraditório nas ações sumárias. In: *Da sentença liminar à nulidade da sentença*. Rio de Janeiro, Forense, 2001.

TROCKER, Nicolò. *Processo civile e costituzione*. Milano: Giuffrè, 1974.

WATANABE, Kazuo. *Da cognição no processo civil*. 2. ed. Campinas: Bookseller, 2000.

ZANETI JÚNIOR, Hermes. Processo constitucional: relações entre processo e Constituição. In: ZANETI JÚNIOR, Hermes; MITIDIERO, Daniel Francisco. *Introdução ao estudo do processo civil:* primeiras linhas de um paradigma emergente. Porto Alegre: Fabris, 2004.

ZAVASCKI, Teori Albino. *Antecipação de tutela*. 3. ed. rev. atual. e ampl. São Paulo: Saraiva, 2000.

— 2 —

Novo Código de Processo Civil: dinamização ou inversão do ônus da prova?

GUILHERME BOTELHO[1]

Sumário: Introdução; 1. O novo Código processual e o ônus probatório na nova regulamentação; 2. A dinamização do ônus da prova; 3. Inversão do ônus da prova no direito pátrio; 4. Dinamização *vs.* Inversão; Conclusão; Bibliografia.

Introdução

O novo Código de Processo, que recentemente entrou em vigência traz, em seu artigo 373 importante dispositivo que permite ao magistrado alterar o encargo de provar à parte que se demonstrar em melhores condições de fazê-lo, com mitigação da tradicional regra do ônus da prova estabelecido de forma estática na lei.

É imprescindível, assim, que se discuta na doutrina qual a verdadeira natureza do aludido dispositivo questionando se se trata efetivamente do acolhimento da teoria do ônus dinâmico da prova ou uma possibilidade nova de inversão do ônus a partir de requisitos distintos daqueles previstos no Código de Defesa do Consumidor.

1. O novo Código processual e o ônus probatório na nova regulamentação

O novo Código de Processo Civil entra em cena com o escopo de cumprir duas importantes missões, que representam o intuito de seus elaboradores. Primeiro, tornar mais célere o processo brasileiro, mediante o combate às etapas mortas. Depois, simplificar o procedimento

---
[1] Mestre e Doutorando em Direito pela PUCRS. Pesquisador CAPES. Especialista em Direito Processual Civil pela PUCRS. Professor dos cursos de graduação e pós-graduação em direito da Universidade Feevale. Advogado em Porto Alegre (RS).

estrutural a fim de torná-lo acessível e fácil às partes e, em especial, aos seus procuradores.[2]

Entre suas principais inovações vê-se o intuito de ampliar os poderes do magistrado, no que pertine à direção processual. Mediante a ampliação da técnica de legislar por conceitos jurídicos indeterminados e cláusulas abertas,[3] o códex permite ao magistrado uma condução mais livre no direcionamento do processo. Dentre estas inovações, o código permite a alteração do ônus da prova, o que a doutrina[4] já vem concluindo ser o acolhimento da teoria do ônus dinâmico da prova.

O Código mantém, no *caput* do art. 373,[5] uma redação idêntica ao art. 333, do código revogado, com manutenção da teoria estática do ônus da prova, incumbindo, portanto, ao autor provar os fatos constitutivos do direito, enquanto ao réu os fatos impeditivos, extintivos ou modificativos do direito. Trata-se do acolhimento da teoria de Chiovenda[6] de atribuição do ônus da prova a partir da espécie de fato que se alegue, que se diferencia, em parte, da tradicional teoria romana de

---

[2] Essas duas principais missões dos elaboradores ficam bem claras na exposição de motivos do anteprojeto redigida pela Ministro Luiz Fux: "O novo Código de Processo Civil tem o potencial de gerar um processo mais célere, mais justo, porque mais rente às necessidades sociais e muito menos complexo. A simplificação do sistema, além de proporcionar-lhe coesão mais visível, permite ao juiz centrar sua atenção, de modo mais intenso, no mérito da causa. Com evidente redução da complexidade inerente ao processo de criação de um novo Código de Processo Civil, poder-se-ia dizer que os trabalhos da comissão se orientaram precipuamente por cinco objetivos: 1) estabelecer expressa e implicitamente verdadeira sintonia fina com a Constituição Federal; 2) criar condições para que o juiz possa proferir decisão de forma mais rente à realidade fática subjacente à causa; 3) simplificar, resolvendo problemas e reduzindo a complexidade de subsistemas, como, por exemplo, o recursal; 4) dar todo o rendimento possível a cada processo em si mesmo considerado; e, 5) finalmente, sendo talvez este último objetivo parcialmente alcançado pela realização daqueles mencionados antes, imprimir maior grau de organicidade ao sistema, dando-lhe, assim, mais coesão." (Exposição de motivos do anteprojeto do Novo Código de Processo Civil)

[3] As normas que contêm conceitos jurídicos indeterminados se caracterizam pela circunstância de o seu pressuposto de incidência constituir um termo indeterminado. A sua consequência, contudo, é determinada. O problema que surge em juízo, portanto, diz respeito à caracterização do termo indeterminado. É necessário primeiro precisar o termo indeterminado para que depois a norma possa ser aplicada por subsunção. Diferentemente das normas que apresentam um conceito juridicamente indeterminado, as normas que contêm cláusulas gerais trazem uma dupla indeterminação: o pressuposto de incidência é indeterminado, e a sua consequência também é indeterminada. Assim, é preciso identificar o significado dos dois termos empregados pelo legislador. A esse respeito: MARTINS-COSTA, Judith. *A boa-fé no direito privado*. São Paulo: Revista dos Tribunais, 2000, em especial, p. 324-341.

[4] Nesse sentido: VICENTINI, Fernando Luiz. Teoria da distribuição dinâmica do ônus da prova. In: <http://www.ieprev.com.br/conteudo/id/35552/t/teoria-da-distribuicao-dinamica-do-onus-da-prova>; KLIPPEL, Rodrigo. O juiz e o ônus da prova no projeto de novo código de processo civil. In: <http://www.editorajuspodivm.com.br/i/f/343%20a%20352.pdf>.

[5] O ônus da prova incumbe: I – ao autor, quanto ao fato constitutivo do seu direito; II – ao réu, quanto à existência de fato impeditivo, modificativo ou extintivo do direito do autor.

[6] CHIOVENDA, Giuseppe. *Instituições de direito processual civil*. Vol. II. São Paulo: Saraiva, p. 380-384.

incumbir o ônus de provar a quem alega o fato, independente de sua natureza (*"ei incumbit probatio qui dicit, non qui negat"*).

O acolhimento da teoria estática a partir da natureza do fato alegado distingue-se de seu acolhimento na forma preconizada por Rosenberg,[7] que previa a imposição do ônus de provar os pressupostos fáticos da norma que lhe resulta favorável, como de forma similar defende Micheli[8] e Deivis Echandia,[9] com acolhimento em textos legais estrangeiros.[10]

A teoria estática, na forma acolhida no direito brasileiro a partir da natureza do fato, é uma tradição que remonta ao CPC de 1939, no qual se vê forte a influência de Chiovenda[11] e apenas se mantém no CPC de Buzaid. No entanto, as relações massivas contemporâneas logo demonstraram a necessidade de mitigação de sua incidência rígida, através de variadas formas. Por vezes, legislativamente através da responsabilidade civil objetiva, eximindo-se a vítima de provar a culpa na produção do fato ilícito com repercussão danosa, como a rigor faz o Código de Defesa do Consumidor nos artigos 12 e 14, e o Código Civil no parágrafo único, do art. 927.

No âmbito jurisprudencial, uma técnica que chama a atenção é a redução do módulo probatório, que defende não ser necessário pensar em prova a partir da presunção quando o magistrado poder se contentar com a verossimilhança baseada em prova plena, com o que bastaria reduzir o módulo da prova à verossimilhança suficiente, sendo desnecessário recorrer à prova por presunção.[12]

---

[7] ROSENBERG, Leo. *La carga de la prueba*. 2 ed. Trad. de Ernesto Krotoschin. Buenos Aires: EJEA, 1956.

[8] MICHELI, Gian Antonio. *Curso de derecho procesal civil*. Vol. II. Trad. de Santiago Sentis Melendo. Buenos Aires: Ediciones Juridicas Europa-America, 1970, p. 91-101.

[9] DEVIS ECHANDÍA, Hernando. *Compendio de la prueba judicial*. Tomo I. Santa Fe: Rubinzal-Culzoni, 2000.

[10] Nesse sentido, dispõe o art. 377 do Código Processual Civil e Comercial da Nação Argentina: "Incumbirá la carga de la prueba a la parte que afirme la existencia de un hecho controvertido o de un precepto jurídico que el juez o el tribunal no tenga el deber de conocer. Cada una de las partes deberá probar el presupuesto de hecho de la norma o normas que invocare como fundamento de su pretensión, defensa o excepción. Si la ley extranjera invocada por alguna de las partes no hubiere sido probada, el juez podrá investigar su existência y aplicarla a la relación jurídica materia del litigio".

[11] A influência de Giusepe Chiovenda fica visível já na exposição de motivos do Código de 1939, não apenas pelas citações as obras do professor italiano, mas pela incorporação das ideias publicistas de processo que marcavam a então nova escola processual italiana liderada por Chiovenda. O Código de 1939 tem, assim, no que pertine ao processo de conhecimento, ao menos, influência forte da fase processualista. A esse respeito, abordou-se com mais rigor: BOTELHO, Guilherme. *Direito ao processo qualificado*: o processo civil na perspectiva do estado constitucional. Porto Alegre: Livraria do Advogado, 2010, p. 21-31.

[12] WALTER, Gerhard. *Libre apreciación de la prueba*. Bogotá: Themis, 1985, p. 239-243.

Por fim, no âmbito legislativo, por vezes, altera-se o tradicional esquema de Chiovenda acolhido no art. 373 do CPC de 2015, como já ocorria no art. 333 do Código Buzaid. É o que acontece quando se dispõe ser presumível a paternidade daquele que se nega a submeter-se ao exame de DNA[13] ou, ainda, do fornecedor quanto à veracidade ou correção das informações constantes de seu informe publicitário, quando contestadas pelo consumidor[14] e da operadora de plano de saúde quanto ao conhecimento do consumidor quanto a uma doença preexistente que tenha, quando este é o motivo para negar sua cobertura aos pedidos deste.[15]

Assim, quando o legislador aprioristicamente altera o tradicional ônus estático da prova, na forma chiovendiana, parte da doutrina vê nisso uma verdadeira inversão do ônus da prova. Inversão esta que se opera previamente a partir da lei e, portanto, através de um critério *ope legis*.

Além disso, o Código de Defesa do Consumidor trouxe, dentre suas inovações no campo processual, a inversão do ônus da prova, prevista em seu art. 6º, inciso VIII, mediante "a facilitação da defesa de seus direitos, inclusive com a inversão do ônus da prova, a seu favor, no processo civil, quando, a critério do juiz, for verossímil a alegação ou quando for ele hipossuficiente, segundo as regras ordinárias de experiências". Esse dispositivo que obrigou a doutrina e a jurisprudência a lembrarem que o ônus da prova não é apenas uma regra de julgamento, possuindo também uma função subjetiva e, assim, servindo também como uma regra de comportamento, vem como um grande avanço a auxiliar a proteção do consumidor-litigante.[16] Essa possibilidade de alteração do ônus da prova veio a ser vista pela mesma doutrina como uma inversão *ope iudicis* do ônus da prova, porque viabiliza a alteração

---

[13] Nesse sentido, dispõe a Lei 12.004/09: "Art. 1º Esta Lei estabelece a presunção de paternidade no caso de recusa do suposto pai em submeter-se ao exame de código genético – DNA. Art. 2º A Lei nº 8.560, de 29 de dezembro de 1992, passa a vigorar acrescida do seguinte art. 2º-A: Na ação de investigação de paternidade, todos os meios legais, bem como os moralmente legítimos, serão hábeis para provar a verdade dos fatos. Parágrafo único. A recusa do réu em se submeter ao exame de código genético – DNA gerará a presunção da paternidade, a ser apreciada em conjunto com o contexto probatório".

[14] Art. 38. O ônus da prova da veracidade e correção da informação ou comunicação publicitária cabe a quem as patrocina.

[15] Nesse sentido, dispõe a Lei 9.656/98, em seu art. 11: "É vedada a exclusão de cobertura às doenças e lesões preexistentes à data de contratação dos produtos de que tratam o inciso I e o § 1º do art. 1º desta Lei após vinte e quatro meses de vigência do aludido instrumento contratual, cabendo à respectiva operadora o ônus da prova e da demonstração do conhecimento prévio do consumidor ou beneficiário".

[16] A respeito das funções subjetiva (como regra de comportamento) e objetiva (como regra de julgamento) do ônus da prova, ver, por todos, o célebre artigo: BUZAID, Alfredo. *Estudos de direito*. São Paulo: Saraiva, 1972, p. 45-78.

do tradicional esquema probatório a partir de critérios judiciais a serem analisados no caso concreto.

O novo código de processo civil dá um passo adiante em termos de ônus da prova permitindo a sua alteração a fim de dar incumbência probatória àquele que aparentemente tem maior facilidade de alcance à prova. A partir daí, repete-se, vê a doutrina o acolhimento da moderna teoria da dinamização do ônus da prova. A pergunta que se faz é: trata-se efetivamente do acolhimento desta teoria ou apenas mais uma hipótese de inversão do ônus da prova a partir de requisitos distintos daquele ditado para as relações de consumo?

2. A dinamização do ônus da prova

A teoria da dinamização do ônus probatório surge na década de setenta, através de texto de pena do professor argentino Jorge Peyrano[17] como solução específica a lidar com a responsabilidade médica diante de erros cirúrgicos e de tratamento e, especialmente, da dificuldade do paciente de acesso ao seu prontuário.

Posteriormente, o próprio autor, com adesão na doutrina argentina e de autores de outros países da América Latina, defendeu a ampliação de sua teoria a fim de uma aplicação genérica e abstrata, em verdadeira substituição à teoria estática do ônus da prova.

É que visualizando na teoria estática um fruto da era da codificação do direito em que se pretendia através da lei criar regras plenas, prévias e completas, a doutrina logo viu um compromisso claro dessa regra com a justiça formal,[18] que presume uma paridade nem sempre presente entre as partes.

Assim, a dinamização do ônus da prova, também conhecida como teoria do ônus compartilhado da prova, vem em alternativa à teoria estática, através de uma maior confiança depositada pelo legislador ao julgador e da premissa de que as relações litigiosas contemporâneas contam corriqueiramente com uma clara desigualdade processual entre as partes, seja pela experiência de um litigante frente ao outro, ou mesmo por seu conhecimento técnico específico privilegiado ou ainda por clara desigualdade financeira que impõe dificuldade na demons-

---

[17] A teoria é desenvolvida pela primeira vez em nosso continente em artigo doutrinário intitulado "lineamentos de las cargas probatórias dinâmicas", escrito pelo prof. Peyrano em coautoria com Julio Chiappini, publicado na revista El Derecho, no ano de 1984.

[18] Sobre o compromisso da teoria estática do ônus da prova com o direito liberal e o compromisso com uma justiça apenas formal: WHITE, Inés Lépori. Cargas probatórias diâmicas. In: PEYRANO, Jorge Walter (Coord.). *Cargas probatórias dinâmicas*. Santa Fe: Rubinzal-Culzoni, 2008, p. 61-68.

tração do direito material. Assim, trata-se de teoria que melhor atende a isonomia substancial das partes frente ao processo.[19]

A teoria prevê a fixação do ônus da prova àquele que se demonstrar em melhores condições de produzir a prova. O ônus da prova, assim, é compartilhado entre partes, a partir da ideia de que a busca pela melhor reconstrução do quadro fático é dever de todos que participam do processo. Dentro de um ambiente colaborativo,[20] quem tem mais facilidade e acesso à prova deve produzi-la, não podendo se eximir do encargo a fim de obter vantagem pela dificuldade da parte contrária em demonstrar o que ocorrera.

A partir do caso concreto, incumbirá ao magistrado distribuir de forma originária o ônus de provar cada fato essencial à parte que mais acesso e facilidade tem de comprovar. Trata-se, portanto, de fixação ou distribuição de forma apriorística. A partir de cada fato essencial controverso, o julgador distribuirá o ônus específico de prová-lo à parte que se demonstrar mais apta à sua produção, como a rigor se vê no texto adotado no Código modelo de processos coletivos para a Ibero-américa.[21]

3. Inversão do ônus da prova no direito pátrio

A inversão do ônus da prova opera-se de forma diversa da teoria antes mencionada. Não se trata apenas de alterar o ônus da prova a

---

[19] Sobre o compromisso da teoria dinâmica do ônus da prova com a justiça substancial, ver, por todos: CARPES, Artur. *Ônus dinâmico da prova*. Porto Alegre: Livraria do Advogado, 2010, p. 80-86.

[20] O direito à colaboração no processo civil se instrumentaliza fundamentalmente através de quatro deveres-chave do órgão jurisdicional para com os jurisdicionados: os deveres de esclarecimento, consulta, prevenção e auxílio. Estes deveres vêm expostos no novo Código de Processo Civil, com forte influência do direito português. A respeito da colaboração no processo civil, recomenda-se: SOUZA, Miguel Teixeira de. *Estudos sobre o novo processo civil*. 2 ed. Lisboa: Lex, 1997; GRASSO, Eduardo. La collaborazione nel processo civile. *Rivista di Diritto Processual*. Padova: Cedam, 1966; MITIDIERO, Daniel. *Colaboração no processo civil*: pressupostos sociais, lógicos e éticos. São Paulo: Revista dos Tribunais, 2009.

[21] Art. 12. Provas – São admissíveis em juízo todos os meios de prova, desde que obtidos por meios lícitos, incluindo a prova estatística ou por amostragem. § 1º. O ônus da prova incumbe à parte que detiver conhecimentos técnicos ou informações específicas sobre os fatos, ou maior facilidade em sua demonstração. Não obstante, se por razões de ordem econômica ou técnica, o ônus da prova não puder ser cumprido, o juiz determinará o que for necessário para suprir à deficiência e obter elementos probatórios indispensáveis para a sentença de mérito, podendo requisitar perícias a entidade pública cujo objeto estiver ligado à matéria em debate, condenado-se o demandado sucumbente ao reembolso. Se assim mesmo a prova não puder ser obtida, o juiz poderá ordenar sua realização, a cargo ao Fundo de Direitos Difusos e Individuais Homogêneos. § 2º – Durante a fase instrutória, surgindo modificação de fato ou de direito relevante para o julgamento da causa, o juiz poderá rever, em decisão motivada, a distribuição do ônus da prova, concedido à parte a quem for atribuída a incumbência prazo razoável para a produção da prova, observado o contraditório em relação à parte contrária.

partir de requisitos distintos. É imprescindível que se compreenda a clara distinção teórica entre ambas as técnicas processuais, a fim de melhor compreender a regra introduzida no direito brasileiro.

A inversão do ônus da prova não é, nem nunca foi, alternativa à teoria estática do ônus da prova, pelo contrário, depende da teoria estática para existir. De outro lado, o ônus dinâmico da prova é forma oposta de fixação originária do encargo probatório. Enquanto uma prevê o ônus estabelecido de forma prévia pelo legislador, a outra deixa ao julgador seu estabelecimento no caso concreto a partir de cada fato e da acessibilidade das partes a cada prova.

Inverter o ônus da prova é alterá-lo por conta da presença de determinados requisitos previstos na lei. Trata-se de técnica que mitiga a teoria estática a partir da premissa de que nem sempre a rigidez prévia da regra legal serve a todas as situações, conduzindo ao magistrado autoridade para analisar a presença de requisitos que lhe permitam, a seu critério, alterar a regra estática. É a autorização excepcional da alteração do ônus estabelecido em lei a partir de critério judicial.

Daí já se extrai que, na ótica aqui exposta, inexiste inversão do ônus da prova por critério legal (*ope legis*). Com razão, portanto, Alvaro de Oliveira e Daniel Mitidiero[22] quando afirmam que quando a lei prevê o ônus da prova de forma diversa daquela tradicional, como a rigor ocorre no art. 38 do CDC, não está a inverter-se o ônus da prova, mas a fixá-lo de forma diversa.

A inversão do ônus da prova ocorre sempre *a posteriori* e, portanto, sempre através de critério judicial. Inexiste inversão do ônus da prova *ope legis*, porque de inversão não se trata.

Assim, a única forma de inversão do ônus da prova prevista no direito brasileiro até a vigência do novo CPC era aquela constante do art. 6º, inciso VIII, do CDC, com incidência especificamente sobre as relações de consumo e a favor do consumidor, quando for verossímil a alegação ou demonstrar-se hipossuficiente frente ao fornecedor a fim de provar o fato. A inversão deve ser operada de forma específica apenas ao que se fizer necessário inverter, em que pese sua terminologia possa induzir equivocadamente na ideia de que represente uma mudança integral do ônus probatório.

Justamente porque se trata de alteração do ônus da prova a cargo do juiz no caso concreto e especificamente sobre o fato que reclama a necessidade de inversão, é que se faz imprescindível que se opere em momento que permita à parte prejudicada a possibilidade concreta de

---

[22] ALVARO DE OLIVEIRA, Carlos Alberto; MITIDIERO, Daniel. *Curso de processo civil*. Vol. 2: processo de conhecimento. São Paulo: Atlas, 2012, p. 86.

produzir a prova.[23] É porque representa alteração do ônus estabelecido previamente na lei, que se exige intimação da parte para que produza prova antes que se aplique o ônus como regra de julgamento.[24]

4. Dinamização *vs.* Inversão

Diferentemente do que ocorre na inversão, o ônus dinâmico ou compartilhado da prova é forma de estabelecimento originário de prova. Na dicção de Luiz Guilherme Marinoni e Daniel Mitidiero, "só se pode inverter o que está vertido – vale dizer, aquilo que já está estabelecido".[25] Na teoria dinâmica, "no se trata, pues, de la inversión de la carga de la prueba, sino diretamente de la atribuición direta del peso probatório en el caso concreto a quien se encuentra en mejores condiciones fácticas de probar, ya sea por razones profesionales, técnicas, o cualquier otra, pues lo que interesa es que se halle en una mejor situación como 'resultado de un cúmulo de circunstancias de hecho'".[26]

Tendo em vista que a dinamização é forma originária de atribuição do ônus da prova àquele que tem melhores condições de produzi-la, e que a inversão do ônus da prova é forma de alteração do encargo probatório que não pode se operar quando tiver como consequência a produção de prova negativa (também chamada de macabra), logo se concluiria pela incompatibilidade de convivência das duas técnicas em relações coincidentes, isto é, cíveis de consumo.

Todavia, é imprescindível notar que o novo Código de Processo não adota efetivamente a teoria compartilhada do ônus probatório, ao menos não em sua forma plena ou absoluta. Ao repetir a regra do atual Código, mediante estabelecimento prévio do ônus, mediante critério legal a partir da natureza do fato a ser provado, o que se tem é manutenção da teoria estática, como a rigor, também parece ter ocorrido no

---

[23] Momento ideal para inversão do ônus da prova é na abertura da fase de instrução, como já vem posicionando-se a doutrina nacional: MIRAGEM, Bruno. *Curso de direito do consumidor*. 2 ed. São Paulo: Revista dos Tribunais, 2010, p. 142-143. Esse também tem sido o posicionamento firmado no âmbito do Superior Tribunal de Justiça, como se vê do seguinte *leading case*: Resp 802.832/MG, 2ª Seção, Rel. Min. Paulo de Tarso Sanseverino, DJe de 21.09.2011.

[24] Daí por que andou bem o Novo Código de Processo Civil ao explicitar que ao inverter o ônus da prova, o magistrado "... deverá dar à parte a oportunidade de se desincumbir do ônus que lhe foi atribuído".

[25] MARINONI, Luiz Guilherme; MITIDIERO, Daniel. *O projeto do CPC*: críticas e propostas. São Paulo: Revista dos Tribunais, 2010, p. 104.

[26] LEGUISAMÓN, Hector E. La necesaria madurez de las cargas probatórias dinámicas. In: PEYRANO, Jorge W.; WHITE, Inés L. *Cargas probatórias dinámicas*. Santa Fe: Rubinzal-Culzoni, 2008, p. 117.

novíssimo Código de Processo Civil da Colômbia.[27] O que o *codex* faz é permitir ao juízo excepcionalmente alterar a prévia regra estabelecida em lei, quando encontrar situação que indique tal necessidade, por conta da dificuldade concreta da parte em produzir a prova no caso concreto.

O que se vê, portanto, é hipótese de inversão do ônus da prova a critério do julgador quando presentes os requisitos legais, isto é, quando verificar impossibilidade ou excessiva dificuldade da parte para cumprir com seu encargo, ou, ao menos, uma maior facilidade da parte contrária para obtenção da prova, desde que, na primeira hipótese, a inversão não gere à parte adversa ônus impossível ou de excessiva dificuldade para desincumbência.

Em que pese se trate de hipótese de inversão do ônus probatório, ela não deve absorver ou mesmo revogar a norma específica consumerista, seja porque prevista em lei especial e, portanto, em que pese a posterioridade, mantém-se hígida, seja pelo critério da especialidade, seja porque a hipótese consumerista é mais ampla e, portanto, mais benéfica ao consumidor, daí, por que também não se crê na necessidade de falar-se na aplicação ou incidência da teoria do diálogo das fontes[28] em prol do consumidor.

Explica-se: É que a hipótese de inversão do ônus da prova na lei consumerista por hipossuficiência em muito se identifica com a aplicação da prática da inversão prevista no novo Código processual. O consumidor terá direito à inversão quando se verificar que a desigualdade

---

[27] Aprovado pela Lei 1.564, de 2012, o Código entrou em vigência plena em 1º de janeiro de 2014: *Artículo 167. Carga de la prueba*. Incumbe a las partes probar el supuesto de hecho de las normas que consagran el efecto jurídico que ellas persiguen. No obstante, según las particularidades del caso, el juez podrá, de oficio o a petición de parte, distribuir, la carga al decretar las pruebas, durante su práctica o en cualquier momento del proceso antes de fallar, exigiendo probar determinado hecho a la parte que se encuentre en una situación más favorable para aportar las evidencias o esclarecer los hechos controvertidos. La parte se considerará en mejor posición para probar en virtud de su cercanía con el material probatorio, por tener en su poder el objeto de prueba, por circunstancias técnicas especiales, por haber intervenido directamente en los hechos que dieron lugar al litigio, o por estado de indefensión o de incapacidad en la cual se encuentre la contraparte, entre otras circunstancias similares. Cuando el juez adopte esta decisión, que será susceptible de recurso, otorgará a la parte correspondiente el término necesario para aportar o solicitar la respectiva prueba, la cual se someterá a las reglas de contradicción previstas en este código. Los hechos notorios y las afirmaciones o negaciones indefinidas no requieren prueba.

[28] A sofisticada técnica do diálogo das fontes foi originalmente pensada pelo professor alemão Erik Jayme como resposta à complexidade dos conflitos hermenêuticos contemporâneos, que não podem mais ser solucionados apenas com os tradicionais critérios de resolução de conflitos legais de natureza exclusivas (anterioridade, especialidade e hierarquia). A teoria defende a possibilidade que as fontes legais não necessariamente devam se excluir ou se revogarem mutuamente; ao contrário, devam "dialogar" umas às outras levando o intérprete a coordenar estas fontes, mediante uma aplicação harmônica e simultânea. No Brasil, a maior defensora e divulgadora da teoria é a ilustre professora Cláudia Lima Marques. A esse respeito, leia-se: MARQUES, Claudia Lima. *Diálogo das fontes:* do conflito à coordenação de normas do direito brasileiro. São Paulo: Revista dos Tribunais, 2012.

técnica ou financeira torna mais acessível ao fornecedor a realização da prova, sendo, de outra via, de dificuldade extrema de cumprimento ao consumidor.

Todavia, o código consumerista ainda traz outra hipótese de inversão a depender apenas da demonstração de verossimilhança como dito anteriormente. Dado que esta hipótese se baseia em requisito bem diverso daquela prevista no CPC e que os requisitos no Código de Defesa do Consumidor são alternativos,[29] o que se vê é que esta norma, sendo mais ampla, melhor protege o consumidor.

Dúvida que, a evidência surgirá, é: faz-se possível a inversão do ônus da prova em relações de consumo a partir do art. 373 do Código de Processo Civil em favor do fornecedor, quando se verificar a presença dos requisitos lá expostos ou, sendo ambas normas processuais de inversão deve aplicar-se apenas a norma consumerista? É possível aplicar o art. 373 do Código processual em benefício do fornecedor em relações de consumo a partir da já mencionada teoria do diálogo das fontes?

Com certeza essas são apenas algumas das incertezas que logo deverão ser respondidas pela jurisprudência. Espera-se, no entanto, que se tenha presente que o escopo maior na técnica da inversão do ônus da prova é a busca pelo convencimento, a contar da premissa de que todos devem colaborar com a busca da verdade. Assim, o valor maior parece viabilizar a aplicação da norma geral em benefício do fornecedor. A favor do consumidor valerá a norma especial, porque mais benéfica. Todavia, se presentes os requisitos do CPC, não há porque não permitir sua incidência em prol do fornecedor a fim de melhor compor a justiça do caso concreto.

Conclusão

O novo Código de Processo Civil não acolhe a teoria dinâmica do ônus da prova em sua forma ideal ou absoluta, trazendo, ao contrário, uma nova hipótese de inversão do ônus da prova aplicável a partir de requisitos próprios as relações cíveis em geral.

Ônus dinâmico é contraposto ao ônus estático, eles não convivem simultaneamente, dado que são formas de estabelecimento originário

---

[29] Nesse sentido: SANSEVERINO, Paulo de Tarso Vieira. *Responsabilidade civil no Código de Defesa do Consumidor e a defesa do fornecedor*. 3 ed. São Paulo: Saraiva, 2010, p. 359; MIRAGEM, Bruno. *Curso de direito do consumidor*. 2 ed. São Paulo: Revista dos Tribunais, 2010, p. 142-143. Também o Superior Tribunal de Justiça vem concluindo pela alternatividade dos requisitos da verossimilhança das alegações e da hipossuficiência: Resp n. 915.599/SP, rel. Min. Nancy Andrighi, 3ª Turma, DJe 05.09.2008.

do encargo probatório. Inversão, de outra banda, depende, para existência, da incidência da teoria estática do ônus da prova, a fim de alterar, mediante critério judicial, o que lei verteu. Daí por que inversão sempre se opera *ope iudicis*.

Espera-se que a jurisprudência venha a permitir a incidência da nova regra a fim nas relações de consumo em prol do fornecedor, dado o escopo maior de alcance da justiça e da compatibilidade das normas, sem prejuízo do consumidor, ao menos do consumidor que não busque, através dos privilégios dos encargos probatórios, obter a vitória pelo não descobrimento da verdade.

Bibliografia

ALVARO DE OLIVEIRA, Carlos Alberto; MITIDIERO, Daniel. *Curso de processo civil.* Vol. 2: processo de conhecimento. São Paulo: Atlas, 2012.

BOTELHO, Guilherme. *Direito ao processo qualificado*: o processo civil na perspectiva do estado constitucional. Porto Alegre: Livraria do Advogado, 2010.

BUZAID, Alfredo. *Estudos de direito.* São Paulo: Saraiva, 1972.

CARPES, Artur. *Ônus dinâmico da prova.* Porto Alegre: Livraria do Advogado, 2010

CHIOVENDA, Giuseppe. *Instituições de direito processual civil.* Vol. II. São Paulo: Saraiva, p. 380-384.

DEVIS ECHANDÍA, Hernando. *Compendio de la prueba judicial.* Tomo I. Santa Fe: Rubinzal-Culzoni, 2000.

GRASSO, Eduardo. La collaborazione nel processo civile. *Rivista di Diritto Processual.* Padova: Cedam, 1966.

KLIPPEL, Rodrigo. O juiz e o ônus da prova no projeto de novo código de processo civil. In: http://www.editorajuspodivm.com.br/i/f/343%20a%20352.pdf.

LEGUISAMÓN, Hector E. La necesaria madurez de las cargas probatórias dinámicas. In: PEYRANO, Jorge W.; WHITE, Inés L. *Cargas probatórias dinámicas.* Santa Fe: Rubinzal-Culzoni, 2008.

MARINONI, Luiz Guilherme; MITIDIERO, Daniel. *O projeto do CPC*: críticas e propostas. São Paulo: Revista dos Tribunais, 2010, p. 104.

MARQUES, Claudia Lima. *Diálogo das fontes:* do conflito à coordenação de normas do direito brasileiro. São Paulo: Revista dos Tribunais, 2012.

MARTINS-COSTA, Judith. *A boa-fé no direito privado.* São Paulo: Revista dos Tribunais, 2000.

MICHELI, Gian Antonio. *Curso de derecho procesal civil.* Vol. II. Trad. de Santiago Sentis Melendo. Buenos Aires: Ediciones Juridicas Europa-America, 1970.

MIRAGEM, Bruno. *Curso de direito do consumidor.* 2 ed. São Paulo: Revista dos Tribunais, 2010.

MITIDIERO, Daniel. *Colaboração no processo civil*: pressupostos sociais, lógicos e éticos. São Paulo: Revista dos Tribunais, 2009.

ROSENBERG, Leo. *La carga de la prueba.* 2 ed. Trad. de Ernesto Krotoschin. Buenos Aires: EJEA, 1956.

SANSEVERINO, Paulo de Tarso Vieira. Responsabilidade civil no Código de Defesa do Consumidor e a defesa do fornecedor. 3 ed. São Paulo: Saraiva, 2010.

SOUZA, Miguel Teixeira de. *Estudos sobre o novo processo civil*. 2 ed. Lisboa: Lex, 1997.

VICENTINI, Fernando Luiz. Teoria da distribuição dinâmica do ônus da prova. In: http://www.ieprev.com.br/conteudo/id/35552/t/teoria-da-distribuicao-dinamica-do-onus-da-prova;

WALTER, Gerhard. *Libre apreciación de la prueba*. Bogotá: Themis, 1985.

WHITE, Inés Lépori. Cargas probatórias diámicas. In: PEYRANO, Jorge Walter (Coord.). *Cargas probatórias dinâmicas*. Santa Fe: Rubinzal-Culzoni, 2008.

— 3 —

As medidas coercitivas previstas no novo Código de Processo Civil e o direito fundamental do credor à tutela jurisdicional tempestiva e efetiva

JAQUELINE MIELKE SILVA[1]

Sumário: 1. O Direito Processual Civil como instrumento de realização de direitos; 1.1. A dupla perspectiva dos direitos fundamentais; 1.1.1. Perspectiva subjetiva; 1.1.2. Perspectiva objetiva; 1.2. A relevância da perspectiva objetiva dos direitos fundamentais no âmbito do Direito Processual Civil; 1.3. Do direito fundamental do credor à tutela jurisdicional tempestiva e efetiva; 2. As medidas coercitivas previstas no NCPC como instrumento para a realização do direito fundamental do credor à tutela jurisdicional tempestiva e efetiva; 2.1. Medidas coercitivas impostas nas execuções que tenham por objeto obrigação para pagamento de quantia certa; 2.1.1. Do protesto de decisão judicial; 2.1.2. Da inscrição do nome do executado nos cadastros de devedores; 2.1.3 A imposição genérica de medidas coercitivas em provimentos que tenham por objeto obrigação para pagamento; 2.2. Medidas coercitivas previstas no cumprimento de provimentos jurisdicionais que tenham por objeto obrigação de fazer/não fazer ; 2.2.1. Impossibilidade material da execução específica; 2.2.2. Fixação de multa (*astreintes*); 2.2.3. Valor da multa; 2.2.4. Modificação do valor da multa; 2.2.5. Beneficiário das *astreintes*; 2.2.6. Execução provisória do valor fixado a título de *astreintes*; 2.2.7. Reversão do provimento que tiver ensejado a imposição de *astreintes*, em razão do julgamento de eventual recurso que estava pendente de ser apreciado; 2.3. Crime de desobediência pelo descumprimento de ordem judicial; 2.3.1. Sanções para as diversas modalidades de *contempt of court*; 2.3.2 Prisão; 2.3.3. Perda dos direitos processuais; 2.3.4. Sequestro; 2.4. Provimentos jurisdicionais que tenham por objeto a entrega de coisa certa/incerta; 3. Considerações finais; 4. Bibliografia.

---

[1] Doutora e Mestre em Direito pela Universidade do Vale do Rio dos Sinos – UNISINOS. Especialista em Direito Processual Civil pela Pontifícia Universidade Católica do Rio Grande do Sul – PUCRS. Professora do Curso de Pós-Graduação *stricto sensu* da Faculdade IMED e da Faculdade INEDI – CESUCA – e de outras instituições de ensino superior. Professora na Escola Superior da Magistratura do Rio Grande do Sul – AJURIS –, Escola Superior da Magistratura Federal – ESMAFE –, Fundação Escola Superior do Ministério Público – FMP –, Escola Superior da Magistratura do Trabalho – FEMARGS. Advogada.

1. O Direito Processual Civil como instrumento de realização de direitos

A realização de direitos fundamentais tem sido um dos grandes desafios que o processo civil, tem a vencer na sociedade contemporânea. No âmbito da execução civil esta temática assume uma relevância ainda maior, considerando a necessidade de instrumentos que propiciem a concretização do direito fundamental à tutela jurisdicional tempestiva e efetiva.

Partindo das premissas acima elencadas, o direito processual civil deve ser estudado a partir de uma perspectiva constitucional, de modo a possibilitar a realização de direitos fundamentais. Assim, revela-se de fundamental importância a análise das perspectivas subjetiva e objetiva no âmbito dos direitos fundamentais.

1.1. A dupla perspectiva dos direitos fundamentais

A perspectiva subjetiva dos direitos fundamentais tem vinculação com posições subjetivas de vantagens, enquanto faculdades e poderes atribuídos a seus titulares. Em contrapartida, a perspectiva objetiva significa que os demais efeitos jurídicos resultantes do reconhecimento de tais direitos como valores fundamentais e constitutivos da ordem jurídica devem ser perseguidos, em maior ou menor extensão, por todos os atores da vida jurídica.

1.1.1. Perspectiva subjetiva

De um modo geral, quando se abordam os direitos fundamentais como direitos subjetivos, tem-se a noção de que o titular de um direito fundamental tem a possibilidade de impor judicialmente seus interesses – juridicamente tutelados – perante o obrigado. Partindo-se dessa premissa, a ideia de que o direito subjetivo consagrado por uma norma de direito fundamental se manifesta por meio de uma relação trilateral, formada entre o titular, o objeto e o destinatário do direito, resta evidente.[2] Ao tratar do tema, leciona o constitucionalista português José Carlos Vieira de Andrade:[3]

> Podemos, assim, concluir que os direitos subjectivos fundamentais representam posições jurídicas individuais, embora em alguns casos e em certos aspectos eles possam ser diretamente encabeçados por pessoas colectivas privadas – neste caso estamos perante direitos subjectivos fundamentais por analogia, que devem ser considerados direitos atípicos.

---

[2] Nesse sentido, Ingo Wolfgang SARLET (In: *A eficácia dos direitos fundamentais – Uma teoria dos direitos fundamentais na perspectiva constitucional*. Porto Alegre: Livraria do Advogado, 2012, p. 152).

[3] In: *Os Direitos Fundamentais na Constituição Portuguesa de 1976*. Coimbra: Almedina, 1987, p. 183.

Quanto aos chamados direitos fundamentais colectivos das organizações privadas e públicas, eles não são direitos subjectivos fundamentais, mas, sim, competências no quadro de organização da sociedade política que, se tiverem como objecto principal a defesa da dignidade humana individual, devem ser consideradas como garantias institucionais no campo dos direitos fundamentais.

Seguindo o mesmo raciocínio, Ingo Wolfgang Sarlet[4] refere que "importa consignar, outrossim, que esta presunção em favor da perspectiva subjetiva (individual) não exclui a possibilidade, inclusive reconhecida pela nossa Constituição, de atribuir-se a titularidade de direitos fundamentais subjetivos a certos grupos ou entes coletivos que, todavia, e em que pese a distinção entre noções de pessoa e indivíduo, gravitam, em última análise, em torno da proteção do ser humano em sua individualidade".

Por derradeiro, importante lembrar que a presunção em favor de um direito subjetivo adquire relevância prática apenas se implicar a exigibilidade judicial do direito em questão, o que, todavia, implica a necessidade de resolver problemas vinculados ao princípio da separação de poderes, bem como aspectos inerentes à eficácia da prestação jurisdicional, por conta de uma ampliação do espaço subjetivo a partir da dimensão objetiva e a correlata compreensão da dimensão subjetiva individual.[5]

1.1.2. Perspectiva objetiva[6]

Os direitos fundamentais também se constituem em decisões valorativas de natureza jurídico objetiva da Constituição, com eficácia em

---

[4] In: *A eficácia dos direitos fundamentais – Uma teoria dos direitos fundamentais na perspectiva constitucional*. Porto Alegre: Livraria do Advogado, 2012, p. 155.

[5] Neste sentido: Jorge Reis NOVAIS (In: *As restrições aos Direitos Fundamentais não expressamente autorizadas pela Constituição*. Coimbra: Coimbra Editora, 2.010, p. 100); Ingo Wolfgang SARLET (In: *A eficácia dos direitos fundamentais – Uma teoria dos direitos fundamentais na perspectiva constitucional*. Porto Alegre: Livraria do Advogado, 2012, p. 155).

[6] Segundo Ingo Wolfgang SARLET (In: *A eficácia dos direitos fundamentais – Uma teoria dos direitos fundamentais na perspectiva constitucional*. Porto Alegre: Livraria do Advogado, 2012, p. 151), "a perspectiva objetiva dos direitos fundamentais constitui, na verdade, um terreno fértil para desenvolvimentos, podendo, neste sentido, ser considerada não tanto uma função nova dos direitos fundamentais, mas, sim, fundamento para outras funções, cujos contornos e importância específica dificilmente podem ser avaliados de forma precisa e aprioristicamente. A descoberta (ou redescoberta?) da perspectiva jurídico-objetiva dos direitos fundamentais revela, acima de tudo, que estes – para além de sua condição de direitos subjetivos (e não apenas na qualidade de direitos de defesa) permitem o desenvolvimento de novos conteúdos, que, independentemente de uma eventual possibilidade de subjetivação, assumem papel de alta relevância na construção de um sistema eficaz e racional para sua (dos direitos fundamentais) efetividade. Este processo de valorização dos direitos fundamentais na condição de normas de direito objetivo enquadra-se naquilo que foi denominado de uma autêntica mutação dos direitos fundamentais provocada não só – mas principalmente – pela transição do modelo do Estado Liberal para o do Estado social e democrático de direito, como também pela conscientização da insuficiência de uma concepção dos

todo o ordenamento jurídico, fornecendo diretrizes para os órgãos legislativos, judiciários e executivos.[7] Assim, a função dos mesmos não é limitada aos direitos subjetivos de defesa do indivíduo contra os atos do poder público.[8] Em outras palavras, os direitos fundamentais passaram a apresentar-se no âmbito da ordem constitucional como um conjunto de valores objetivos básicos e fins diretivos da ação positiva dos poderes públicos, e não apenas garantias negativas dos interesses individuais.[9]

---

direitos fundamentais como direitos subjetivos de defesa para a garantia de uma liberdade efetiva para todos, e não apenas daqueles que garantiram para si sua independência social e o domínio de seu espaço de vida pessoal. É neste contexto que se chegou a afirmar que o desenvolvimento de novas funções dos direitos fundamentais constitui problema de natureza essencialmente hermenêutica, na medida em que se encontra vinculado à possibilidade de, por meio da interpretação, se incorporarem novos conteúdos ao programa normativo dos direitos fundamentais, revelando que também neste sentido se está, na verdade, diante do eterno dilema representado pela relação dinâmica e dialética entre a norma jurídica e a realidade.

[7] Ao tratar do tema, refere Cristina QUEIROZ (In: *Direitos Fundamentais – Teoria Geral*. Coimbra: Coimbra Editora, 2010, p. 115-6) que "os direitos fundamentais 'transformam-se' em 'deveres de acção' do Estado, em 'tarefas estaduais', a desenvolver normativamente pelo poder legislativo e pelo poder judicial. Na palavras de Peter HABERLE: 'No Estado de prestações, o direito objectivo jusfundamental relevante 'vai à frente' do direito (fundamental) subjectivo. Existem mandatos constitucionais ('princípios') de 'uso do direito fundamental' aos quais (ainda) não corresponde nenhum direito subjectivo público'. De um ponto de vista, discute-se o perigo de que o excesso de dimensão objectiva dos direitos fundamentais possa fazer perigar as liberdades individuais garantidas na Constituição em favor dos direitos fundamentais de conteúdo sócio-estatal, democráticos e institucionais. Do ponto de vista funcional, é a extensão do conteúdo numa ampliação dos 'deveres positivos' que incumbem ao Estado, e, designadamente, ao legislador. O perigo de 'abuso' ou 'usurpação' das competências de outros órgãos é maior no caso dos 'deveres positivos' do que na hipótese dos 'deveres negativos'. Do ponto de vista metodológico, é o recurso ao 'sistema de valores' como fonte de decisão jurídico-constitucional que é posto em causa. A questão, em último termo, radica em saber se a proteção ofertada aos direitos fundamentais pela Constituição resulta essencialmente de cariz subjectivo ou meramente objectivo".

[8] Ao tratar do tema, leciona José Carlos Vieira de ANDRADE (In: *Os Direitos Fundamentais na Constituição Portuguesa de 1976*. Coimbra: Almedina, 1987, p. 183): "a dimensão objectiva enquanto expressão de valores comunitários aparece contraposta aos direitos (interesses) individuais, relativizando-os, revelando e definindo os seus limites, pois que o conteúdo dos direitos fundamentais enquadrados na ordem jurídica comunitária há-de ter necessariamente um alcance menor que aquele que teria pela remissão simples para o arbítrio ('natural') dos indivíduos, que são os sujeitos activos. O mesmo não acontece quando a dimensão objectiva é pensada como estrutura produtora de efeitos jurídicos: nesta perspectiva, ela surge como complemento e suplemento da dimensão subjectiva, na medida em que os preceitos constitucionais produzem efeitos que não se reconduzem totalmente às posições jurídicas subjectivas que reconhecem, ou estabelecem deveres e obrigações (normalmente para o Estado) sem a correspondente atribuição de 'direitos' aos indivíduos. A dimensão objectiva, em vez de comprimir, reforça agora a imperatividade dos direitos individuais e alarga a sua influência no ordenamento jurídico e na vida da sociedade. Rigorosamente, poderia defender-se até que a dimensão objectiva engloba (neste segundo sentido) a própria dimensão subjectiva, pois que também as faculdades que constituem as posições jurídicas subjectivas resultam das normas. Porém, partindo já de uma concepção de direito subjectivo que o não reduz a um reflexo do direito objectivo, pensamos que há, além disso, razões forte para que, especialmente na matéria de direitos fundamentais, se autonomizem os efeitos característicos da dimensão subjectiva, remetendo em consequência para uma dimensão objectiva em sentido estrito (apenas) aqueles efeitos que complementam ou transcendem o âmbito específico da categoria 'direito subjectivo'".

[9] Neste sentido, Perez LUÑO, Antonio-Enrique (In: *Los Derechos Fundamentales*, 6. ed., Madrid: Tecnos, 1995, p. 20-1).

No que tange à atuação dos órgãos jurisdicionais, a dimensão objetiva dos direitos fundamentais é o que determina o órgão jurisdicional, por exemplo:

1º) inclusive de ofício, identifique e deixe de aplicar normas excessivamente restritivas de direitos fundamentais;

2º) sem nenhuma referência à dimensão subjetiva dos direitos fundamentais, uma interpretação conforme a Constituição, no sentido de extrair de determinada norma um sentido e um alcance que maior proteção assegure a um direito fundamental relacionado a ela;

3º) leve em consideração, na realização de um determinado direito fundamental, eventuais restrições a estes imposta pelo respeito a outros direitos fundamentais, independentemente mesmo de qualquer consideração quanto à dimensão subjetiva desses últimos.

A partir da dimensão objetiva, observa-se que os direitos fundamentais operam não propriamente como princípios e garantias nas relações entre indivíduos e Estado, mas transformam-se em princípios superiores do ordenamento jurídico-constitucional considerado em seu conjunto, na condição de componentes estruturais básicos da ordem jurídica.

Outro aspecto vinculado à perspectiva objetivo-valorativa dos direitos fundamentais refere-se à denominada eficácia dirigente que estes (inclusive os que precipuamente exercem a função de direitos subjetivos) desencadeiam em relação aos órgãos estatais. Neste contexto é que se afirma conterem os direitos fundamentais uma ordem dirigida ao Estado no sentido de que a este incumbe a obrigação permanente de concretização e realização dos direitos fundamentais.[10]

Contemporaneamente, a ideia de os direitos fundamentais irradiarem efeitos também nas relações privadas, e não apenas constituírem apenas direitos oponíveis aos poderes públicos, vem sendo considerada um dos mais relevantes desdobramentos da perspectiva objetiva dos direitos fundamentais.

Por derradeiro, um último e importante desdobramento da perspectiva objetiva diz respeito à função outorgada aos direitos fundamentais sob o aspecto de parâmetros para a criação e constituição de organizações (ou instituições) estatais e para o procedimento. Com base no conteúdo das normas de direitos fundamentais, é possível se extrair consequências para a aplicação e interpretação não apenas das normas procedimentais, mas também para a formatação do direito organizacional e procedimental que auxilie na efetivação da proteção aos

---

[10] Neste sentido: Ingo Wolfgang SARLET (In: *A eficácia dos direitos fundamentais – Uma teoria dos direitos fundamentais na perspectiva constitucional*. Porto Alegre: Livraria do Advogado, 2012, p. 146).

direitos fundamentais, de modo a se evitarem os riscos de uma redução do significado do conteúdo material deles. Ao tratar do tema, leciona Ingo Wolfgang Sarlet:[11]

> Neste contexto, há que considerar a íntima vinculação entre direitos fundamentais, organização e procedimento, no sentido de que os direitos fundamentais são, ao mesmo tempo e de certa forma, dependentes da organização e do procedimento (no mínimo, sofrem uma influência da parte destes), mas simultaneamente também atuam sobre o direito procedimental e as estruturas organizacionais.

Tendo em vista que os deveres de proteção do Estado podem, por vezes, concretizar-se por meio de normas dispondo sobre o procedimento administrativo ou judicial, bem como pela da criação de órgãos, constata-se, desde já, a conexão que pode existir entre estas duas facetas da perspectiva jurídico-objetiva dos direitos fundamentais. Assim, um procedimento deverá ser ordenado e justo para a efetivação ou garantia eficaz dos direitos fundamentais.

1.2. A relevância da perspectiva objetiva dos direitos fundamentais no âmbito do Direito Processual Civil

O Estado contemporâneo tem os seus objetivos condicionados aos princípios constitucionais de justiça e aos direitos fundamentais. Assim, o direito processual civil deve ser compreendido a partir dos direitos fundamentais. Evidentemente que isso representa uma reação contra o princípio da supremacia da lei. A força normativa dos direitos fundamentais faz com que a Constituição deixe de ser encarada como algo que foi abandonado à maioria parlamentar. A vontade do legislador, agora, está submetida à vontade suprema do povo, ou melhor, à Constituição e aos direitos fundamentais.

Nenhuma lei pode contrariar os princípios constitucionais e os direitos fundamentais. A lei processual deve ser compreendida e aplicada de acordo com a Constituição. Isso significa que o juiz, após encontrar mais de uma solução a partir dos critérios clássicos de interpretação da lei, deve obrigatoriamente escolher aquela que outorgue maior efetividade à Constituição. Trata-se, deste modo, de uma forma de filtrar as interpretações possíveis da lei, deixando passar apenas a que melhor se ajuste às normas constitucionais.

Não é demasiado referir, que o Poder Judiciário não pode assumir uma postura passiva diante da sociedade. A sua atuação deverá levar em conta perspectiva de que os direitos construídos democraticamente – constitucionalmente tutelados – têm precedência mesmo contra tex-

---

[11] In: *A eficácia dos direitos fundamentais – Uma teoria dos direitos fundamentais na perspectiva constitucional*. Porto Alegre: Livraria do Advogado, 2012, p. 150.

tos legislativos produzidos por maiorias eventuais. O Poder Judiciário precisa adquirir novo papel ante a função intervencionista do Estado e passa a ser o intérprete justo na prática social. Relativamente a este aspecto, é que a decisão judicial assume grande relevo.

Ao tratar do tema, Michele Taruffo[12] refere que alguns propõem a noção de justiça processual como único critério de avaliação das decisões judiciais. Assim, seria justa a decisão que deriva de um 'processo justo'. Em nível das definições estipuladas, pode-se definir, deste modo, a justiça da decisão judiciária. Todavia, segundo ele, é duvidoso que, com isso, se resolva algo. Por um lado, de fato, esta definição não determina nada e reenvia o problema, simplesmente mudando os termos: para saber se uma decisão é processualmente justa, seria necessário definir quais são as condições gerais que ocorrem para que se possa ter um processo justo, o que não é nada simples.

1.3. Do direito fundamental do credor à tutela jurisdicional tempestiva e efetiva

A doutrina processual[13] atribui à chamada cláusula do "devido processo legal" um significado amplo, de modo a abranger, em seu campo semântico, todas aquelas exigências constitucionalmente asseguradas ao processo, isto é, aqueles valores nos quais deve se inspirar

---

[12] In: A respeito do tema, leciona ainda Michele TARUFFO: "Posto quindi che non si possa parlare di giustizia sostanziale della decisione, taluni propongono la nozione di giustizia procedurale come unico criterio di valutazione. Sarebbe così giusta la decisione che deriva da un 'giusto processo'. Sul piano delle definizioni stipulative si può anche decidere di definire in questo modo la giustizia della decisione giudiziaria. È dubbio tuttavia che con questo si risolva alcunché. Per un verso, infatti, questa definizione non definisce nulla, e rinvia il problema semplicemente mutandone i termini: per sapere se una decisione è proceduralmente giusta bisognerebbe infatti definire quali sono le condizioni generali che occorrono perché si possa avere un processo giusto, il che è tutt'altro che semplice. La teoria della decisione giusta che Qui si propone si fonda sul presupposto che non esista un singolo ed unico criterio idoneo a costituire il punto di riferimento per le valutazioni attinenti alla giustizia della decisione giudiziaria. Piuttosto, sembra necessario farcapo ad un insieme di tre criteri: sollo dalla loro combinazione potrà scaturire uno schema di valutazione che consente di determinare se e qaundo la decisione è giusta. I tre criteri ai quali si allude sono i seguenti: a) correttezza della scelta e dell'interpretazione della regola giuridica applicabile al caso; b). accertamento attendibile dei fatti rilevanti del caso; c) impiego di un procedimento valido e giusto per giungere alla decisione". (In: TARUFFO, Michele. Idee per una teoria della decisione giusta. *Rivista Trimestrale di Diritto e Procedura Civile*, Milano, p. 315-28, giugno. 1997)

[13] Segundo Devis ECHANDÍA (In: *Teoría General del Proceso – Aplicable a toda classe de procesos*. Buenos Aires: Editorial Universidad, 1997, p. 57), "en matérias civiles tiene este principio tanta importância como en las penales, pues la defensa del patrimônio y de la família es tan necesaria como la de la propia liberdad física. De él emanan dos consecuencias: la sentencia proferida en un proceso sólo afecta a las personas que fueron parte en el mismo, o a quienes jurídicamente ocupen su lugar, y debe ser citado el demandado de manera necessária para que concurra a defender su causa. Absurdo sería imponer pena o condena civil a quien no ha sido parte en el proceso en que la sentencia se dicta".

a disciplina normativa do processo, também conhecidos como "garantias constitucionais do processo".

Trata-se de um grande avanço para a teoria processual o seu encontro com os direitos fundamentais, no sentido de reconhecer que entre estes está incluída a cláusula do devido processo legal, com todo o seu complexo conteúdo.[14] Cumpre observar, portanto, que se falar em um "direito fundamental ao processo devido" não significa, apenas, uma mudança de terminologia. Ao contrário, trata-se de reconhecer ao conteúdo desta já conhecida cláusula a força normativa própria dos direitos fundamentais, portanto, reconhecê-la como norma jurídica, ao lado daquelas outras que se encontram no ápice do sistema jurídico e dotadas de aplicabilidade imediata.[15]

Por outro lado, o artigo 5°, inciso XXXV, da Constituição Federal afirma que *"a lei não excluirá da apreciação do Poder Judiciário lesão ou ameaça a direito"*. Esta norma garante a todos o direito a uma prestação jurisdicional efetiva.[16] Assim, pode-se afirmar que há um direito funda-

---

[14] Ao tratar do tema, Roberto Omar BERIZONCE (In: *Tutelas Procesales Diferenciadas*. Buenos Aires: Rubinzal – Culzoni Editores, 2009, p. 20) leciona: "la tradicional garantia del debido proceso se ha transformado paulatinamente en la experiência judicial en lo que genericamente se denomina derecho fundamental a la tutela judicial efectiva. Su contenido fluye de los textos históricos de los artículos 18, 19, 33 y correlativos de la Constitución de 1853-1860, configurativos del debido proceso legal, enriquecidos por la creación pretoriana, y desde la reforma constitucional de 1994, de (i) diversos textos como los que consagran la vía privilegiada del amparo individual y colectivo (art. 43); (ii) los princípios procesales que derivan del capitulo de los Nuevos derechos y garantias – así, la manda de procedimientos eficaces para la previsión y solución de conflitos sobre derechos de consumidores y usuários -; (iii) las medidas de acción positiva que vienen impuestas también para los jueces por el artículo 75, inciso 23, en el que se encuentran sustento las tutelas procesales diferenciadas para asegurar en concreto los derechos de las personas desfavorecidas y los derechos sociales en general, especificamente los que corresponden a los niños, los ancianos, las mujeres y las personas con discapacidad y por último (iv) las convenciones internacionales con jeararquia constitucional (art. 75, inc. 22), en cuando aluden a las garantias judiciales (art. 8, Convención Americana sobre Derechos Humanos) y a la protección judicial mediante un recurso sencillo y rápido (amparo) (art. 25 de la misma)".

[15] Neste sentido: Marcelo Lima GUERRA (In: *Direitos Fundamentais e a Proteção do Credor na Execução Civil*. São Paulo: Editora Revista dos Tribunais, 2003, p. 99)

[16] Ao tratar da tutela jurisdicional efetiva no direito argentino, Jorge W. PEYRANO (In: *Herramientas Procesales*. Buenos Aires: Nova Tesis Editora Jurídica, 2013, p. 13), refere "no posee recepción expressa en el texto constitucional nacional argentino, aunque se piensa que el tenor del artículo 43 CN permite considerado entre los derechos y garantias no enumeradas. Sin embargo, hay certa coincidência al sostener que dicho derecho fundamental disfruta de rango constitucional por império del artículo 75, inc. 22, CN que entre los tratados con jerarquia constitucional enumera a la Convención Americana de Derechos Humanos (vide artículos 8 y 25) y el Pacto Internacional de Derechos Civiles y Politicos (vide artículos 12 y 14), cuyos textos si bien no usan la locución denominada 'tutela, judicial efectiva' utilizan términos que inequivocamente conducen a pensar que la intención es incorporarla a su ideario. Es indudable, entonces, el rango constitucional que corresponde reconocerle a la tutela judicial efectiva en el orden jurídico nacional. Más aún: dicho derecho fundamental en lo atañe a todos os países signatários de la Convención Americana de Derechos Humanos (lo que los torna membros del sistema interamericano de protección de derechos humanos) puede llegar a tener eventualmente hasta jerarquia supraconstitucional porque, por ejemplo, la Corte Suprema de Justicia de la Nación ha declarado que cualesquiere fueren los fallos de la Corte Interamericana de Derechos Humanos, ellos tienen fuerza vinculante para nuestro

mental à tutela jurisdicional efetiva, tempestiva e, quando houver necessidade, preventiva. Ao tratar do tema, leciona Jorge W. Peyrano:[17]

> La tutela judicial efectiva – más allá de ser una expresión tautológica, pero aceptada – es, según se mire, un derecho fundamental que beneficia a los justiciables, un deber funcional para el órgano jurisdicional llamado a hacerlo realidade y también un principio en el sentido de ser un portador de valores.
>
> En verdade, se ha calificado justamente como el más importante de los derechos porque constituye el derecho a hacer valer los otros derechos; siendo para algunos un derecho humano vecino al derecho natural.
>
> Puede decirse que prevalece el criterio de considerlo, a la par, un derecho y también un principio.
>
> (...)
>
> Volvamos ahora la mirada a la tutela judicial efectiva visualizada como principio, que también lo es. Se trata, como sucede con todos los princípios, de un 'mandato de optimización', ya que manda hacer lo mejor según fueren laspossibilidades jurídicas y fáticas existentes en el caso. El función de ello es que los princípios admiten y reconocen cumplimientos parciales. De todo os modos, el órgano jurisdicional puede y debe realizar todo lo que fuere menester en demanda de que la tutela judicial efectiva se materialice en el mayor grado que resultara posible; procurando así concretar aquélla postulación chiovendiana: 'el proceso debe dar en cuanto es posible prácticamente a quien tiene un derecho, todo aquello y precisamente aquello que él tiene derecho a conseguir.

O direito à prestação jurisdicional efetiva não pode ser visto como um direito a uma prestação fática. Mas também não pode ser visto apenas como o direito à técnica processual adequada ou direito de participar através do procedimento adequado ou, ainda, direito à resposta do juiz. Para Roberto Omar Berizonce,[18]

> El derecho fundamental a la tutela judicial efectiva compreende, al menos y no taxativamente: (i) el debido proceso, como oportunidade de ser oído y probar en contradictorio, en cualquier proceso, para la determinación de los derechos y obligaciones de orden civil, laboral, fiscal o de cualquier otro carácter, (ii)el libre e irrestricto acceso a la jurisdicción, enfatizado cuando están en juego derechos de tutela preferente;(iv) las debidas garantias del procedimiento, que incluye la operancia del contracditorio en toas sus facetas, instancias y procedimientos, y también las garantias de igualdad efectiva que conduce a la igualación en concreto de las partes, cuando se controvierten derechos de tutela preferente; (iv) una sentencia 'intrinsecamente' justa, sustentada en la verdad jurídico-objetiva y no tributaria de un excessivo rigor formal; (v) y dictada dentro de un plazo razonable ; (vi) la ejecución efectiva de la sentencia para remover la resistência del oblegado, y (vii) las medidas cautelares, urgentes y antecipatórias necessárias, sea para assegurar cumplimiento de la sentença, sea como decisión antecipada de mérito.

país, debiendo recordarse que las normas de los tratados sobre derechos humanos con jerarquia constitucional gozan en nuestro ordenamento de operatividad directa, no siendo necessário su reconocimiento legal y resultando así diretamente aplicables por todos los poderes del Estado".

[17] In: *Herramientas Procesales*. Buenos Aires: Nova Tesis Editora Juridica, 2013, p. 13.
[18] In: *Tutelas Procesales Diferenciadas*. Buenos Aires: Rubinzal – Culzoni Editores, 2009, p. 20

Entretanto, o direito fundamental à tutela jurisdicional efetiva, quando se dirige contra o juiz, não exige apenas a efetividade da proteção dos direitos fundamentais, mas sim que a tutela jurisdicional seja prestada de maneira efetiva para todos os direitos. Tal direito fundamental, por isso mesmo, não requer apenas técnicas e procedimentos adequados à tutela dos direitos fundamentais, mas sim técnicas processuais idôneas à efetiva tutela de quaisquer direitos.

2. As medidas coercitivas previstas no NCPC como instrumento para a realização do direito fundamental do credor à tutela jurisdicional tempestiva e efetiva

A tutela executiva tem chamado a atenção da doutrina nacional nos últimos anos. Tanto que nos anos de 2005 (Lei 11.232) e 2006 (Lei 11.382), tivemos importantes alterações legislativas na matéria. O NCPC mantém a mesma estrutura introduzida por esses respectivos diplomas legais.[19] Todavia, há inúmeras alterações relativas aos diversos procedimentos executórios.

No tocante à efetividade da execução civil, o legislador se preocupou muito pouco. Houve a introdução de medidas coercitivas indiretas, que poderão auxiliar na satisfação do crédito, além de outros instrumentos, explicitados nos capítulos subsequentes. Do mesmo modo, houve a ampliação dos poderes do magistrado na determinação de medidas coercitivas.

O que se observa, porém, a partir de uma avaliação crítica, é uma preocupação bastante grande com a excessiva duração do processo. A efetividade da execução mais uma vez foi tratada de forma bastante tímida.

2.1. Medidas coercitivas impostas nas execuções que tenham por objeto obrigação para pagamento de quantia certa

2.1.1. Do protesto de decisão judicial

Nos termos do artigo 517 do NCPC, a decisão judicial, desde que transitada em julgado, e após transcorrido o prazo para pagamento voluntário, previsto no artigo 523 (que é de 15 dias), poderá ser levada a protesto. Esta medida, sem qualquer dúvida, auxiliará na satisfação do

---

[19] No Título II, Livro I, da Parte Especial, há a previsão do Cumprimento de sentença e o Livro II da Parte Especial contempla os diversos procedimentos nas execuções de títulos extrajudiciais.

crédito do exequente,[20] na exata medida em que, caso lavrado o protesto, o devedor terá grandes restrições na concessão de crédito.

Para a lavratura do protesto, deverá o exequente apresentar certidão de inteiro teor[21] da decisão transitada em julgado (artigo 517, § 1°, do NCPC).[22] Nos termos do artigo 12 da Lei 9.492/97,[23] o protesto será registrado no prazo de 3 (três) dias a contar do respectivo aponte. Dentro deste prazo – em havendo razões relevantes – o devedor poderá ajuizar ação de sustação de protesto, com pedido de tutela provisória (antecipada), podendo valer-se da tutela antecipada antecedente, com a técnica da estabilização prevista no artigo 304 do NCPC. O protesto será cancelado por determinação do juiz, mediante ofício a ser expedido ao cartório, no prazo de 3 (três) dias, contado da data de protocolo do requerimento, desde que comprovada a satisfação integral da obrigação (artigo 517, § 4°, do NCPC).

2.1.2. Da inscrição do nome do executado nos cadastros de devedores

Na execução definitiva tanto de títulos extrajudiciais quanto de títulos judiciais, de acordo com o artigo 782, §§ 3° e 5°, do NCPC, *"a requerimento da parte, o juiz poderá determinar a inclusão do nome do executado em cadastros de inadimplentes"*. Trata-se de mais uma medida que vai ao encontro do direito fundamental do credor à tutela jurisdicional efetiva e tempestiva, pois a inscrição do nome do devedor em cadastros de inadimplentes, indubitavelmente, restringe o direito de crédito do executado. Por esta razão, entendemos que em muito contribuirá para a satisfação do crédito.

---

[20] Neste sentido, o entendimento de Luiz Guilherme MARINONI *et alii* (In: *Curso de Processo Civil – Tutela dos Direitos mediante Procedimento Comum*, Vol. 2. São Paulo: Revista dos Tribunais, 2.015, p. 899): "o protesto tem claro carácter persuasivo, prestando-se a dar ciência ao público da inadimplência do devedor. Tal como se revela com os títulos de crédito, esse mecanismo se revela muito útil para devedores que precisam de crédito no mercado e que, portanto, precisam manter imagem saudável de sua economia. Também é útil em relação a devedores que precisam manter certa imagem junto ao público, que poderia ser prejudicada diante da ciência de que se trata de devedor inadimplente".

[21] Nos termos do § 1° do artigo 517 NCPC, "a certidão de teor da decisão deverá ser fornecida no prazo de 3 (três) dias e indicará o nome e a qualificação do exequente e do executado, o número do processo, o valor da dívida e a data de decurso do prazo para pagamento voluntário".

[22] Caso seja proposta ação rescisória para impugnar a decisão exequenda, o executado pode requerer, a suas expensas e sob sua responsabilidade, a anotação da propositura da ação à margem do título protestado (§ 3° do artigo 517 NCPC).

[23] Art. 12. O protesto será registrado dentro de três dias úteis contados da protocolização do título ou documento de dívida. § 1° Na contagem do prazo a que se refere o *caput* exclui-se o dia da protocolização e inclui-se o do vencimento. § 2° Considera-se não útil o dia em que não houver expediente bancário para o público ou aquele em que este não obedecer ao horário normal.

De acordo com a literalidade da norma, a medida não pode ser determinada de ofício. Por outro lado, o provimento jurisdicional que deferir/indeferir o pedido de inscrição do nome do devedor em cadastros de inadimplentes tem a natureza de interlocutória, que desafia o recurso de agravo de instrumento, nos termos do parágrafo único do artigo 1.015 do NCPC.

Por fim, a inscrição será cancelada imediatamente se for efetuado o pagamento, se for garantida a execução ou se a execução for extinta por qualquer outro motivo (782, § 4°, do NCPC). Entendemos que, em ocorrendo qualquer uma dessas hipóteses, o cancelamento da inscrição possa ser determinado de ofício (observado o contraditório, na forma do artigo 9° do NCPC) ou mediante requerimento da parte interessada. A competência para determinar o cancelamento será do juízo onde estiver tramitando a execução.

2.1.3 A imposição genérica de medidas coercitivas em provimentos que tenham por objeto obrigação para pagamento

O artigo 139, inciso IV, do NCPC inovou com a previsão de uma norma ampla, que possibilita a imposição de medidas coercitivas, mandamentais ou sub-rogatórias necessárias para assegurar o cumprimento de ordem judicial, inclusive nas ações que tenham por objeto prestação pecuniária. Ou seja, as medidas coercitivas que poderão ser impostas para o cumprimento de decisões judiciais não são apenas aquelas previstas em lei, mas também outras que o julgador entenda adequadas para a realização do direito fundamental da tutela jurisdicional efetiva e tempestiva.

Aliado a isso, a outra grande novidade do artigo 139, inciso IV, do NCPC, diante do fracasso dos meios executórios previstos nos procedimentos que tenham por objeto obrigação para pagamento, é a possibilidade de imposição e medidas coercitivas também nos provimentos judiciais que tenham por objeto obrigação para pagamento de quantia certa, que serão melhor explicitados no próximo tópico (item 2.2).

2.2. Medidas coercitivas previstas no cumprimento de provimentos jurisdicionais que tenham por objeto obrigação de fazer/não fazer

Nas obrigações de fazer correspondentes a uma prestação consistem em uma atividade pessoal, ou seja, o prestador empregará a energia física ou as suas qualidades intelectuais, artísticas, ou seu engenho técnico, ou, ainda, seus dotes ou habilidades pessoais. As prestações de fazer poderão ser instantâneas ou duradouras. Instantâneas são aquelas cuja duração se esgota em um momento ou num período limitado de tempo que equivale praticamente a um momento; duradouras, por sua vez, são aquelas cuja execução se prolonga no tempo, tendo este uma influência determinante na fixação de seu objeto.[24]

Por outro lado, as obrigações de fazer e não fazer poderão ser fungíveis ou infungíveis. Será infungível sempre que deva ser prestada diretamente pelo devedor, e fungível, quando possa também ser prestada por terceiro.

A obrigação de não fazer, por sua vez, tem como prestação um comportamento de abstenção ou de tolerância pelo devedor. Trata-se de obrigação negativa, em princípio e por natureza, infungível. O inadimplemento consiste em ato positivo de quem tinha o dever de abster-se ou tolerar. A reparação dar-se-á pelo desfazimento do que foi indevidamente feito ou pelo refazimento do que foi indevidamente desfeito.

As obrigações de fazer e não fazer decorrem de fato jurídico estabelecido em contrato ou previsto diretamente na lei.

2.2.1. Impossibilidade material da execução específica

Na impossibilidade material de ser cumprida a obrigação na forma específica, o magistrado deverá, *ex officio* ou a requerimento da parte, nos termos do *caput* e do § 1º do artigo 536 do NCPC, determinar providências que assegurem o resultado prático equivalente ao adimplemento da obrigação (através da imposição de medidas coercitivas diretas e indiretas). Referimo-nos à impossibilidade material, tendo em vista que o devedor não pode simplesmente esquivar-se do cumprimento da obrigação na forma específica. Nos termos do artigo 499 do NCPC – tal como previa o § 1º do artigo 461 do CPC/73 –, "a obrigação somente será convertida em perdas e danos se o autor o requerer ou se impossível a tutela específica ou a obtenção de tutela pelo resultado prático equivalente".

2.2.2. Fixação de multa (astreintes)

Ao fixar as *astreintes*, o magistrado dará prazo para o cumprimento da obrigação. A partir do término do prazo, não cumprida a obrigação, a multa começará a fluir, tal como dispõe o § 4º do artigo 536 do NCPC. Nos termos da Súmula 410 do Superior Tribunal de Justiça, para que as *astreintes* sejam exigíveis, a intimação para cumprimento da obrigação precisa ser feita pessoalmente, e não na pessoa do advogado. Entendemos que esta súmula respectiva é compatível com a sistemática adotada no NCPC.

---

[24] Ver Antunes VARELA. *Direito das Obrigações.* Forense, 1977, p. 85.

2.2.3. Valor da multa

O valor fixado como devido a título de astreintes não pode ser tão alto que o obrigado não tenha condições de pagar e nem tão baixo que seja melhor pagar do que cumprir a obrigação. O mesmo deverá ser razoável, atentando-se para as condições econômicas do obrigado.

2.2.4. Modificação do valor da multa

Nos termos do § 1° do artigo 537 do NCPC, "o juiz poderá, de ofício ou a requerimento, modificar o valor ou a periodicidade da multa vincenda ou excluí-la caso verifique que: I – se tornou insuficiente ou excessiva; II – o obrigado demonstrou cumprimento parcial superveniente da obrigação ou justa causa para o descumprimento". Em razão desta previsão legislativa, entendemos que a parte da sentença que fixar o valor das *astreintes* não transita em julgado materialmente. Entendemos não ser possível a redução do valor das *astreintes* que eventualmente tenha acumulado até o adimplemento da prestação, pois, seria um incentivo ao descumprimento do provimento judicial. Assim, as reduções do valor das *astreintes* deverão se dar sempre em caráter *ex nunc*, e não *ex tunc*.

2.2.5. Beneficiário das astreintes

Para evitar maiores discussões, mais uma vez o legislador positivou a questão, mencionando no § 2° do artigo 537 do NCPC que as *astreintes* são revertidas para a parte (exequente).

2.2.6. Execução provisória do valor fixado a título de astreintes

Também de modo a evitar discussões futuras, o NCPC previu a possibilidade de execução provisória do valor fixado a título de *astreintes*, com a ressalva de que eventual valor depositado apenas poderá ser levantado após o trânsito em julgado da sentença favorável à parte ou na pendência de agravo fundado nos incisos II ou III do art. 1.042 do NCPC (§ 3° do art. 537 do NCPC).

2.2.7. Reversão do provimento que tiver ensejado a imposição de astreintes, em razão do julgamento de eventual recurso que estava pendente de ser apreciado

Tendo em vista o disposto no § 3° do art. 537 do NCPC, entendemos que, se o artigo que tiver ensejado a fixação de *astreintes* vier a ser reformado, as mesmas não serão exigíveis. Neste aspecto, o NCPC foi coerente com a opção teórica adotada de que as *astreintes* devam ser revertidas para o exequente. A exigibilidade das *astreintes*, mesmo no caso de reforma do provimento, acarretaria enriquecimento injustificado do exequente.

2.3. Crime de desobediência pelo descumprimento de ordem judicial

Nos termos do artigo 536, § 3º, do NCPC, "o executado incidirá nas penas de litigância de má-fé quando injustificadamente descumprir a ordem judicial, sem prejuízo de sua responsabilização por crime de desobediência". O artigo 519 do mesmo diploma legal, por sua vez, dispõe que "aplicam-se ao cumprimento da sentença, provisório ou definitivo, e à liquidação, no que couber, às decisões que concederem a tutela provisória". Ou seja, o cumprimento de sentença vinculou-se, inexoravelmente, à tutela provisória. Assim, aquele que descumprir uma ordem judicial, prolatada em sede de tutela provisória, poderá vir a ser responsabilizado por crime de desobediência.

O *contempt of court*, medida consagrada nos sistemas jurídicos da *common law*, é, nos dias de hoje, importante ferramenta utilizada pelas cortes para manutenção de sua respeitabilidade, com a consequente imposição de sua autoridade. No NCPC, está prevista como instrumento de concretização de tutela específica, quando reconhecida para este fim, também sendo utilizada como medida pedagógico-punitiva.[25] Há diversas classificações para o *contempt of court*. Dentre elas, podemos elencar as seguintes:[26]

a) *Contempt* direto: nesta hipótese, o desacato se dá na presença do tribunal. Consiste em fazer ou deixar de fazer algo na presença do juiz ou tribunal, tendente a impedir ou interromper os seus procedimentos ou ofender sua integridade. Apenas tem lugar quando os atos são praticados na presença do juiz. Araken de ASSIS[27] aponta vários exemplos de *contempt of court* direto. Dentre eles: o falso testemunho, a recusa de responder à pergunta admitida pelo juiz, o distúrbio na sala de audiências. Refere, ainda, que o fato de os poderes da autoridade judiciária abrangerem não só as partes, mas também os oficiais da corte, incluindo os advogados, a reiteração e pergunta já proibida, ou insistência em manter a linha de interrogatório rejeitada pelo juiz, pode ensejar ao causídico *contempt of court* direto.

---

[25] Neste sentido: Fabiano Aita CARVALHO (In: *Multa e prisão civil – O contempt of Court no Direito brasileiro*. Porto Alegre: Livraria do Advogado, 2012, p. 17).

[26] Idem, p. 25..

[27] In: *O contempt of court no Direito Brasileiro*. Porto Alegre: Revista Jurídica, 2004.

No caso de *contempt of court* direto, o infrator é punido imediatamente, não havendo a necessidade de instauração de qualquer procedimento prévio, independentemente do procedimento ser civil ou penal. Trata-se da preservação da autoridade judicial levada ao último grau.

b) *Contempt* indireto: nesta hipótese, o ato de desacato é realizado fora da corte. O exemplo mais importante é o descumprimento de ordem judicial. Nesta categoria também encontram-se os atos de obstrução da justiça.[28] Assim, o elemento que distingue o *contempt* direto do indireto é justamente o local em que ocorre o desacato, se na presença do juiz ou não. Segundo Fabiano Aita Carvalho, a distinção é importante, em razão do procedimento, *verbis*:

> No direto, por se dar na frente do juiz, a punição é sumária. ... No indireto, entretanto, há que se respeitar certas formalidades, como, por exemplo, a notificação do *contemnor*, a possibilidade de justificação (defesa) em audiência, o direito de ser representado por advogado, em alguns casos ser julgado por um júri, entre outras tantas garantias inexistentes no procedimento do *contempt* direto.

c) *Contempt* civil: outra importante classificação diz respeito à circunstância do desacato ser civil ou criminal. Ainda que exista diferença entre ambos, nada obsta que se aplique dupla penalidade. A definição mais comum de *contempt* civil é aquela que refere consistir tal modalidade na omissão de certo comportamento, prescrito pelo tribunal, a favor de uma das partes. É, portanto, o mau comportamento de uma das partes, que desrespeita, menospreza determinada ordem judicial, frustrando ou prejudicando o direito do outro litigante.[29] Ao tratar do tema, Araken de ASSIS[30] refere que apesar de atingir o direito da parte adversa, a ofensa é ao provimento do juiz, à sua autoridade, em última análise. Aquele que teve seu direito frustrado pelo mau comportamento do *contemnor* é legitimado a requerer a aplicação da respectiva sanção. Todavia, não há nenhum impedimento a que o juiz atue de ofício.

d) *Contempt* criminal: trata-se do ato de desprezo à corte, com caráter meramente punitivo, haja vista que tem a finalidade de castigar o infrator e dissuadir todos os demais à prática de ato similar. Não tem por finalidade o cumprimento de uma ordem judicial, mas à aplicação de sanção àquele que, de alguma forma, desrespeitou a autoridade do juiz ou da corte. Não é demasiado referir, que qualquer conduta desrespeitosa pode ser punida com o *contempt of court* criminal, mas nem toda tem o condão de ser punida com o *contempt of court* civil. Por exemplo,

---

[28] Neste sentido, Araken de ASSIS (In: *O contempt of court no Direito Brasileiro*. Porto Alegre: Revista Jurídica, 2004).

[29] PASQUEI, Roberto Molina. *Contempt of Court, Correciones disciplinares y médios de apremios*. Buenos Aires: Fondo de Cultura Económica, 1954, p. 65.

[30] In: *O contempt of court no Direito Brasileiro*. Porto Alegre: Revista Jurídica, 2004.

uma determinação de não levar ao ar determinado anúncio. Uma vez descumprida a determinação, resta somente a punição ao infrator por meio do *contempt* criminal.

2.3.1. Sanções para as diversas modalidades de "contempt of court"

Qualquer que seja a modalidade, as sanções mais comuns são a prisão, a multa, a perda dos direitos processuais e o sequestro. Todavia, nada impede que o tribunal aplique outras sanções.

2.3.2 Prisão

A mais gravosa das sanções e mais efetiva é a prisão, infelizmente rechaçada pela maioria da jurisprudência do Tribunais pátrios. Pode ser aplicada tanto nos casos de *contempt* civil quanto criminal. Em se tratando de *contempt of court civil*, o intuito da aplicação da sanção é coercitivo. A parte pode se livrar da sanção assim que cumprir a determinação. No tocante à pena de prisão no *contempt of court* civil, poderá ser aplicada apenas se a obrigação não for impossível de ser cumprida. Uma vez esgotadas as possibilidades de cumprimento específico da medida, não mais será possível a aplicação da prisão por *civil contempt*, restando a possibilidade de punição por *criminal contempt*,[31] devido ao desacato a uma ordem judicial, tal como está prevista no NCPC.

É necessário fazer a ressalva de que a prisão, nos casos de *contempt* relacionado ao descumprimento de uma ordem judicial ou desacato à autoridade do juiz e da corte, não pode servir de substitutivo à prisão por dívidas, vedada pelo Direito brasileiro. Ao tratar do tema, leciona com precisão Fabiano Aita Carvalho:[32]

> Poder-se-ia, por outro turno, se dizer que a prisão civil, ainda que como técnica coercitiva para fornecimento de tutela efetiva, ou por *contempt of court*, afronta o direito fundamental à liberdade e o princípio da dignidade da pessoa humana. Certo é que, na maioria das vezes, efetivamente afronta tais princípios e direitos, não podendo ser utilizada. Entretanto, em especialíssimas situações, poderá fazer com que o direito fundamental à liberdade e até mesmo a própria dignidade (desde que não ofendida no seu núcleo) sejam relativizados. Explicamos:
>
> Por envolver o "choque" de princípios e direitos fundamentais, em que de um lado está a tutela judicial efetiva e, de outro, o direito à liberdade e o princípio da dignidade da pessoa humana, a aferição da possibilidade ou não de prisão civil por *contempt of court* deve ser feita diante do caso concreto.

---

[31] In: GRINOVER, Ada Pellegrini. *A marcha do processo*. Rio de Janeiro: Forense, 2000, p. 65.

[32] In: *Multa e prisão civil – O contempt of Court no Direito brasileiro*. Porto Alegre: Livraria do Advogado, 2012, p. 96.

Existem situações em que a prisão civil poderá favorecer, além do próprio direito de tutela judicial efetiva, a realização de outros direitos fundamentais, tais como a proteção ao meio ambiente, à saúde, à privacidade, à integridade física e à proteção da vida ao 'credor'. Portanto, mesmo estando certo de que o artigo 5°, LVII, da CF/88, bem como o direito à liberdade e à própria dignidade da pessoa humana representam direitos fundamentais, podem estes se oporem à realização de outros direitos fundamentais, o que por certo trará enormes dificuldades hermenêuticas, que deverão ser solucionadas pela aplicação do princípio da proporcionalidade e interpretação tópico-sistemática.

Além da prisão, a seguir são elencadas outras modalidades de sanção no âmbito do *contempt of court*.

2.3.3. Perda dos direitos processuais

É a perda ou limitação, a um dos litigantes, dos poderes e faculdade que pode exercer no processo. Obviamente, limita-se ao processo em que a parte foi considerada em *contempt*.

2.3.4. Sequestro

É sanção existente apenas no direito inglês. Consiste em sequestrar todos os bens do *contemnor*, privando-o da propriedade, devendo os bens serem mantidos em poder de um depositário, até que a determinação judicial seja obedecida.[33]

2.4. Provimentos jurisdicionais que tenham por objeto a entrega de coisa certa/incerta

Nos termos do art. 538, "não cumprida a obrigação de entregar coisa no prazo estabelecido na sentença, será expedido mandado de busca e apreensão ou de imissão na posse em favor do credor, conforme se tratar de coisa móvel ou imóvel". Os §§ 1° e 2° deste dispositivo legal, por sua vez, dispõem: "§ 1°. A existência de benfeitorias deve ser alegada na fase de conhecimento, em contestação, de forma discriminada e com atribuição, sempre que possível e justificadamente, do respectivo valor" e "§ 2°. O direito de retenção por benfeitorias deve ser exercido na contestação, na fase de conhecimento".

O § 3° do mesmo dispositivo legal, por sua vez, prevê que se aplicam "ao procedimento previsto neste artigo, no que couber, as disposições sobre o cumprimento de obrigação de fazer ou de não fazer".

---

[33] Neste sentido: Fabiano Aita CARVALHO (In: *Multa e prisão civil – O contempt of Court no Direito brasileiro*. Porto Alegre: Livraria do Advogado, 2012, p. 25)

3. Considerações finais

A realização do direito fundamental do credor à tutela jurisdicional executiva efetiva e tempestiva, no âmbito da execução, é um dos grandes desafios do direito processual civil contemporâneo.

Evidentemente, que o processo civil não tem como resolver este problema, considerando que se trata de um problema social, político e econômico. Todavia, é possível a introdução de mecanismos que auxiliem na realização do direito fundamental à tutela jurisdicional tempestiva e efetiva. O NCPC introduziu dois importantes mecanismos, consubstanciados na possibilidade do protesto de decisão judicial transitada em julgado e da inscrição do nome do devedor nos cadastros do SPC e SERASA.

Do mesmo modo, outros mecanismos, já previsto no CPC/73 (medidas coercitivas diretas e indiretas), também contribuem para a realização do direito fundamental à tutela jurisdicional efetiva e tempestiva.

4. Bibliografia

ANDRADE, José Carlos Vieira de. Os Direitos Fundamentais na Constituição Portuguesa de 1976. Coimbra: Almedina, 1987.

ASSIS, Araken de. *O contempt of court no Direito Brasileiro*. Porto Alegre: Revista Jurídica, 2004.

BERIZONCE, Roberto Omar. *Tutelas Processales Diferenciadas*. Buenos Aires: Rubinzal Editores, 2009.

CARVALHO, Fabiano Aita. *Multa e prisão civil – O contempt of Court no Direito brasileiro*. Porto Alegre: Livraria do Advogado, 2012.

CARVALHO, Fabiano Aita. *O contempt of court no Direito Brasileiro*. Porto Alegre: Revista Jurídica, 2004.

ECHANDÍA, Devis. Teoría General del Proceso – Aplicable a toda clase de procesos. Buenos Aires: Editorial Universidad, 1997.

GRINOVER, Ada Pellegrini. *A marcha do processo*. Rio de Janeiro: Forense, 2000.

GUERRA, Marcelo Lima. *Direitos Fundamentais e a Proteção do Credor na Execução Civil*. São Paulo: Editora Revista dos Tribunais, 2003.

LUÑO, Antonio-Enrique Perez. *Los Derechos Fundamentales*. 6 ed. Madrid: Tecnos, 1995.

MARINONI, Luiz Guilherme. Curso de Processo Civil – Tutela dos Direitos mediante Procedimento Comum, Vol. 2. São Paulo: Revista dos Tribunais, 2015.

NOVAIS, Jorge Reis. As restrições aos Direitos Fundamentais não expressamente autorizadas pela Constituição. Coimbra: Coimbra Editora, 2010.

PASQUEI, Roberto Molina. *Contempt of Court, Correciones disciplinares y médios de apremios*. Buenos Aires: Fondo de Cultura Económica, 1954.

PEYRANO, Jorge W. In: *Herramientas Procesales*. Buenos Aires: Nova Tesis Editora Jurídica, 2013.

QUEIROZ, Cristina. *Direitos Fundamentais – Teoria Geral*. Coimbra: Coimbra Editora, 2010.

SARLET, Ingo Wolfgang. *A Eficácia dos Direitos Fundamentais:* Uma teoria dos direitos fundamentais na perspectiva constitucional. Porto Alegre: Livraria do Advogado, 2012.

TARUFFO, Michele. Idee per una teoria della decisione giusta. In: *Rivista Trimestrale di Diritto e Procedura Civile*. Milano. 1997.

VARELA, Antunes. *Direito das Obrigações*. Rio de Janeiro: Forense, 1977.

— 4 —

A motivação *per relationem* à luz do novo Código de Processo Civil

JOÃO PAULO K. FORSTER[1]

Sumário: 1. Introdução; 2. O direito fundamental à motivação das decisões judiciais; 3. O novo CPC e a motivação; 3.1. Visão Geral; 3.2. O artigo 489, § 1º; 4. Motivação *per relationem*; 5. Inviabilidade de uso indiscriminado da técnica à luz das disposições do NCPC; 6. Conclusão; Referências.

1. Introdução

A motivação das decisões judiciais não possui um pano de fundo unitário para sua existência ou aplicação, ao menos no panorama comparatístico,[2] embora a maioria dos ordenamentos processuais contemporâneos tenha consagrado, de forma expressa, o dever de motivar a sentença, sendo que em alguns países tal exigência ganhou *status* constitucional.[3] No direito brasileiro, desde o Decreto nº 737, de 25 de novembro de 1850, em seu artigo 232, exigia-se do magistrado que atuasse "motivando com precisão seu julgado", ainda que seja possível indicar raiz mais distante de tal imposição nas Ordenações Filipinas, mais precisamente na Ordenação do Livro III, Título LXVI, § 7º. No entanto, ainda que os diplomas processuais civis de 1939 e 1973 igualmente regulamentassem a motivação, apenas em 1988 a mesma ganhou *status* constitucional. Essa brevíssima trajetória mostra a ascensão deste e de

---

[1] Mestre e Doutor em Direito (UFRGS). Especialista em Direito Empresarial (FGV). Professor Universitário (UniRitter). Coordenador de Pós-Graduação Lato Sensu (UniRitter). Advogado sócio de Forster Advogados Associados. E-mail: joao@forsteradvogados.com.br

[2] TARUFFO, Michele. *La Motivazione della Sentenza Civile*. Padova: CEDAM, 1975. p. 319-322. Para uma visão histórica da motivação judicial, além do jurista italiano, vide: SANTOS, Tomás-Javier Aliste. *La Motivación de las resoluciones judiciales*. Madrid: Marcial Pons, 2011. pp. 33-136.

[3] BARBOSA MOREIRA, José Carlos. Prueba y motivación de la sentencia. In: ——. *Temas de direito processual*: oitava série. São Paulo: Saraiva, 2004. p. 108.

outros direitos fundamentais processuais, passando, a partir de então, a se perceber a estrutura constitucional do processo civil.

Não surpreende, portanto, que tal determinação ao julgador tenha ganhado tamanha importância também no Novo Código de Processo Civil (NCPC) que, em diversos dispositivos, regulamenta a motivação das decisões judiciais. No entanto, ainda que a letra da lei e a própria intenção do legislador indiquem a valorização de tal direito fundamental, a prática dos tribunais indica o caminho contrário.

Aí se insere o presente estudo. Partindo do estado atual da motivação e de sua caracterização no NCPC, examina como deverá ser enfrentado, no novo cenário que se instala a partir do ingresso em vigor da nova lei adjetiva, o ponto específico da motivação *per relationem* e também *aliunde*, técnica processual largamente utilizada (e admitida) nos tribunais pátrios, ainda que recebida com críticas e restrições da doutrina.

2. O direito fundamental à motivação das decisões judiciais

A fundamentalidade do direito à motivação se extrai da própria dicção do art. 93, IX,[4] da Constituição Federal e, ainda não houvesse previsão expressa a tal respeito, saber-se-ia que, em decorrência do direito fundamental ao processo justo, dele se extrairia a exigência de motivar as decisões judiciais enquanto verdadeiro esteio do processo moderno, não apenas de feição, mas de conteúdo essencialmente democrático.[5] A democracia[6] pressupõe debate e, enquanto as partes se manifestam através de seus pedidos e argumentos, o magistrado responde através de seus provimentos jurisdicionais. Sem que haja efetiva motivação das decisões, portanto, não se estabelece verdadeiro diálogo, em contrariedade ao exercício dialético indispensável para o estabelecimento de

---

[4] Cuja aplicabilidade imediata já à época reconhecia o Supremo Tribunal Federal: "A eficácia e a aplicabilidade das normas consubstanciadas no art. 93 da Carta Federal não dependem, em princípio, para que possam operar e atuar concretamente, da promulgação e edição do Estatuto da Magistratura." BRASIL. STF. ADIMC nº 189/RJ, Rel. Min. Celso de Mello, Tribunal Pleno, j. 18.04.1990, DJ 18.05.1990, p. 4342.

[5] Na realidade, essa "garantia do jurisdicionado surge como manifestação do Estado de Direito, sendo anterior à letra norma constitucional que a refira expressamente". NERY JR., Nelson. *Princípios do processo civil na Constituição Federal*. 8. ed. São Paulo: RT, 2004. p. 215.

[6] A democracia vista de uma perspectiva moderna, assinalando que "no caso de um regime constitucional ou, de qualquer forma política, o ideal de justiça processual perfeita não poderá ser realizado. Possivelmente, o melhor de todos os sistemas só poderá assegurar, no máximo, uma justiça processual aproximada da ideal e obviamente processualmente imperfeita". BARRETO, Vicente de Paulo (Org.). *Dicionário de filosofia do direito*. São Leopoldo: UNISINOS, 2006. p. 192.

um raciocínio jurídico[7] e de uma democracia processual. A motivação aparece, nesse contexto, enquanto limitação do arbítrio estatal, imposta pelo próprio Estado, através de seus legisladores.[8]

Nessa linha, a motivação revela-se elemento estrutural indispensável de toda e qualquer decisão judicial,[9] não se restringindo apenas às decisões finais. Ressalve-se que, somente a partir do exame casuístico, é que se pode verificar o cumprimento de necessidade justificatória da decisão,[10] no intuito de verificar se foram apresentadas as efetivas razões de decidir. A motivação é, nesse sentido, a demonstração de todo *iter* seguido pelo magistrado, desde a valoração das provas e dos argumentos das partes, até suas conclusões, de forma racional. A liberdade decisória no sistema vigente não se confunde com arbitrariedade e impõe ao julgador apresente os respectivos motivos.[11]

A autoridade das decisões judiciais depende não só do poder de mando oficialmente concedido ao magistrado, mas também da aceitabilidade e credibilidade de seus comandos, o que só se garante, de forma mínima, através da adequada justificação. E só se estabelecem tais características nas decisões em que não só a conclusão (dispositivo) é clara, mas também a justificação que a ela conduz seja razoável ou, ao menos, compreensível. A clareza da decisão está diretamente vinculada à sua completude, a qual se exige.[12]

Apenas com a efetiva exposição da motivação decisória o julgador transcende sua mera posição burocrática e de poder formal, passando a ter poder substancial sobre o caso que lhe foi apresentado. Dessa forma, será possível, para além da função endoprocessual[13] da motivação, igualmente maximizar o controle público sobre as decisões judiciais.[14] Não por acaso os direitos fundamentais à motivação e à publicidade aparecem juntos, o que reforça o viés justificativo externo dos provi-

---

[7] PERELMAN, Charles. *Logique Juridique*. 2ª ed. Paris: Dalloz, 1999. p. 85.

[8] SANTOS, Tomás-Javier Aliste. *La Motivación de las resoluciones judiciales*. Madrid: Marcial Pons, 2011. p. 138.

[9] TARUFFO, Michele. *La motivazione della sentenza civile*. Padova: CEDAM, 1975. p. 457-458.

[10] BARBOSA MOREIRA, José Carlos. A motivação das decisões judiciais como garantia inerente ao Estado de Direito. In: *Temas de direito processual*: segunda série. São Paulo: Saraiva, 1988. p. 86.

[11] DINAMARCO, Cândido Rangel. *Instituições de direito processual civil*. São Paulo: Malheiros, 2001. v. 3. p. 105-107.

[12] MITIDIERO, Daniel. *Colaboração no processo civil*. São Paulo: RT, 2009. p. 139.

[13] TARUFFO, Michele. Considerazioni su prova e motivazione. In: MEDINA, José Miguel *et al*. (Org.). *Os poderes do juiz e o controle das decisões judiciais*. São Paulo: RT, 2008. p. 171. Tal função permite às partes a formação de uma convicção acerca da decisão judicial e, diante de insatisfação, podem expô-la ao controle do juízo *ad quem* através do recurso cabível, não se abstraindo a possibilidade de que, em certos casos, haja o controle do juízo *a quo*, através de retratação. SANTOS, Tomás-Javier Aliste. *La Motivación de las resoluciones judiciales*. Madrid: Marcial Pons, 2011. p. 158.

[14] AARNIO, Aulis. *Lo racional como razonable*. Madrid: Centro de Estudios Constitucionales, 1991. p. 29.

mentos jurisdicionais, evitando sejam incontroláveis ou simplesmente irresponsáveis.[15]

A motivação configura, assim, espaço argumentativo do juiz, no qual justifica suas opções e demonstra a lógica de seu raciocínio, em maior ou menor medida, apontando a existência de todos os elementos que influenciaram a decisão, ainda que não propriamente lógicos: ideológicos,[16] psicológicos, de experiência,[17] que igualmente devem constar do arrazoado decisório final.

Tal exigência ganha ainda mais força no cenário de uma "era da desordem", em que as fronteiras entre o direito público e o privado não são mais claras, e o sistema a partir do qual decide o julgador é aberto e flexível em toda sua extensão.[18] Nesse contexto, não há margem para discricionariedade nem arbitrariedade,[19] sendo absolutamente indispensável que o julgador externe, racionalmente, os motivos que o levaram a decidir, com adequada valoração do material probatório carreado aos autos, até mesmo pela nova redação do art. 371 do NCPC.

Tudo isso se depreende do fato de que, sendo a decisão no processo uma "resposta" às partes, ela também deve permitir o acesso ao duplo grau de jurisdição, se disponível, bem como demonstrar o preenchimento de diversos outros direitos fundamentais que se consagram ao longo do processo e também nas decisões judiciais. Dois exemplos tradicionais são os direitos fundamentais ao contraditório e à prova. O primeiro, porque, transcendendo a simples perspectiva de ciência bilateral dos atos processuais conjugada à participação processual,

---

[15] VARAUT, Jean-Marc. *Le Droit au Juge*. Paris: Quai Voltaire, 1991. p. 192.

[16] Referida por Lorenzentti como uma situação de "intensa discricionariedade" o emprego de uma força ideológica nas decisões judiciais, que deve ser mencionada para seu "conhecimento e debate." LORENZETTI, Ricardo Luis. *Teoria da Decisão Judicial*. Tradução de Bruno Miragem. São Paulo: RT, 2009. p. 365.

[17] No sentido que se atribui às máximas de experiência, e não enquanto conhecimento privado do julgador. BARBOSA MOREIRA, José Carlos. Regras de experiência e conceitos juridicamente indeterminados. *Revista Forense*, Rio de Janeiro: Forense, v. 74, n. 261, p. 13, jan./fev./mar., 1978. Pela obrigatoriedade de sua menção expressa, por ser uma das categorias "mais importantes para o direito probatório": "Com efeito, se está em causa a prova judicial de um fato, está em causa uma máxima de experiência. Ela é onipresente. (...). Da prova testemunhal tradicional à perícia mais intrincada, só é possível concluir mediante o emprego de uma ou mais máximas de experiência". KNIJNIK, Danilo. *A Prova nos Juízos Cível, Penal e Tributário*. Rio de Janeiro: Forense, 2007. p. 68-69.

[18] A expressão é de LORENZETTI, Ricardo Luis. *Teoria da Decisão Judicial*. Tradução de Bruno Miragem. São Paulo: RT, 2009. p. 39 e 169. Fundamentando seu pensamento, o autor indaga: "pode o juiz dar um sentido subjetivo [à lei], ou deve respeitar os parâmetros objetivos? Onde encontra-se esses limites? A segurança jurídica pode ser afetada por uma aplicação casuística e subjetiva do direito?".

[19] Para Lessona, só através da fundamentação é que se exerce o controle da atividade jurisdicional, verificando se o julgador decidiu segundo *allegata et probata*, vedada a utilização do "conhecimento particular do juiz". LESSONA, Carlos. *Teoria general de la prueba en derecho civil*. Tomo I. 4. ed. Madrid: Editorial Reus, 1957. p. 364.

também se apresenta *direito de influência*[20] nos provimentos judiciais, só percebido diante de efetiva fundamentação decisória. O segundo, pois se configura em complexo de direitos, que vão desde o direito à produção de prova, atendidos requisitos legais, até sua adequada valoração, que deve ser apresentada na decisão.[21]

3. O Novo CPC e a motivação

A partir do breve escorço acerca do conteúdo do direito fundamental à motivação das decisões judiciais, impõe-se examinar o NCPC no tópico. Percebe-se, *ab initio*, que o Código não se ocupa da motivação em um único artigo ou seção, mas que os diversos dispositivos que regulam o tema denotam uma preocupação do legislador com a observância deste direito fundamental das partes, preenchendo seu conteúdo.

3.1. Visão Geral

O artigo 11 do NCPC, no inovador capítulo acerca das normas fundamentais do processo civil, reforça a dicção do art. 93, IX, da Constituição Federal. A nítida intenção na técnica da repetição do texto, bem como da sanção aplicável à ausência de fundamentação, é de valorizar a motivação de *todas* as decisões judiciais enquanto requisito indispensável da atuação do magistrado. Esse reforço de importância transparece em outros artigos do NCPC, ao exigir do julgador uma decisão *fundamentada* quando: a) não respeitar a ordem cronológica de julgamento dos processos diante de causa que exija urgência em ser apreciada (art. 12, § 2º, IX); b) indeferir diligências inúteis ou meramente protelatórias, em matéria probatória (art. 370, parágrafo único); c) determinar a distribuição dinâmica do ônus da prova (art. 373, § 1º); d) modificar, em julgamento colegiado, enunciado de súmula, jurisprudência pacificada ou tese adotada em julgamento de processos repetitivos (art. 927, § 4º), dentre outras hipóteses.

Essa situação denota que, considerando a fundamentação indispensável, o legislador opta por reforçar sua importância em situações que antecipou especialmente sensíveis. Destacam-se, portanto, a

---

[20] PIEROTH, Bodo, SCHLINK, Bernhard. *Direitos Fundamentais*. Tradução de António Francisco de Souza e António Franco. São Paulo: Saraiva, 2012. p. 517.

[21] ABELLÁN, Marina Gascón. *Cuestiones probatorias*. Bogotá: Universidad Externado de Colombia, 2012. p. 57-58.

relevância da ordem cronológica de julgamentos,[22] o direito fundamental à prova[23] e o sistema de valorização de precedentes que se pretende instituir a partir do NCPC.

Todavia, há de se considerar que a inovação em matéria de motivação, já que o mencionado art. 11 apenas repete o texto constitucional, advém do art. 489, § 1º, cuja relevância levou o legislador a referir expressamente, no art. 1.022, parágrafo único, inciso II, ser caso de cabimento de embargos declaratórios, por omissão, a decisão que incorra em qualquer das condutas ali descritas.

3.2. O artigo 489, § 1º

O artigo 489, § 1º, do NCPC, antes da promulgação da lei, já trazia controvérsia, diante das inovações, em matéria legal, ao redor das exigências motivacionais. O legislador, ao invés de conceituar o que é a motivação, optou por conceituar o que vem a ser a *não motivação* de *qualquer* decisão judicial, seja ela interlocutória, sentença ou acórdão. Passa a enumerar, então, seis diferentes situações, em rol aberto[24] de possíveis nulidades, que conclamam por uma densificação do direito fundamental à motivação das decisões judiciais e igualmente por um aprofundamento teórico no *common law*, ao menos a partir do que dispõem os incisos V e VI, mormente este último, ao mencionar as técnicas da distinção (*distinguishing*) e superação de entendimento (*overruling*).[25]

---

[22] Que já é objeto de projeto de lei (PLC168), a fim de alterar o NCPC antes de seu ingresso em vigor, tornando a ordem prevista no art. 12 uma simples *faculdade* de ordenamento, e não um comando obrigatório.

[23] Como referido, o direito fundamental à prova principia pela admissibilidade dos meios de prova, típicos ou atípicos, e toda restrição a pedido da parte nesse sentido exige fundamentação do julgador a partir de critérios racionais, mas nunca a pré-valoração da prova em si. TARUFFO, Michele. *La Prueba*. Madrid: Marcial Pons, 2008. p. 37 e seguintes. Ainda, a respeito da vedação de produção de prova por já estar convencido o juízo: WALTER, Gerhard. *Libre Apreciación de la Prueba*. Traduzido por Tomás Banzhaf. Bogotá: TEMIS, 1985. p. 324-326.

[24] DIDIER JR., Fredie, BRAGA, Paula Sarno, OLIVEIRA, Rafael Alexandria de. *Curso de Direito Processual Civil*. 10ª ed. Vol. 2. Salvador: JusPodivm, 2015. p. 327.

[25] A chamada 'commonlawlização' do direito brasileiro é nítida intenção do legislador ao tentar estabelecer um sistema de precedentes. A intenção, contudo, carece de indispensável base doutrinária acerca de conceitos e técnicas essenciais ao *common law*. Pode-se indagar, por exemplo, qual teria sido o motivo de o legislador deixar de incluir outras técnicas, como *overriding*, *reversing*, dentre outras: deseja o legislador referir que apenas as técnicas pontualmente mencionadas são aplicáveis, por ora, no Brasil, ou apenas apresentar rol aberto de instrumentos afeitos ao *common law*? Não haveria necessidade de se reforçar os conceitos de *ratio decidendi* e *obter dictum*, a fim de que o almejado sistema de precedentes possa se estabelecer? Há de se considerar, de outro lado, que a doutrina brasileira já há algum tempo se ocupa do tema, como se percebe a partir da obra de ROSITO, Francisco. *Teoria dos Precedentes Judiciais*. Curitiba: Juruá, 2012; MARINONI, Luiz Guilherme. *A Ética dos Precedentes*. São Paulo: RT, 2014; MARINONI, Luiz Guilherme (org.). *A Força dos Precedentes*. 2ª ed. Salvador: JusPodivm, 2012.

A partir de uma interpretação sistemática do NCPC, conclui-se que, além da estrutura constitucional do processo civil, o legislador também almeja o estabelecimento de um sistema de precedentes, como se depreende dos artigos 926 e 927 da lei. Essa meta seria inatingível se não houvesse a valorização anterior da motivação das decisões judiciais.[26] Em outras palavras, sabendo da essencialidade da motivação a um sistema de precedentes, houve uma opção evidente por lhe conceder destacada importância. Neil MacCormick traz uma consideração muito clara sobre o tema:

> As noted, the law reports give an account of judicial decisions supported by judicial reasons and reasoning as stated in explicitly presented judicial opinions. It is in the statement of opinions upon cases by way of justifications of decisions that judges lay down precedents and build up case law (or, perhaps, provide the materials out of which scholars and practitioners can build up an articulate body of case law). To make the point that the judicial opinion which sets or constitutes a precedent is judge's opinion *considered as stating a justification of a decision* matters a great deal. For it is as *justificatory* reasoning that judicial opinions are normative, and it is only as being normative that they can go toward the construction of a normative law or towards guiding its interpretation.[27]

Como bem aduz o jurista escocês, só existe precedente quando a decisão a partir da qual se pretende estabelecê-lo se encontra adequadamente *justificada*. Sem uma decisão motivada, não há material de partida para que juristas possam declarar o estabelecimento de um precedente, mormente se considerada as razões para a existência de um sistema de precedentes. Essas razões derivam da percepção de: a) uma questão de justiça, de tratamento igualitário para casos iguais e desigual para casos diferentes;[28] b) um sistema imparcial que, apesar de um sistema em que existam muitos juízes, assegura às partes a decisão adequada independente de quem esteja julgando o caso; c) uma necessária 'economia de esforços', evitando que juízes e advogados sigam debatendo sobre os mesmos assuntos já anteriormente decididos.[29]

Todas essas razões apontam para a necessidade de motivação efetiva, clara e explícita, a fim de que o sistema de precedentes não se assente sobre decisões nulas ou inteiramente equivocadas, por não terem examinado corretamente os fatos postos em juízo. E isso só se obtém a partir da observação do que dispõem os incisos do §1º do art. 489 do NCPC, pois é evidente que uma decisão que se limita a indicar ato

---

[26] "É também sob o mesmo desejo de racionalidade na formação do convencimento judicial que se ergue a concepção vigente no *common law* em torno do tema". REICHELT, Luís Alberto. *A Prova no Direito Processual Civil*. Porto Alegre: Livraria do Advogado, 2009. p. 68.

[27] MACCORMICK, Neil. *Rhetoric and the Rule of Law*. New York: Oxford University Press, 2005. p. 144. Grifos do original.

[28] ROSITO, Francisco. *Teoria dos Precedentes Judiciais*. Curitiba: Juruá, 2012. pp. 130-131.

[29] MACCORMICK, op. cit., 2005. p. 143.

normativo emprega conceitos jurídicos indeterminados sem o seu preenchimento e explicitação, invoca motivos genéricos, ou simplesmente aponta para outra decisão não está apta a ser considerada como um precedente.

Em derradeiro, e reforçando a vinculação da motivação ao sistema de precedentes, já de muito os juristas do *common law* se ocupam da distinção entre *obter dictum* (ou *dicta*, no plural) e *ratio decidendi*. Aquela primeira categoria é definida como tudo que "no contexto da motivação, não fazem parte de uma argumentação justificativa específica ou não constituem um elemento dotado de função justificativa autônoma".[30] A noção clássica de *obiter dictum* o classifica como enunciado "que o juiz realiza fora da estrutura justificativa do discurso",[31] que, ainda removida da decisão original, não afetaria sua conclusão final. Na clássica obra de Cross e Harris, menciona-se a decisão do distante ano de 1673, na qual Vaughan CJ disse: "Uma opinião proferida na corte, se desnecessária ao julgamento em questão, que poderia ter sido dita como silenciada, ou até contrária à decisão, não é uma opinião judicial, mas mero *gratis dictum*".[32]

A *ratio*, de seu lado, trata de material justificativo indispensável para a decisão prolatada. As razões dadas em julgamento estão aptas a seguir ou originar uma regra legal, desde que, conforme apontam Cross e Harris:

> a) that they do not appear from the judgement itself to have been merely subsidiary reasons for following the main principle or principles, (b) that they not merely a course of reasoning on the facts and (c) (this may cover (a)) that they were necessary for the decision, not in the sense that it could no have been reached along other lines, but in the sense that along the lines actually followed in the judgment the result would have been different but for the reasons.[33]

Esse breve apanhado sobre dois conceitos elementares e indispensáveis à compreensão dos precedentes igualmente aponta para a exigência de motivação efetiva das decisões judiciais. O exame do raciocínio judicial para compreensão de quais são as razões de decidir[34] que efetivamente vinculam (*ratio decidendi*) e podem ser objeto de futuro *overruling, distinguishing*, dentre outras técnicas, impõe aos julgadores um dever fundamental de motivação das decisões judiciais.

---

[30] TARUFFO, Michele. *La motivazione della sentenza civile*. Padova: CEDAM, 1975. p. 312.
[31] Idem. p. 314.
[32] CROSS, Rupert, HARRIS, J. W. *Precedent in English Law*. 4ª ed. Oxford: Clarendon Press, 2004. pp. 40/41.
[33] Idem, 2004. p. 75.
[34] Vide, a tal respeito: CROSS, Rupert, HARRIS, J. W. *Precedent in English Law*. 4ª ed. Oxford: Clarendon Press, 2004. p. 186 e seguintes.

4. Motivação *per relationem*

A motivação *per relationem* é vista como uma técnica utilizada pelo magistrado que se apresenta quando este julgador, ao invés de elaborar uma fundamentação autônoma *ad hoc*, acaba por reenviar à justificação contida em outra sentença, que pode ser, ou não, do mesmo processo.[35] Esta sentença pode ser da própria demanda na qual foi proposto recurso, como também outra decisão, bem dizendo, apenas referindo jurisprudência aplicável ao caso vertente.[36] Resta excluída, na visão de Taruffo, a possibilidade de mera referência à decisão anterior, isto é, quando o juiz "se limita a afirmar como suficientes as argumentações desenvolvidas na sentença impugnada, sem sequer referir tais argumentos".[37]

Trata-se de prática difundida em diversos sistemas jurídicos[38] e também nas cortes pátrias. O Supremo Tribunal Federal, em reiteradas ocasiões, manifestou-se no sentido de que a técnica é legítima e compatível com a disposição do art. 93, IX, da Constituição Federal, amparada pela arraigada percepção jurisprudencial de que o julgador não está obrigado a enfrentar todos os argumentos das partes.[39] Diga-se, ainda,

---

[35] TARUFFO, Michele. *La motivazione della sentenza civile*. Padova: CEDAM, 1975. p. 422. É também o entendimento de BARBOSA MOREIRA, José Carlos. Le raisonnement juridique des les décisions de cours d'appel. In: *Temas de direito processual: quinta série*. São Paulo: Saraiva, 1994. p. 116. Por outro lado, também vem-se admitindo a utilização de parecer do Ministério Público como razão de decidir. Nesse sentido: "*Habeas corpus*. Processual penal. Acórdão que adotou como razões de decidir o Parecer do Ministério Público estadual. Alegação da falta de fundamentação. Inocorrência. Precedentes de ambas as Turmas desta Suprema Corte. 1. A adoção do parecer do Ministério Público como razões de decidir pelo julgador, por si só, não caracteriza ausência de motivação, desde que as razões adotadas sejam formalmente idôneas ao julgamento da causa. 2. Decisão impugnada que se encontra em perfeita consonância com a pacífica jurisprudência desta Suprema Corte. 3. Habeas corpus denegado." BRASIL. STF. *HC 94.164*. 1ª Turma. Relator Ministro Menezes Direito. Julgado em 17.06.2008. A crítica apresentada à motivação *per relationem* quando ela reenvia as partes à decisão anterior (ou outras decisões) também se dirige a esse posicionamento do Supremo Tribunal Federal; sem a presença de um *novo* elemento a justificar a adoção de outras razões que não originárias do então prolator da decisão.

[36] TARUFFO, *La motivazione della sentenza civile*. Padova: CEDAM, 1975. p. 422. Nesses casos, não há problema de utilização, por parte do juízo, dos precedentes, como argumento *ex auctoritate*, conquanto que existam outros elementos motivacionais constantes do *decisum*. Esses elementos jurisprudenciais têm valia meramente retórica, desempenhando papel de um *obter dictum*. Ibid., p. 427.

[37] Idem, p. 423.

[38] SALAVERRÍA, Juan Igartua. *La motivación de las sentencias, imperativo constitucional*. Madrid: Centro de Estudios Políticos y Constitucionales, 2003. p. 205.

[39] BRASIL. STF. Rcl 20615 AgR, Relator Min. Celso de Mello, Segunda Turma, julgado em 06.10.2015, DJe-237, p. 25.11.2015. O entendimento havia sido confirmado pelo STF em 2010, quando do julgamento de questão de ordem em agravo de instrumento acerca do tema da desnecessidade do julgador efetuar exame pormenorizado de todas as alegações ou provas: "Questão de ordem. Agravo de Instrumento. Conversão em recurso extraordinário (CPC, art. 544, §§ 3º e 4º). 2. Alegação de ofensa aos incisos XXXV e LX do art. 5º e ao inciso IX do art. 93 da Constituição Federal. Inocorrência. 3. O art. 93, IX, da Constituição Federal exige que o acórdão ou decisão sejam fundamentados, ainda

que a técnica vem sendo adotada de maneira indistinta em casos cíveis bem como em casos criminais.[40]

A realidade é que existem diversas formas de remissão[41] das razões de decidir a outro elemento. A situação exposta diz respeito à remissão a decisões anteriores, corriqueiramente se apresentando em julgamento de apelações, através de acórdão, que se limita a adotar como razão de decidir a fundamentação do juízo *a quo*, transcrevendo essa porção da sentença. No entanto, existe possibilidade de que se indique, como razão de decidir, o parecer ministerial, ocasionando uma situação diversa e critérios diferentes para validade do emprego da técnica. Apenas se destaca que a motivação *per relationem* pode diferir da denominada motivação *aliunde* se visualizadas enquanto diferentes formas de remissão, ou seja, distinguindo qual o tipo de material ao qual estão sendo remetidos os jurisdicionados. No entanto, o fato é que ambas as técnicas redundam em uma mesma consequência: o julgador não oferece uma justificação autônoma, essencialmente escorando-se em decisão, parecer ou manifestação anteriores. Mais relevante do que distingui-las é apontar critérios para seu emprego.

Percebe-se que a utilização da motivação *per relationem* deve se dar mediante restrições e em caráter excepcionalíssimo, ainda que se localize, de forma esparsa, amparo legal para sua existência em determinados casos.[42] Referir que tal técnica é admitida quando houver sobrecarga do volume de trabalho[43] é permiti-la a qualquer tempo no

---

que sucintamente, sem determinar, contudo, o exame pormenorizado de cada uma das alegações ou provas, nem que sejam corretos os fundamentos da decisão. 4. Questão de ordem acolhida para reconhecer a repercussão geral, reafirmar a jurisprudência do Tribunal, negar provimento ao recurso e autorizar a adoção dos procedimentos relacionados à repercussão geral." BRASIL. STF. AI 791292 QO-RG, Relator Min. Gilmar Mendes, j. 23.06.2010, DJe-149, p. 13.08.2010. Neste julgado, foi vencido o Min. Marco Aurélio, que ressaltou "cumprir ao Judiciário emitir entendimento explícito sobre todas as causas de defesa, sobre todos os pedidos formulados pela parte."

[40] BRASIL. STF. RHC 128143 AgR, Relator Min. Celso de Mello, Segunda Turma, j. 29.09.2015, DJe-232, p. 19.11.2015. O foco deste exame é o processo civil, mas todas as críticas aqui formuladas também se prestam para o processo penal.

[41] SANTOS, Tomás-Javier Aliste. *La Motivación de las resoluciones judiciales*. Madrid: Marcial Pons, 2011. p. 232.

[42] Como no processo administrativo, conforme o art. 50, § 1º, da Lei 9.784/99 ("A motivação deve ser explícita, clara e congruente, podendo consistir em declaração de concordância com fundamentos de anteriores pareceres, informações, decisões ou propostas, que, neste caso, serão parte integrante do ato") e nos Juizados Especiais, regulados pela Lei 9.099/95, em seu artigo 46 ("O julgamento em segunda instância constará apenas da ata, com a indicação suficiente do processo, fundamentação sucinta e parte dispositiva. Se a sentença for confirmada pelos próprios fundamentos, a súmula do julgamento servirá de acórdão"). Registre-se que a Lei 9.099 deve se conformar às disposições do NCPC no tocante à motivação das decisões judiciais, sob pena de formação de um sistema processual paralelo no Brasil, no qual não são respeitados os direitos fundamentais processuais das partes em privilégio de questionáveis celeridade e economia processual.

[43] BARBOSA MOREIRA, José Carlos. Le raisonnement juridique das les décisions de cours d'appel. In: *Temas de direito processual: quinta série*. São Paulo: Saraiva, 1994. p. 116.

Judiciário brasileiro, merecendo destaque o enfrentamento das limitações aplicáveis. A excepcionalidade se justifica dado que, se o julgador *ad quem* não acrescentar nada aos motivos invocados pelo julgador *a quo*, ele pode estar negligenciando por completo as críticas do apelante à motivação da decisão atacada,[44] dentre outras vicissitudes possíveis.[45] Cabe examinar, portanto, sob quais condições pode-se permitir a utilização da técnica.

5. Inviabilidade de uso indiscriminado da técnica à luz das disposições do NCPC

O entendimento consolidado dos Tribunais acerca da motivação *per relationem* há de ser revisto a partir da entrada em vigor do NCPC, por diferentes razões. Primeiramente, no que toca à simples remissão a outro julgado que possa ser caracterizado como precedente, é indiscutível a vedação expressa do art. 489, § 1º, V, do NCPC, pois o estabelecimento de um sistema de precedentes exige a identificação dos *fundamentos determinantes* da decisão anterior, assim como a demonstração de que o caso *sub judice* se ajusta àqueles fundamentos.[46]

De outro lado, a motivação *per relationem*, satisfazendo-se em referir decisão judicial antecedente ou algum outro precedente judicial sem qualquer outra consideração por parte do juízo revisor, acaba por ferir, entre outros, o requisito de *suficiência* das decisões judiciais, para que sejam compreensíveis e analisem, ainda que em grandes linhas, os principais argumentos das partes,[47] especialmente aqueles utilizados na seara recursal.

Nessa medida, o NCPC, em seu artigo 1.021, ao tratar do agravo interno, veda a possibilidade de simples referência à decisão monocrática anterior. O § 3º dispõe que "é vedado ao relator limitar-se à reprodução dos fundamentos da decisão agravada para julgar improcedente

---

[44] BARBOSA MOREIRA, José Carlos. Le raisonnement juridique des les décisions de cours d'appel. In: *Temas de direito processual: quinta série*. São Paulo: Saraiva, 1994. p. 116.

[45] Pode ocorrer de uma decisão referir-se à decisão que, por sua vez, aponta outro julgado e assim sucessivamente, no que Salaverría denomina de motivação "matrioska", em alusão à boneca russa. Ainda, pode se passar que a sentença refira a porção de outro *decisum* que simplesmente não seja a *ratio decidendi* daquele, em manobra que o mesmo autor alcunha de "trapaça retórica." SALAVERRÍA, Juan Igartua. *La motivación de las sentencias, imperativo constitucional*. Madrid: Centro de Estudios Políticos y Constitucionales, 2003. p. 205.

[46] Há de se conceder suporte ao posicionamento esposado na Corte de Cassação belga que afirma corretamente que "não é pelos exemplos traduzidos na jurisprudência que o direito afirma sua autoridade, mas sim pela lei, quem dentro de um sistema romanista, liga a ela o seu valor fundamental". VANNIER, Guillaume. *Argumentation et droit*. Paris: PUF, 2001. p. 155.

[47] EVANGELISTA, Stefano. Verbete Motivazione della Sentenza Civile. *Enciclopedia Del Diritto*. Vol. XXVII. Milano: Giuffrè, 1958-1995. p. 162/164.

o agravo interno". O legislador claramente afastou a possibilidade de uso da técnica nesses casos, impedindo a utilização de motivação *per relationem* no julgamento de agravos internos. Ao mesmo tempo, no §1º do art. 1.021, impôs ao recorrente ônus comum a todos os recursos,[48] qual seja, o da *impugnação específica*. Não há nada no agravo interno que o torne merecedor de distinção no ponto, à exceção do fato de que o juízo *a quo* (o relator da decisão monocrática) também integra o juízo *ad quem*, e daí a maior possibilidade de singela repetição de razões decisórias.

O legislador optou por valorizar o princípio da dialeticidade, que exige do recorrente não apenas a apresentação das razões recursais no mesmo ato em que manifesta do interesse de recorrer, mas que tais razões revelem *impugnação específica* da decisão recorrida,[49] isto é, demonstrem exatamente em que porção do julgado se localizam os alegados erros de julgamento e/ou de procedimento.[50] Somente a partir de uma visão simétrica entre a decisão recorrida e as alegações recursais[51] é que julgador *ad quem* se revela apto a examinar o provimento *a quo*, verificando a possibilidade de sua reforma ou invalidação.

Mencionado princípio reforça o caráter dialógico do processo civil. Contudo, a dialética não pode se impor exclusivamente às partes (autor e réu). Se é absolutamente pacífico na jurisprudência pátria de que a simples cópia de petição anterior (inicial, contestação, eventual recurso, dentre outros) acarreta violação à dialeticidade, ao diálogo exigido no âmbito do processo,[52] não se pode, com a mesma tranquilidade, autorizar a simples repetição de decisão anterior, satisfazendo o dever fundamental de motivar. Em outras palavras, uma visão atualizada do princípio da dialeticidade impõe igualmente ao julgador que profira decisão que, acaso resulte em manutenção do mesmo resultado anterior, não se limite a reenviar as partes ao *decisum* recorrido. Perceba-se,

---

[48] Como ocorre na apelação (art. 1.010, III), agravo de instrumento (art. 1.016, III), embargos declaratórios (art. 1.023, *caput*), recursos especial e extraordinário (art. 1.029, III). Em relação à apelação: "Impossibilidade de conhecimento de recurso cujas razões são inconsistentes e não impugnam os fundamentos da sentença. Inteligência dos arts. 514 e 515 do CPC. Precedentes deste TJRS e do Superior Tribunal de Justiça. Recurso não conhecido." BRASIL. TJRS. Apelação Cível Nº 70063503106, Nona Câmara Cível, Tribunal de Justiça do RS, Relator: Miguel Ângelo da Silva, Julgado em 25/11/2015. Na mesma linha, o Superior Tribunal de Justiça, em entendimento consolidado acerca do agravo regimental, igualmente aplicado aos recursos especiais e agravos em recurso especial: BRASIL. STJ. AgRg no AREsp 567.130/PB, Rel. Ministra Assusete Magalhães, Segunda Turma, j. 01.09.2015, DJe 15.09.2015.

[49] GONZÁLEZ, Fernando Gómez de Liaño. *El Proceso Civil*. Oviedo: Editorial Forum, 2005. p. 326.

[50] ORIONE NETO, Luiz. *Recursos Cíveis*. São Paulo: Saraiva, 2002. p. 205.

[51] ASSIS, Araken de. *Manual dos Recursos*. São Paulo: RT, 2007. p. 197.

[52] Vide, p. ex.: BRASIL. STJ. AgRg no AREsp 457.159/SP, Rel. Ministro Og Fernandes, Segunda Turma, j. 26.08.2014, DJe 11.09.2014.

singelamente, se não é dado às partes reprisarem idêntica argumentação, por qual motivo haveria de se permitir aos magistrados repetirem idêntica fundamentação?

Se de fato o recorrente cumpriu o ônus da impugnação específica, em atenção ao princípio da dialeticidade, em conjunto com os demais requisitos para o conhecimento do recurso, sempre há, na realidade, um fato novo a ser levado em consideração pelo juízo *ad quem*. Pois, se os fatos como postos na inicial e na contestação foram examinados na sentença, o recurso de apelação deverá apontar em que trechos o juízo *a quo* teria cometido algum equívoco, à luz do material probatório produzido em primeiro grau. Essa nova argumentação, que só surge a partir da sentença (ou de qualquer outra decisão impugnada por recurso) deve também encontrar um enfrentamento diverso do anterior.

No tópico, merece destaque o apontamento de Luís Alberto Reichelt, a respeito do contraditório, assinalando que se legitima "a decisão concebida, em um primeiro ponto de vista, pelo fato de ela ser o ponto de chegada de toda uma caminhada que foi devidamente estabelecida em conformidade com os ditames e valores estabelecidos no ordenamento jurídico. No entanto, a legitimação encontra amparo ainda no fato de que a marcha procedimental vem implementada, na prática, através de uma atividade humana ordenada, de maneira tal que as manifestações trazidas pelos sujeitos processuais aos autos formam uma estrutura dialética".[53]

A motivação *per relationem* que apenas adota as razões do juízo *a quo* como razões de decidir faz mais do que simplesmente perturbar o bom andamento da marcha processual: acaba por solapar não só o direito fundamental à motivação das decisões judiciais, mas igualmente viola outros direitos fundamentais umbilicalmente conectados e já anteriormente mencionados: os direitos fundamentais à prova e ao contraditório. Não há que se vedar a referência ou utilização de porções da decisão anterior, desde que substancialmente fundamentada (especialmente levando em consideração a dicção do art. 489, § 1º, NCPC) e devidamente agregada de novos fundamentos, a fim de que se responda em plenitude o pedido formulado pelo recorrente.

Noutra linha, não se ignora que frequentemente as decisões judiciais fazem referência ao parecer ministerial, produzido em análise do recurso promovido pela parte. Nesse tipo de situação se desenham duas possibilidades. A primeira, de adoção integral do parecer ministerial, sem acrescentar-lhe nenhum fundamento. Os tribunais pátrios

---

[53] REICHELT, Luís Alberto. Conteúdo da Garantia do Contraditório. Revista de Processo, São Paulo: RT, v. 33, n. 162, p. 337, ago.2008.

denotam maior gravidade ao fato se a decisão sequer transcreve o parecer, mas o fato é que, mesmo tendo transcrito, o julgador não se desincumbe do ônus de julgar e de examinar os argumentos das partes.

Nesse sentido, o Superior Tribunal de Justiça, no julgamento do HC nº 220.562/SP, a partir do voto da Relatora Min. Maria Thereza de Assis Moura, que "é nulo o acórdão que se limita a ratificar a sentença e a adotar o parecer ministerial, sem sequer transcrevê-los, deixando de afastar as teses defensivas ou de apresentar fundamento próprio. Isso porque, nessa hipótese, está caracterizada a nulidade absoluta do acórdão por falta de fundamentação. De fato, a jurisprudência tem admitido a chamada fundamentação *per relationem*, mas desde que o julgado faça referência concreta às peças que pretende encampar, transcrevendo delas partes que julgar interessantes para legitimar o raciocínio lógico que embasa a conclusão a que se quer chegar".[54] O que se veda, portanto, é a adoção integral do parecer ministerial sem qualquer tipo de acréscimo efetuado pelo julgador. Caso o magistrado o "tenha utilizado em complementação à sua própria fundamentação, ainda que esta seja sucinta", não há nulidade.[55]

O NCPC não veda a motivação sucinta,[56] mas exige, em seu art. 489, § 1º, IV, que o magistrado enfrente, em sua fundamentação, todos os argumentos deduzidos *no processo* (em petição inicial, contestação ou mesmo recurso, dentre outros), capazes de infirmar a conclusão adotada. Se a motivação sucinta for o bastante para que se cumpra o requisito legal, sem ofensa a nenhum dos direitos fundamentais oriundos do direito fundamental ao processo justo, ela há de ser permitida. Só não se pode olvidar a necessidade de *completude motivacional*, contendo "a justificação específica de todas as questões de fato e de Direito que se constituem como objeto da controvérsia, pois só a partir desta condição se pode dizer que a motivação é idônea, tornando possível o controle sobre as razões que sustentam a validade e a aceitabilidade racional da decisão".[57]

---

[54] BRASIL. STJ. HC 214.049-SP, Rel. originário Min. Nefi Cordeiro, Rel. para acórdão Min. Maria Thereza de Assis Moura, j. 5.2.2015, DJe 10.3.2015.

[55] AgRg no AREsp 754.897/PR, Rel. Ministro Reynaldo Soares da Fonseca, Quinta Turma, j. 03.11.2015, DJe 09.11.2015.

[56] A permissão de uma motivação sucinta foi reforçada pelo enunciado 10 da ENFAM (Escola Nacional de Formação e Aperfeiçoamento de Magistrados): "A fundamentação sucinta não se confunde com a ausência de fundamentação e não acarreta a nulidade da decisão se forem enfrentadas todas as questões cuja resolução, em tese, influencie a decisão da causa". Cabe ponderar, no ponto, como será a prática dos tribunais em relação ao tema do enfrentamento de todas as teses das partes capazes de infirmar a decisão judicial. Disponível em: <www.enfam.jus.br>. Acesso em: 29.11.2015.

[57] TARUFFO, Michele. *Páginas sobre justicia civil*. Madrid: Marcial Pons, 2009. p. 522.

6. Conclusão

As técnicas de motivar a sentença aqui expostas são facilitadoras da atividade judicial, bem conectadas a uma das perspectivas da obra de Jakob Burckhardt, que percebe a época moderna como um tempo de "simplificadores brutais". No entanto, ao invés da entrega acrítica a tal percepção, deve-se atentar para o fato de que tais "brutais simplificadores da modernidade podem reprimir ou distorcer nossa capacidade de viver juntos, mas não eliminam nem podem eliminar essa capacidade. Como animais sociais, somos capazes de cooperar mais profundamente do que imagina a atual ordem social".[58]

Em outras palavras, a sobrecarga de trabalho dos julgadores não pode extirpar do processo sua atividade mais essencial, verdadeiro desiderato dos jurisdicionados. O *day in Court*, que no processo brasileiro se traduz mais adequadamente para *anos na Corte*, não pode existir sem a motivação da decisão judicial, verdadeiro requisito de uma convivência democrática em sociedade, consequência do Estado de Direito. O fim de um processo não pode ser o mesmo resultado apresentado anos atrás, sem nada lhe acrescentar.

Por isso, foi possível delinear ao menos duas situações diversas de uso de motivação *per relationem*. A primeira, de singela referência à decisão recorrida, adotando-lhe integralmente como razão de decidir, importa nulidade. Não se veda, de outro lado, a utilização de trechos da decisão anterior, mas desde que lhe sejam acrescidos *novos fundamentos*, bem como tal decisão esteja *substancialmente fundamentada*, sob pena de ofensa não apenas ao direito fundamental da motivação das decisões judiciais, mas igualmente aos direitos fundamentais à prova e ao contraditório.

A segunda, de adoção do parecer ministerial, revela-se possível, na mesma medida em que se utiliza a decisão anterior: devem ser agregados novos fundamentos, razões próprias do julgador do recurso que demonstrem o enfrentamento das teses recursais e da impugnação específica presente no recurso interposto.

O anseio por um processo democrático não é o mesmo que o desejo por um processo repleto de nulidades e armadilhas pré-elaboradas para o julgador. A nulidade de toda e qualquer decisão judicial jamais pode ser o que almeja o jurisdicionado. A expectativa desse breve estudo não é engrossar as fileiras de decisões nulas, mas de aumentar os números das decisões efetivamente qualificadas por sua motivação

---

[58] Tudo Cf. SENETT, Richard. *Juntos*. Tradução de Clóvis Marques. Rio de Janeiro: Record, 2012. p. 336.

plena e efetiva, evitando-se, assim, a frustração da única aspiração que pode ter todo e qualquer jurisdicionado: o de uma decisão justa.

Referências

AARNIO, Aulis. *Lo racional como razonable*. Madrid: Centro de Estudios Constitucionales, 1991.

ABELLÁN, Marina Gascón. *Cuestiones probatorias*. Bogotá: Universidad Externado de Colombia, 2012.

ASSIS, Araken de. *Manual dos Recursos*. São Paulo: RT, 2007.

BARBOSA MOREIRA, José Carlos. A motivação das decisões judiciais como garantia inerente ao Estado de Direito. In: *Temas de direito processual:* segunda série. São Paulo: Saraiva, 1988.

——. Le raisonnement juridique das les décisions de cours d'appel. In: *Temas de direito processual: quinta série*. São Paulo: Saraiva, 1994.

——. Prueba y motivación de la sentencia. In: ——. *Temas de direito processual:* oitava série. São Paulo: Saraiva, 2004. p. 108.

——. Regras de experiência e conceitos juridicamente indeterminados. *Revista Forense*, Rio de Janeiro: Forense, v. 74, n. 261, jan./fev./mar., 1978.

BARRETO, Vicente de Paulo (Org.). *Dicionário de filosofia do direito*. São Leopoldo: UNISINOS, 2006. p. 192

CROSS, Rupert; HARRIS, J. W. *Precedent in English Law*. 4ª ed. Oxford: Clarendon Press, 2004.

DINAMARCO, Cândido Rangel. *Instituições de direito processual civil*. São Paulo: Malheiros, 2001. v. 3.

GONZÁLEZ, Fernando Gómez de Liaño. *El Proceso Civil*. Oviedo: Editorial Forum, 2005.

KNIJNIK, Danilo. *A Prova nos Juízos Cível, Penal e Tributário*. Rio de Janeiro: Forense, 2007.

LESSONA, Carlos. *Teoria general de la prueba en derecho civil*. Tomo I. 4. ed. Madrid: Editorial Reus, 1957.

LORENZETTI, Ricardo Luis. *Teoria da Decisão Judicial*. Tradução de Bruno Miragem. São Paulo: RT, 2009.

MACCORMICK, Neil. *Rhetoric and the Rule of Law*. New York: Oxford University Press, 2005.

MARINONI, Luiz Guilherme (org.). *A Força dos Precedentes*. 2ª ed. Salvador: JusPodivm, 2012.

——. *A Ética dos Precedentes*. São Paulo: RT, 2014.

MITIDIERO, Daniel. *Colaboração no processo civil*. São Paulo: RT, 2009.

NERY JR., Nelson. *Princípios do processo civil na Constituição Federal*. 8. ed. São Paulo: RT, 2004.

ORIONE NETO, Luiz. *Recursos Cíveis*. São Paulo: Saraiva, 2002.

PERELMAN, Charles. *Logique Juridique*. 2ª ed. Paris: Dalloz, 1999.

PIEROTH, Bodo, SCHLINK, Bernhard. *Direitos Fundamentais*. Tradução de António Francisco de Souza e António Franco. São Paulo: Saraiva, 2012.

REICHELT, Luís Alberto. *A Prova no Direito Processual Civil*. Porto Alegre: Livraria do Advogado, 2009.

ROSITO, Francisco. *Teoria dos Precedentes Judiciais*. Curitiba: Juruá, 2012.
SALAVERRÍA, Juan Igartua. *La motivación de las sentencias, imperativo constitucional*. Madrid: Centro de Estudios Políticos y Constitucionales, 2003.
SANTOS, Tomás-Javier Aliste. *La Motivación de las resoluciones judiciales*. Madrid: Marcial Pons, 2011.
SENETT, Richard. *Juntos*. Tradução de Clóvis Marques. Rio de Janeiro: Record, 2012.
TARUFFO, Michele. *La Motivazione della Sentenza Civile*. Padova: CEDAM, 1975.
——. Considerazioni su prova e motivazione. In: MEDINA, José Miguel *et al.* (Org.). *Os poderes do juiz e o controle das decisões judiciais*. São Paulo: RT, 2008.
——. La motivazione della sentenza civile. Padova: CEDAM, 1975.
——. *La Prueba*. Madrid: Marcial Pons, 2008.
——. *Páginas sobre justicia civil*. Madrid: Marcial Pons, 2009.
VANNIER, Guillaume. *Argumentation et droit*. Paris: PUF, 2001.
VARAUT, Jean-Marc. *Le Droit au Juge*. Paris: Quai Voltaire, 1991.
WALTER, Gerhard. *Libre Apreciación de la Prueba*. Traduzido por Tomás Banzhaf. Bogotá: TEMIS, 1985.

— 5 —

Sobre a densificação conceitual do direito fundamental à intangibilidade da coisa julgada no novo Código de Processo Civil

LUIS ALBERTO REICHELT[1]

Sumário: 1. Introdução; 2. Dimensionando o desafio do legislador na regulamentação da proteção constitucional à intangibilidade da coisa julgada; 3. A definição de coisa julgada material estabelecida no novo Código de Processo Civil e a redefinição do alcance da proteção veiculada no art. 5º, XXXVI, do texto constitucional; 4. A definição do alcance do direito fundamental à intangibilidade da coisa julgada e as espécies de decisão judicial segundo o novo Código de Processo Civil; 4.1. Coisa julgada e decisões com resolução do mérito. O processo como debate em torno de uma questão que é objeto do pedido formulado pela parte; 4.2. Coisa julgada e decisão não mais sujeita a recurso. O recurso como desdobramento do debate processual. Coisa julgada formal e coisa julgada material; 5. Considerações conclusivas; 6. Referências bibliográficas.

1. Introdução

O presente trabalho pretende investigar algumas das principais marcas presentes no regime jurídico projetado pelo legislador no novo Código de Processo Civil brasileiro em relação à intangibilidade da coisa julgada. Nesse sentido, propõe-se o exame, em um primeiro momento, da proposta conceitual empregada pelo legislador, investigando-se a sua coerência no diálogo com outros comandos inseridos no mesmo microssistema jurídico. Feito isso, analisar-se-á de que forma a regulamentação infraconstitucional proposta enseja o surgimento de novas reflexões no âmbito do sistema processual civil brasileiro como um todo.

---

[1] Mestre e Doutor em Direito pela UFRGS. Professor nos cursos de Graduação, Especialização, Mestrado e Doutorado da PUCRS. Procurador da Fazenda Nacional em Porto Alegre (RS).

2. Dimensionando o desafio do legislador na regulamentação da proteção constitucional à intangibilidade da coisa julgada

Dentre as principais preocupações inerentes à garantia de efetiva segurança jurídica através do processo, destaque especial deve ser dado à regulamentação ofertada à coisa julgada no âmbito cível.[2] A forma como se dá a referência constitucional ao instituto em questão, contemplado expressamente no art. 5º, XXXVI, da Lei Maior, revela que o trato do tema em âmbito infraconstitucional não é uma simples opção a ser feita pelo legislador no âmbito da conveniência política. Ao contrário, a dicção constitucional deixa claro que se está diante de parte do conteúdo mínimo que deve obrigatoriamente ser tratado no âmbito das leis que regulam a atividade processual.

Em uma primeira leitura do constante do art. 5º, XXXVI, da Constituição Federal, fica evidente o objetivo imediato a ser alcançado mediante o respeito a tal comando: impedir que o legislador, no ato de criação de novas normas jurídicas gerais, hipotéticas e abstratas, pudesse fazer com que uma decisão judicial, veiculando normas individuais, específicas e concretas, pudesse ser desconsiderada nos casos em que ela não mais pudesse ser modificada através das ferramentas contempladas pelo próprio sistema jurídico no qual foi gestada (recursos, ações autônomas de impugnação, etc.).[3] Trata-se, pois, de comando que concretiza uma das premissas básicas a serem observadas com vistas ao funcionamento harmônico das atividades desenvolvidas pelos órgãos que exercem as funções legislativa, administrativa e jurisdicional, qual seja a exigência de *estabilidade*.[4]

O desafio do legislador, ao tratar do tema em âmbito infraconstitucional, envolve o enfrentamento de inúmeras faces de um problema

---

[2] Discorrendo sobre as relações entre coisa julgada e segurança jurídica, ver: MARINONI, Luiz Guilherme, ARENHART, Sérgio Cruz e MITIDIERO, Daniel. *Novo Curso de Processo Civil*. Vol. 1. São Paulo: Revista dos Tribunais, 2015. p. 515-517, especialmente p. 516; GRECO, Leonardo. *Instituições de Processo Civil*. Vol. II. 3ª edição. Rio de Janeiro: Forense, 2015. p. 317-320

[3] Nas palavras de Humberto Ávila, "a cláusula constitucional impede que uma nova norma seja aplicada relativamente aos efeitos de atos ou de fatos abrangidos por decisão judicial da qual não caiba mais recurso" (ÁVILA, Humberto. *Segurança Jurídica. Entre permanência, mudança e realização no Direito Tributário*. São Paulo: Malheiros, 2011. p. 352).

[4] Para J. J. Gomes Canotilho, a intangibilidade da coisa julgada está ligada à noção de "estabilidade ou eficácia *ex post* da segurança jurídica dado que as decisões dos poderes públicos uma vez adoptadas, na forma e procedimento legalmente exigidos, não devem poder ser arbitrariamente modificadas, sendo apenas razoável a alteração das mesmas quando ocorram pressupostos materiais particularmente relevantes" (CANOTILHO, J. J. Gomes. *Direito Constitucional e Teoria da Constituição*. 6ª ed. Coimbra: Almedina, 2002. p. 264-265). Essa linha é compartilhada por ALVARO DE OLIVEIRA, Carlos Alberto. *Do Formalismo no Processo Civil*. 3ª edição. São Paulo: Saraiva, 2009. p. 79.

complexo.[5] Impõe-se definir quais são as decisões que podem ou devem ser alcançadas pela intangibilidade da coisa julgada (ou seja, sobre *quais são as decisões transitadas em julgado*), bem como dispor sobre o regime jurídico envolvido na definição do instante a partir do qual essas decisões não mais podem ser modificadas (isto é, *o momento do trânsito em julgado*). É também do legislador a tarefa de dispor sobre a extensão da realidade alcançada pela decisão transitada em julgado (*limites objetivos da coisa julgada*) e dos sujeitos que devem se submeter à proibição de modificação da decisão (*limites subjetivos da coisa julgada*). Ao regulamentar tais pontos, o legislador estará criando ferramentas comprometidas com a *necessidade de garantia de estabilidade das normas a serem observadas em relação a uma determinada relação jurídica*, combatendo uma das faces da indesejável incerteza jurídica, que é a *possibilidade de o regime jurídico estabelecido em uma decisão judicial ser posteriormente modificado*.

3. A definição de coisa julgada material estabelecida no novo Código de Processo Civil e a redefinição do alcance da proteção veiculada no art. 5º, XXXVI, do texto constitucional

O primeiro ponto a ser destacado no cenário relativo à intangibilidade da coisa julgada diz respeito ao fato de que o legislador manteve um propósito já existente no Código de Processo Civil de 1973, qual seja o de *tentar estabelecer conceitos em comandos legais*. Na linguagem do art. 502 do novo Código de Processo Civil, denomina-se coisa julgada material a *autoridade que torna imutável e indiscutível a decisão de mérito não mais sujeita a recurso*. O conceito em questão difere daquele constante do art. 467 da codificação elaborada a partir do projeto apresentado por Alfredo Buzaid, o qual definia coisa julgada material como a *eficácia que torna imutável e indiscutível a sentença não mais sujeita a recurso ordinário ou extraordinário*.

Em uma análise inicial, constata-se desde logo que os conceitos propostos contemplam três diferenças essenciais. A primeira delas é a de que coisa julgada material, para o legislador de 2014, constitui-se em uma *autoridade associada a decisões de mérito*, ao passo que o legislador de 1973 a definia como uma *eficácia relacionada a certas sentenças*. Trata-se,

---

[5] É a mesma trilha seguida por TALAMINI, Eduardo. *Coisa julgada e sua revisão*. São Paulo: Revista dos Tribunais, 2005. p. 52.

no ponto, de avanço⁶ nitidamente inspirado na distinção proposta por Enrico Tullio Liebman entre *eficácia* e *autoridade* da sentença.⁷

A segunda distinção a ser considerada, que é a menos relevante dentre as três ora elencadas, é a que diz respeito ao requisito a ser atendido pelas referidas decisões judiciais para que se dê o surgimento de coisa julgada. No Código de Processo Civil de 1973, exige-se que *a sentença não mais esteja sujeita a recurso ordinário ou extraordinário*, ao passo que a novel codificação fala em *decisão de mérito não mais sujeita a recurso*, sem que o gênero seja adjetivado de modo a indicar a quais espécies o legislador poderia querer fazer menção. Nesse ponto, a supressão dos adjetivos *ordinário* e *extraordinário* não traz diferença alguma de significado, já que a menção aos dois gêneros fundamentais de insurgência pelo legislador de 1973 gera um resultado equivalente ao da menção ao gênero que corresponde exatamente à soma das duas grandes espécies consideradas.⁸

A terceira diferença a ser considerada diz respeito ao fato de que o novo Código de Processo Civil refere que coisa julgada é uma autoridade que é associada a *decisões que veiculam resolução de mérito*, ao passo que o Código de Processo Civil de 1973 faz menção apenas à *sentença*. Também aqui a alteração não se constitui em uma simples troca de pa-

---

⁶ Assim também pensa Clayton A. Maranhão, in CUNHA, José Sebastião Fagundes. *Código de Processo Civil Comentado*. São Paulo: Revista dos Tribunais, 2015. p. 783.

⁷ Nas palavras do citado autor, "a autoridade da coisa julgada não é efeito da sentença, como postula a doutrina unânime, mas, sim, modo de manifestar-se e produzir-se dos efeitos da própria sentença, algo que a esses efeitos se ajunta para qualificá-los e reforça-los em sentido bem determinado. Caem todas as definições correntes no erro de substituir uma qualidade dos efeitos da sentença por um efeito seu autônomo" (LIEBMAN, Enrico Tullio. *Eficácia e Autoridade da Sentença e Outros Escritos Sobre a Coisa Julgada*. 3ª edição. Rio de Janeiro: Forense, 1984. p. 40). Não se ignora, por certo, a existência de respeitável divergência doutrinária estabelecida sobre o objeto alcançado pela imutabilidade conhecida como coisa julgada. Veja-se, a respeito, BAPTISTA DA SILVA, Ovídio A. *Eficácias da Sentença e Coisa Julgada*. In: *Sentença e Coisa Julgada*. 4ª edição. Rio de Janeiro: Forense, 2003. p. 71-102, especialmente p. 74, quando refere o autor sua posição, sustentando que adota a posição que *"identifica a coisa julgada com a eficácia declaratória da sentença"*. Também sobre o ponto, com ampla exposição doutrinária, ver BARBOSA MOREIRA, José Carlos. *Ainda e Sempre a Coisa Julgada*. Revista dos Tribunais, vol. 416 (1970): 9-17. Outras linhas de reflexão a esse respeito igualmente dignas de menção são as trilhadas por PORTO, Sérgio Gilberto. *Coisa Julgada Civil*. 3ª edição. São Paulo: Revista dos Tribunais, 2006. p. 51 e seguintes, e CRUZ E TUCCI, José Rogério. *Limites Subjetivos da Eficácia da Sentença e da Coisa Julgada Civil*. São Paulo: Revista dos Tribunais, 2006. p. 24 e seguintes.

⁸ A distinção entre recursos ordinários e recursos extraordinários (incluindo, nesse último rol, o recurso extraordinário e o recurso especial) era amplamente aceita pela doutrina que comentou a codificação anterior. Nesse sentido, ver, exemplificativamente, BARBOSA MOREIRA, José Carlos. *Comentários ao Código de Processo Civil*. Vol. V. 15ª edição. Rio de Janeiro: Forense, 2010. p. 254 e seguintes; MANCUSO, Rodolfo de Camargo. *Recurso Extraordinário e Recurso Especial*. 7ª edição. São Paulo: Revista dos Tribunais, 2001. p. 96-98; e KNIJNIK, Danilo. *O Recurso Especial e a Revisão da Questão de Fato pelo Superior Tribunal de Justiça*. Rio de Janeiro: Forense, 2005. p. 105 e seguintes. Elogiando a supressão da dicotomia no referido por parte do novel art. 502, ver Antonio do Passo Cabral, in WAMBIER, Teresa Arruda Alvim, DIDIER JR, Fredie, TALAMINI, Eduardo e DANTAS, Bruno (org.). *Breves Comentários ao Novo Código de Processo Civil*. São Paulo: Revista dos Tribunais, 2015. p. 1280-1281.

lavras, mas sim em uma verdadeira mudança de orientação: ao falar em decisões que resolvem o mérito, o novel legislador está indicando que *a proteção associada à coisa julgada poderia alcançar não só as sentenças, mas também outras decisões que não seriam assim caracterizadas*.[9]

O fato é que o legislador, ao propor nova linguagem infraconstitucional, certamente trouxe novos elementos a serem considerados na determinação do alcance objetivo da proteção constitucional em comento. A adoção da estratégia de lançar mão de um conceito legal é consideravelmente arriscada, dado que a tarefa de construção de conceitos e definições, antes de tudo, é da doutrina. Ainda que se ressalve que a definição legal envolve uma espécie (coisa julgada material) e que o texto constitucional faça menção a um gênero (coisa julgada), o fato é que o dado linguístico introduzido é de substancial importância para a compreensão da dimensão do direito fundamental inscrito no art. 5°, XXXVI, supracitado.

4. A definição do alcance do direito fundamental à intangibilidade da coisa julgada e as espécies de decisão judicial segundo o novo Código de Processo Civil

A compreensão do alcance do direito fundamental à intangibilidade da coisa julgada reclama, dentre outros fatores, uma definição em torno das decisões que poderiam ser objeto da proteção em questão. A menção, no art. 502 do novo Código de Processo Civil, à noção de *decisão de mérito não mais sujeita a recurso* fornece pontos de partida relevantes a serem considerados.

4.1. Coisa julgada e decisões com resolução do mérito.
O processo como debate em torno de uma questão que é
objeto do pedido formulado pela parte

De acordo com o art. 203, § 1°, sentença é o pronunciamento por meio do qual o juiz, com fundamento nos arts. 485 e 487, põe fim à fase cognitiva do procedimento comum, bem como extingue a execução. O art. 487 define os casos nos quais haverá resolução do mérito em uma decisão, ao passo que o art. 485, por sua vez, elenca casos nos quais o ato praticado pelo órgão jurisdicional não resolverá o mérito. Neste

---

[9] Essa também é a posição de Antonio do Passo Cabral, in WAMBIER, Teresa Arruda Alvim, DIDIER JR, Fredie, TALAMINI, Eduardo e DANTAS, Bruno (org.). *Breves Comentários ao Novo Código de Processo Civil*. Op. cit., p. 1283. No mesmo sentido, ver THEODORO JR., Humberto. *Curso de Direito Processual Civil*. Vol. I. 56ª ed. Rio de Janeiro: Forense, 2015. p. 1087 e AMARAL, Guilherme Rizzo. *Comentários às Alterações do Novo CPC*. São Paulo: Revista dos Tribunais, 2015. p. 607.

último comando, tem-se um rol meramente exemplificativo, tendo em vista a cláusula de abertura constante do seu inciso X.

Na comparação entre o sistema de 1973 e o projetado pelo novo Código de Processo Civil, a primeira marca a ser destacada é o fato de que o novel legislador lança mão de técnica distinta para definir o conceito de sentença.[10] O Código de Processo Civil de 1973, no seu art. 162, § 1º, tratava a extinção do processo e a resolução do mérito como *implicações da decisão judicial*, isto é, como possíveis *consequências jurídicas dela decorrentes*. No novo Código de Processo Civil, *diferentemente*, o legislador afirma que as hipóteses anotadas nos arts. 485 (situações nas quais não se considera ter havido resolução do mérito) e 487 (casos nos quais se afirma existir a resolução do mérito) servem como *causas eficientes* para o advento da *extinção do processo ou de uma de suas fases*.[11]

No art. 487 antes mencionado, vem definidas como situações nas quais há resolução do mérito o acolhimento ou rejeição do pedido formulado na ação ou na reconvenção (I), a decisão, de ofício ou a requerimento da parte, sobre a ocorrência de decadência ou prescrição (II), a homologação do reconhecimento da procedência do pedido formulado na ação ou na reconvenção (III, "a"), a homologação da transação (III, "b") e a homologação da renúncia à pretensão formulada na ação ou na reconvenção (III, "c").

Todas essas situações descritas no art. 487 possuem um ponto de convergência. A identificação do fio condutor comum a todas as hipóteses elencadas pelo legislador reclama seja reconhecido que *o processo,*

---

[10] Em sentido contrário, ver GRECO, Leonardo. *Instituições de Processo Civil.* Vol. II, Op. cit., p. 291-292, para quem "a ideia é a mesma. Enquanto o processo se desenvolve em sua fase cognitiva, todas as decisões intermediárias são interlocutórias. Sentença é somente a decisão que encerra essa fase cognitiva, o que poderá implicar extinção do próprio processo ou em continuidade do processo numa fase complementar de cumprimento de sentença. Também é sentença a decisão na decisão ou no cumprimento de sentença que extingue esse procedimento. E também é sentença, embora não mencionado no dispositivo, qualquer decisão que encerre um processo cautelar autônomo ou que encerre um procedimento especial. A ressalva da parte inicial do dispositivo não significa que em algum procedimento especial exista alguma decisão que o encerre que não seja sentença, mas que neles existem outras decisões, que não encerram certos procedimentos especiais, às quais, por versarem sobre o próprio direito material, a lei, excepcionalmente e segundo a tradição, confere o nome de sentença".

[11] Diferente é a visão de Antônio José Carvalho da Silva Filho, para quem "o legislador buscou incluir no mesmo conceito os critérios conteúdo (julgamento com base nos arts. 485 e 487) e finalidade (põe fim à fase cognitiva do procedimento comum, bem como extingue a execução) no conceito legal de sentença. Estabelece-se que a sentença possui conteúdo predeterminado (arts. 485 e 487 do CPC) e finalidade específica (encerramento da fase de conhecimento ou extinção da execução)" (in CUNHA, José Sebastião Fagundes. *Código de Processo Civil Comentado.* Op. cit., p. 424). Semelhante é a posição de Marcelo Alves Dias de Souza, ao afirmar que "a sentença, no NCPC, é definida, cumulativamente, tanto pelo momento processual em que é proferida (já que "põe fim" a uma fase processual) como também pelo seu conteúdo" (in WAMBIER, Teresa Arruda Alvim, DIDIER JR, Fredie, TALAMINI, Eduardo e DANTAS, Bruno (org.). *Breves Comentários ao Novo Código de Processo Civil.* Op. cit., p. 626)

em sua essência lógica, é um debate que tem por objeto uma questão a ser decidida. Essa questão é apresentada pela parte ao julgador sob a forma de uma narrativa composta por ao menos duas partes. Primeiramente, (a) *a parte narra uma série de fatos e aponta o tratamento jurídico que entende deva ser dispensado em relação a eles*. Após apresentada essa narrativa, por sua vez, (b) *a parte indica a existência de um obstáculo à implementação das providências jurídicas que a parte entende serem aplicáveis em face de tais fatos*. Esse obstáculo ora consiste na (b.1) *recusa da outra parte em abraçar espontaneamente a solução indicada pelo autor* (e, nesse contexto, tem-se que o debate dos autos reclama a atuação da chamada *jurisdição contenciosa*), ora será a (b.2) *impossibilidade de a parte obter a produção de determinados efeitos jurídicos sem a intervenção do órgão judicial* (caso no qual haverá o exercício da dita *jurisdição voluntária* ou *graciosa*). É a existência desse obstáculo que leva a parte a formular um pedido ao juiz, solicitando *tutela jurisdicional*, isto é, *proteção através da jurisdição*, pleiteando a prática de atos jurídicos processuais por parte do órgão judicial que levem à implementação da solução que ela entende correta.[12]

Em todas as hipóteses do art. 487 supracitado, *a decisão do juiz oferece uma solução para a questão que se constitui em objeto do debate processual*. A decisão proferida pelo juiz pode concluir no sentido de que a proposta de solução indicada pela parte mereça ser acolhida, julgando-se procedente a ação, ou rejeitada, no caso de improcedência da demanda. É possível, ainda, que a decisão proferida pelo juiz apenas referende uma solução decorrente de um ato de disposição de vontade das partes, como ocorre nos casos em que as partes entram em acordo, ou na hipótese de renúncia do autor ao direito de que dizia possuir, ou, ainda, no caso de reconhecimento do réu quanto ao acerto da solução proposta pelo autor. *Em todos esses casos, a decisão judicial, ao estabelecer a solução para a questão discutida nos autos, encerra o debate travado entre autor, juiz e réu.*

Diferentemente, nas hipóteses elencadas no art. 485, a decisão do juiz não traz consigo qualquer solução para a questão que levou a parte a solicitar tutela jurisdicional. Em tais hipóteses, o que se vê é que a sentença se diferencia das demais decisões judiciais pelo fato de ser ela *a manifestação do órgão jurisdicional monocrático que põe fim ao debate travado entre ele e as partes*. O que aproxima as sentenças em relação às

---

[12] A doutrina utiliza-se de uma construção elíptica para referir-se à construção argumentativa ora apresentada. Exemplo disso pode ser visto nas palavras de José Miguel Garcia Medina, para quem "há decisão de mérito nos casos enunciados no art. 487 do CPC/2015, em que há julgamento do pedido ou homologação de alguma forma de autocomposição realizada sobre o pedido", anotando, ainda, que "por mérito considera-se o objeto litigioso, que diz respeito ao pedido (questão principal). As demais questões (como, por exemplo, a questão prejudicial) dizem respeito ao objeto do processo". (MEDINA, José Miguel Garcia. *Direito Processual Civil Moderno*. São Paulo: Revista dos Tribunais, 2015. p. 685)

decisões interlocutórias, por sua vez, são duas circunstâncias que lhes são comuns, a saber: a) são proferidas por um mesmo órgão jurisdicional (julgador monocrático), e, ainda, b) não veiculam soluções para a questão que se constitui em objeto do debate processual.[13]

De se anotar, ainda, que a definição acima proposta para o que se entende por decisões com resolução do mérito é plenamente compatível com o constante do art. 356 do novo Código de Processo Civil, segundo o qual o juiz decidirá parcialmente o mérito quando um ou mais dos pedidos formulados ou parcela deles mostrar-se incontroverso ou, ainda, estiver em condições de imediato julgamento nos termos do art. 355 do mesmo diploma legislativo. Nesses casos, o que se vê é que o debate travado entre as partes e o juiz tem por objeto duas ou mais questões a serem solucionadas, e a decisão que oferte resposta em relação a uma delas terá como conteúdo a resolução do mérito, ainda que o processo prossiga em relação a outra pendente de julgamento.

Como já dito, um traço relevante da proposta de definição de coisa julgada estabelecida pelo novo Código de Processo Civil consiste no fato de que a mesma alcança *decisões de mérito não mais sujeitas a recurso*. A redação, no ponto, é de precisão cirúrgica, pensando justamente em permitir que sejam incluídas justamente as decisões que *têm por conteúdo a resolução do mérito*, mas não podem ser qualificadas como *sentenças* por *não ensejarem o encerramento do processo ou de alguma de suas fases*.

Dessa observação exsurgem inúmeras questões a serem dirimidas. Uma primeira é a que compreende a definição a respeito da espécie de ato do juiz ao qual se moldam tais decisões, sendo tratadas como sentenças (por resolverem o mérito de modo a encerrar uma das fases do processo) ou como decisões interlocutórias, na forma da definição por exclusão constante do art. 203, § 2º, do novo Código de Processo Civil. Vista sob essa ótica, a questão comportará mais interesse do ponto de vista da sistemática recursal aplicável a tais comandos judiciais do que propriamente da adequação deles ao conceito de coisa julgada.[14]

---

[13] A dificuldade em contrapor as sentenças às decisões interlocutórias muito é devida ao dado legal, já que, como bem apontado por Antônio José Carvalho da Silva Filho, "linguisticamente a definição de decisão interlocutória não foi das mais felizes, já que descreve uma coisa a partir da exclusão de outra, no caso da sentença, caracterizando argumento tautológico" (in CUNHA, José Sebastião Fagundes. *Código de Processo Civil Comentado*. Op. cit., p. 425). No mesmo sentido é a opinião de Marcelo Alves Dias de Souza, in WAMBIER, Teresa Arruda Alvim, DIDIER JR, Fredie, TALAMINI, Eduardo e DANTAS, Bruno (org.). *Breves Comentários ao Novo Código de Processo Civil*. Op. cit., p. 625.

[14] A esse respeito, remeto-me ao quanto já dito em REICHELT, Luis Alberto. *Sistemática Recursal, Direito ao Processo Justo e o Novo Código de Processo Civil: os desafios deixados pelo legislador ao intérprete*. Revista de Processo, vol. 244 (2015): 15-32, especialmente p. 24 e seguintes.

4.2. Coisa julgada e decisão não mais sujeita a recurso. O recurso como desdobramento do debate processual. Coisa julgada formal e coisa julgada material

Outra questão relevante diz respeito ao fato de *a decisão considerada imutável em sede de coisa julgada não ser sujeita a recurso*. A expressão *não mais sujeita a recurso* é de uma ambiguidade ímpar, e só pode ser compreendida quando combinada com os adjetivos *imutável* e *indiscutível*. O fato de uma decisão não mais estar sujeita à reforma pela via recursal é empregado, pelo legislador, como *causa eficiente* para o surgimento de uma consequência, que é a imutabilidade ou impossibilidade de discussão quanto ao teor da decisão judicial sobre a qual recai a autoridade em sede de coisa julgada.

A questão em comento não é sem razão, já que a inexistência de recurso[15] não é a única causa eficiente que pode levar ao surgimento da impossibilidade de modificação de uma decisão judicial que tenha encerrado o debate processual ou resolvido uma questão de mérito. Também o reexame necessário, previsto no art. 496 do Código de Processo Civil, funciona como ferramenta capaz de permitir a modificação de tal decisão.[16]

Seis, pois, são as situações que funcionam como causas eficientes capazes de fazer com que uma decisão judicial que tenha encerrado o debate processual ou resolvido uma questão de mérito não mais possa ser objeto de revisão por órgãos jurisdicionais. A primeira delas é o caso de a parte prejudicada pela decisão *não haver interposto o recurso cabível no prazo e forma legalmente estabelecidos*. A segunda, por sua vez, é a de a parte já haver interposto todos os recursos possíveis em face de tal decisão, havendo, assim, *esgotado as vias recursais*. A terceira é a que se verifica no caso de *o ordenamento jurídico simplesmente não contemplar qualquer possibilidade de interposição de recurso em face de uma determinada decisão*. Ao lado desses casos, há, ainda, outros dois, quais sejam aqueles nos quais a parte *renunciou ao direito de recorrer* ou, ainda, a parte *desistiu do recurso antes interposto*. Por fim, a *inexistência de previsão legal quanto à ocorrência de reexame necessário* pode, em certos casos, atuar como uma causa concorrente em relação às anteriores, fazendo com que o comando expresso em uma decisão não mais possa ser modificado.

---

[15] O conceito de recurso ora adotado corresponde àquele estampado na obra de BARBOSA MOREIRA, José Carlos. *Comentários ao Código de Processo Civil*. Volume V. Op. cit., p. 233, qual seja o de "remédio voluntário idôneo a ensejar, dentro do mesmo processo, a reforma, a invalidação, o esclarecimento ou a integração de decisão judicial que se impugna".

[16] Dada a ausência de caráter voluntário, tem-se que o reexame necessário não pode se constituir em recurso, mas, antes, em *condição a ser atendida com vistas à eficácia da sentença*. Nesse mesmo sentido, ver MEDINA, José Miguel Garcia. *Direito Processual Civil Moderno*. Op. cit., p. 717-718.

Uma ulterior ponderação a ser feita em termos conceituais diz respeito ao fato de que o cabimento de recurso ou a presença de decisão sujeita a reexame necessário pode levar à modificação da decisão que extingue o processo, mas isso não significa, por certo, que, em tais casos, o processo tenha continuado. Há que se considerar que o debate processual possui uma estrutura dialética que culmina com um ato último do juiz, o qual oferece uma solução para o deslinde da questão proposta ou, de outro lado, simplesmente é visto como o momento que encerra o diálogo travado até então. A atividade desenvolvida pelas partes e pelo juiz em primeira instância toma como ponto de referência a existência de uma questão a ser decidida. A atividade desenvolvida com vistas ao reexame necessário da decisão proferida toma como ponto de partida, diferentemente, a existência de uma decisão a ser confirmada ou infirmada. Da mesma forma, a atividade processual recursal também toma como centro de sua investigação os termos de uma decisão judicial anteriormente proferida, a qual leva a parte a provocar o Poder Judiciário com vistas à sua modificação, anulação, esclarecimento ou ao preenchimento de lacunas nela verificadas. Em ambos os casos, não se está a prolongar o debate sobre a questão antes decidida. Neles não se deve ver a simples continuidade do processo já findo, mas, antes, um desdobramento que surge por força do debate original, que nasce em função do advento de uma nova questão a ser respondida.[17]

É graças a essa perspectiva que se permite compreender a noção e a utilidade da ideia de *coisa julgada formal*. Nela se faz presente a diferença entre *a decisão que impõe o término do debate processual* no contraste com a *impossibilidade de modificação dessa mesma decisão por força de um desdobramento do debate processual original*.[18] Da mesma forma, é também sob o signo de tal conceito que se torna possível contrapor a *existência de uma decisão que veicula resolução de questão de mérito debatida* à *proibição de modificação dessa mesma decisão por força de um desdobramento do debate processual inicialmente mencionado*.[19] Partindo das mesmas premissas

---

[17] A doutrina utiliza de fórmulas diversas para designar a noção de que o recurso *não se constitui em um novo processo*. Veja-se, exemplificativamente, no ponto, a definição proposta por Sandro Gilbert Martins, para quem *"recurso é o meio legal e voluntário de impugnação de pronunciamentos judiciais com conteúdo decisório (decisão interlocutória, sentença, decisão monocrática e acórdão)*, inserido na mesma relação jurídica processual em que o ato foi produzido, ainda que não nos mesmos autos, *que visa obter, no todo ou em parte, a sua anulação, a sua reforma ou o seu aprimoramento"* (in CUNHA, José Sebastião Fagundes. *Código de Processo Civil Comentado*. Op. cit., p. 1353 – os grifos são nossos).

[18] Confirma-se, com tal assertiva, o acerto pontual das reflexões conceituais propostas por TALAMINI, Eduardo. Op. cit., p. 131, ao anotar que *"a coisa julgada formal consiste na impossibilidade de revisão da sentença dentro do próprio processo em que foi proferida"*.

[19] A construção ora apresentada encontra respeitável resistência na doutrina em autores como Fernando Rubin, para quem a noção de coisa julgada formal seria inútil, já que "sobre a sentença de mérito de que não caiba mais recurso, atua a preclusão (endoprocessualmente) e a coisa jul-

acima apresentadas, tem-se que é imperioso distinguir, de um lado, *a decisão que veicula resolução de questão de mérito debatida* e, de outro, a *impossibilidade de modificação dessa mesma decisão mediante a propositura de nova ação idêntica*, que corresponde à proibição associada à existência de *coisa julgada material*.

5. Considerações conclusivas

O advento de uma série de comandos de ordem legal dispondo sobre o regime jurídico aplicável em matéria de coisa julgada trouxe consigo a necessidade de nova reflexão sobre o alcance da proteção prevista no art. 5º, XXXVI, do texto constitucional. O interessante é ver que a redefinição do marco legal viabiliza todo um aperfeiçoamento de parte do arcabouço conceitual, e acaba lançando desafios novos ao intérprete, sendo o primeiro deles o do esforço com vistas à compatibilização entre a dimensão infraconstitucional e o parâmetro primeiro constante da Constituição Federal.

Como se viu, a reinvenção dos limites da proteção constitucional da intangibilidade da coisa julgada é, também, a oportunidade para a rediscussão de questões fundamentais do Direito Processual Civil, tais como o que se entende por *processo*. Sendo o fenômeno jurídico fruto de um ambiente eminentemente cultural, servindo sempre às necessidades do homem de cada época, há que se reconhecer, forçosamente, a constante possibilidade e necessidade de reflexão e de aperfeiçoamento dos seus contornos e funcionalidades.

6. Referências bibliográficas

ALVARO DE OLIVEIRA, Carlos Alberto. *Do Formalismo no Processo Civil*. 3ª ed. São Paulo: Saraiva, 2009.

AMARAL, Guilherme Rizzo. *Comentários às Alterações do Novo CPC*. São Paulo: Revista dos Tribunais, 2015.

ÁVILA, Humberto. Segurança Jurídica. Entre permanência, mudança e realização no Direito Tributário. São Paulo: Malheiros, 2011.

BARBOSA MOREIRA, José Carlos. *Ainda e Sempre a Coisa Julgada*. Revista dos Tribunais, vol. 416 (1970): 9-17

——. *Comentários ao Código de Processo Civil*. Vol. V. 15ª ed. Rio de Janeiro: Forense, 2010.

---

gada material (panprocessualmente), sendo que nos demais casos de que não caiba mais recurso (sentença terminativa e decisão interlocutória) tão somente atua o primeiro instituto" (RUBIN, Fernando. *A Preclusão na Dinâmica do Processo Civil*. 2ª ed. São Paulo: Atlas, 2014. p. 71-72). Trata-se de posição distinta daquela adotada por SICA, Heitor Vitor Mendonça. *Preclusão Processual Civil*. 2ª edição. São Paulo: Atlas, 2008. p. 216-217.

BAPTISTA DA SILVA, Ovídio A. *Eficácias da Sentença e Coisa Julgada*. In: *Sentença e Coisa Julgada*. 4ª edição. Rio de Janeiro: Forense, 2003.

CANOTILHO, J. J. Gomes. *Direito Constitucional e Teoria da Constituição*. 6ª ed. Coimbra: Almedina, 2002.

CRUZ E TUCCI, José Rogério. *Limites Subjetivos da Eficácia da Sentença e da Coisa Julgada Civil*. São Paulo: Revista dos Tribunais, 2006.

CUNHA, José Sebastião Fagundes. *Código de Processo Civil Comentado*. São Paulo: Revista dos Tribunais, 2015.

GRECO, Leonardo. *Instituições de Processo Civil*. Vol. II. 3ª ed. Rio de Janeiro: Forense, 2015.

KNIJNIK, Danilo. *O Recurso Especial e a Revisão da Questão de Fato pelo Superior Tribunal de Justiça*. Rio de Janeiro: Forense, 2005. p. 105 e seguintes

LIEBMAN, Enrico Tullio. *Eficácia e Autoridade da Sentença e Outros Escritos Sobre a Coisa Julgada*. 3ª ed. Rio de Janeiro: Forense, 1984.

MANCUSO, Rodolfo de Camargo. *Recurso Extraordinário e Recurso Especial*. 7ª ed. São Paulo: Revista dos Tribunais, 2001.

MARINONI, Luiz Guilherme, ARENHART, Sérgio Cruz e MITIDIERO, Daniel. *Novo Curso de Processo Civil*. Vol. 1. São Paulo: Revista dos Tribunais, 2015.

MEDINA, José Miguel Garcia. *Direito Processual Civil Moderno*. São Paulo: Revista dos Tribunais, 2015.

PORTO, Sérgio Gilberto. *Coisa Julgada Civil*. 3ª ed. São Paulo: Revista dos Tribunais, 2006.

REICHELT, Luis Alberto. Sistemática Recursal, Direito ao Processo Justo e o Novo Código de Processo Civil: os desafios deixados pelo legislador ao intérprete. *Revista de Processo*, vol. 244 (2015): 15-32.

RUBIN, Fernando. *A Preclusão na Dinâmica do Processo Civil*. 2ª ed. São Paulo: Atlas, 2014.

SICA, Heitor Vitor Mendonça. *Preclusão Processual Civil*. 2ª ed. São Paulo: Atlas, 2008.

TALAMINI, Eduardo. *Coisa julgada e sua revisão*. São Paulo, Revista dos Tribunais, 2005.

THEODORO JR., Humberto. Curso de Direito Processual Civil. Vol. I. 56ª ed. Rio de Janeiro: Forense, 2015.

WAMBIER, Teresa Arruda Alvim, DIDIER JR, Fredie, TALAMINI, Eduardo e DANTAS, Bruno (org.). *Breves Comentários ao Novo Código de Processo Civil*. São Paulo: Revista dos Tribunais, 2015.

— 6 —

Embargos de declaração: a valorização de sua utilização nas instâncias ordinárias e as novidades trazidas pelo novo CPC

FERNANDO RUBIN[1]

Sumário: I – Introdução; II – Estado da arte: a disciplina dos embargos de declaração no Código Buzaid; III. A exigência constitucional e contemporânea de prestação jurisdicional efetiva; IV. Interpretação extensiva das hipóteses de cabimento dos embargos de declaração; V. As novidades trazidas pelo novo CPC (Lei nº 13.105/2015); VI – Conclusão; VII. Referências bibliográficas.

I – Introdução

Não obstante ser usualmente considerado pela jurisprudência como recurso subsidiário e mesmo supérfluo, vem aumentando a preocupação da doutrina pátria a respeito do tema, ainda mais diante da publicação do Novo CPC (Lei nº 13.105/2015) e da exigência de decisões judiciais com fundamentação completada, inclusive as interlocutórias.

O presente trabalho, de acordo com o novo codex processual, propõe-se a discutir, pois, tema atual de processo civil, tratando, na contramão da maioria dos precedentes jurisprudenciais, de valorizar a apreciação aprofundada dos embargos de declaração e destacar a real possibilidade de concessão de efeitos infringentes ao recurso, como também de discutir a possibilidade de aplicação menos contida dos aclaratórios com a finalidade de serem corrigidas deficiências impor-

---

[1] Bacharel em Direito pela UFRGS, com a distinção da Láurea Acadêmica. Mestre em processo civil pela UFRGS. Professor da Graduação e Pós-Graduação do Centro Universitário Ritter dos Reis – UNIRITTER, *Laureate International Universities*. Professor Colaborador da Escola Superior de Advocacia – ESA/RS. Professor Pesquisador do Centro de Estudos Trabalhistas do Rio Grande do Sul – CETRA-Imed. Professor convidado de cursos de Pós-Graduação *latu sensu*. Instrutor *Lex Magister* São Paulo. Parecerista. Colunista e Articulista de revistas especializadas em processo civil, previdenciário e trabalhista. Advogado-Sócio do Escritório de Direito Social.

tantes do julgado, especialmente pelos tribunais de segundo grau, mesmo fora das estritas hipóteses legais.

Propõe-se um olhar crítico a respeito da redação do art. 535 do CPC e de outros dispositivos próximos referentes ao tema, e dos seus paralelos presentes no Novo CPC, a partir do art. 1022 da Lei nº 13.105/2015, sendo analisados importantes, mesmo que incipientes, paradigmas na doutrina e na jurisprudência que apontam justamente para o cabimento alargado dos embargos de declaração em resguardo a uma prestação jurisdicional efetiva.[2]

II – Estado da arte: a disciplina dos embargos de declaração no Código Buzaid

No sistema do Código Buzaid, cabe o recurso de Embargos de Declaração quando houver, na sentença ou no acórdão, obscuridade ou contradição; ou quando for omitido ponto sobre o qual devia pronunciar-se o juiz ou tribunal. Nas duas primeiras hipóteses (obscuridade e contradição), os embargos de declaração são destinados a permitir o esclarecimento da decisão judicial; na segunda (omissão), têm por finalidade a integração da decisão.[3]

Com relação a essas hipóteses de utilização do recurso, o cenário que envolve maior dificuldade provavelmente cinge-se ao termo "contradição", sendo usual na doutrina ser referido que a aludida contradição deve ser "interna",[4] ou seja, identificada pelo exame específico dos termos contidos na decisão judicial embargada. Teríamos, assim, exemplos de contradição interna: "entre proposições da parte decisória, por incompatibilidade entre capítulos da decisão; entre proposições enunciadas nas razões de decidir e o dispositivo; entre a ementa e o corpo do acórdão, ou entre o teor deste e o verdadeiro resultado do julgamento, apurável pela ata ou por outros elementos".[5]

Por sua vez, considera-se presente a "omissão" quando a decisão não se manifestar sobre um pedido; sobre argumentos relevantes lançados pela parte prejudicada no julgado; ou mesmo sobre questão de ordem pública, que poderia ser enfrentada ainda que não suscitada

---

[2] Partimos para tanto de texto embrionário a respeito dos Embargos de Declaração, vinculado na Revista de Processo, REPRO nº 230, publicado em abril de 2014.

[3] CÂMARA, Alexandre Freitas. *Lições de direito processual civil – Vol. 2*. 22ª ed., São Paulo: Atlas, 2013, p. 121/122.

[4] USTÁRROZ, Daniel; PORTO, Sérgio Gilberto. *Manual dos recursos cíveis*. 4ª ed., Porto Alegre: Livraria do Advogado, 2013, p. 200.

[5] BARBOSA MOREIRA, J. C. *O novo processo civil brasileiro*. 24ª ed., Rio de Janeiro: Forense, 2006, p. 155/156.

pela parte interessada. Por fim, há na decisão "obscuridade" quando for ininteligível, quer porque malredigida, quer porque escrita à mão com letra ilegível[6] (hipótese essa cada vez mais rara, diante do progressivo incremento do processo eletrônico, principalmente perante as Justiças Federal e do Trabalho).

Os embargos de declaração não têm, assim, de acordo com os contornos infraconstitucionais, por finalidade direta à modificação do mérito do julgado; apenas, excepcionalmente, em face de aclaramento de obscuridade, desfazimento de contradição ou supressão de omissão, prestam-se os embargos de declaração a modificar o julgado. Nesse caso, em que as hipóteses típicas do código processual provocam a alteração do julgado, diz-se que os aclaratórios apresentam efeitos infringentes – ou modificativos – da decisão embargada.

Por outro lado, tem-se evidente que os embargos de declaração se fundam na ideia de que a prestação jurisdicional deve ser completa e clara, daí ser esse recurso uma decorrência do princípio da inafastabilidade do controle jurisdicional,[7] uma vez que o jurisdicionado tem direito a receber uma prestação jurisdicional completa e coerente.[8]

Em linhas gerais, ainda é necessário referir que se trata de recurso, isento de preparo e sem previsão de contraditório, que visa ao aperfeiçoamento das decisões judiciais, cabendo ser apresentado no exíguo prazo de cinco dias, sendo que a partir daí opera-se a interrupção do prazo[9] para a interposição de outros recursos, por qualquer das partes; sendo que se forem manifestamente protelatórios os embargos, o juiz ou tribunal, declarando que o são, condenará o embargante a pagar ao embargado multa de até 1% sobre o valor da causa – e na reiteração de embargos protelatórios, a multa deve ser elevada a até 10%, ficando condicionada a interposição de qualquer outro recurso ao depósito do valor respectivo.

---

[6] DIDIER JR., Fredie. *Curso de direito processual civil – Vol. III*. Salvador: JusPodivm, 2008, p. 179.

[7] BUZAID, Alfredo. *Estudos e pareceres de direito processual civil*. Notas de adaptação de Ada Pellegrini Grinover e Flávio Luiz Yarshell. RT: 2002, p. 309 e ss.

[8] AMENDOEIRA JR., Sidnei. *Manual de direito processual civil – Vol. II*. São Paulo: Saraiva, 2002, p. 119.

[9] Note-se que os embargos declaratórios interpostos nos juizados, embora tenham o mesmo propósito do recurso previsto no sistema geral do CPC, têm efeito suspensivo do prazo, e não interruptivo, como ocorre no Código Buzaid: "o manejo do recurso gera a sustação da contagem do prazo para outros recursos, até que ele seja apreciado; isso quer dizer que uma vez reiniciada a contagem, correrá apenas pelo saldo do prazo, não se devolvendo o prazo integralmente" (DALL´ALBA, Felipe Camilo. *Curso de juizados especiais*. Belo Horizonte: Fórum, 2011, p. 61/62). Diga-se, por oportuno, que tal disposição especial acabou derrogada pelo art. 1065 do Novo CPC, a estabelecer expressamente que o art. 50 da Lei nº 9.099, de 26 de setembro de 1995, passa a vigorar com a seguinte redação: "Art. 50. Os embargos de declaração interrompem o prazo para a interposição de recurso."

Uso frequente dos embargos declaratórios ocorre para fins de prequestionamento, quando a parte visa a prequestionar causa federal ou constitucional no acórdão embargado, suscitando que não houve devido/explícito enfrentamento de matéria de relevância legal ou constitucional pelo tribunal. Busca então o embargante evidenciar a existência de causa federal ou constitucional no acórdão recorrido para viabilizar, na sequência, a interposição de recurso especial ou extraordinário.[10] Nesse caso, sendo evidente o fim de prequestionamento que deu causa ao acórdão embargado, não há como considerar o recurso procrastinatório, descabendo aplicação da multa supra-aludida pelo tribunal.[11]

III. A exigência constitucional e contemporânea de prestação jurisdicional efetiva

Há um evidente e importante ponto de contato entre a utilização do recurso de Embargos de Declaração e a concepção de suficiente ou plena prestação jurisdicional. Ocorre que inúmeras vezes o recurso em estudo é manejado para que seja completada a prestação de jurisdição, especialmente perante os tribunais de segundo grau, a partir do legítimo argumento de que nem todas as questões jurídicas suscitadas na lide foram devidamente abordadas pela decisão guerreada; ou ainda que há importante (manifesto) erro de fato ou mesmo erro de procedimento a ser imediatamente revisto pelo órgão julgador prolator do *decisum* embargado.

A prática forense, nesse cenário, é prodigiosa em exemplos de desconsideração desses fundamentos alegados pelas partes, sob a rasa motivação de que já foi proferida suficiente decisão, de que na verdade a parte busca rediscussão da matéria, o que refoge ao âmbito do recurso utilizado, enfim de que a prestação de jurisdição já foi prestada, devendo à parte, querendo, recorrer às instâncias excepcionais.

É contra tal raso argumento que pretendemos lançar firme crítica no presente ensaio, já que a nominada "suficiente prestação jurisdicional" acaba por infringir o direito constitucional ao devido processo legal, ao contraditório e à ampla motivação das decisões judiciais, na forma como estabelecidos especialmente pelo art. 5°, LIV e LV, e pelo art. 93, IX, todos da CF/88. Isso sem contar que a não imediata complementação ou reparação necessária no julgado acaba por trazer prejuízo

---

[10] ALVARO DE OLIVEIRA, Carlos Alberto; MITIDIERO, Daniel. *Curso de processo civil – Vol. II*. São Paulo: Atlas, 2012, p. 196.

[11] Nos termos da Súmula 98 do Superior Tribunal de Justiça: "Embargos de declaração manifestos com notório propósito de prequestionamento não têm caráter protelatório".

temporal à parte e ao processo,[12] atingindo em cheio a sua duração razoável – prevista no art. 5°, LXXVIII, da CF/88.

A fundamentação é essencial, no nosso Estado Democrático de Direito, para legitimar a decisão final proferida, razão pela qual a matéria pode ser tema de debate até nas instâncias extraordinárias, tendo em vista suposta violação do que dispõe notadamente o aludido 93, IX, da CF/88[13] – que encontra paralelo na legislação adjetiva infraconstitucional.

Ao mesmo tempo em que não se nega a importância do ativismo judicial no comando da marcha do processo,[14] ressalta-se a importância da motivação das decisões (tanto mais elevada quanto for a importância da medida a ser adotada pelo Estado-juiz), ao lado da presença constante do contraditório e da figura do duplo grau de jurisdição.[15] São com esses (três) elementos essenciais, integrantes de um "sistema de legalidade", corporificador do *due process*, que se combate o arbítrio jurisdicional (desvios decorrentes da necessária conduta ativa do julgador), lavrando-se *decisum* final mais próximo da legitimidade exigida pela sociedade política.[16]

A discussão, desenvolvida nesse item do ensaio, quanto à *fundamentação completa versus fundamentação suficiente* é conhecida no ambiente forense, tendo a jurisprudência pátria consolidado entendimento, por nós então não acolhido, no sentido de que o julgador não está obrigado a desenvolver fundamentação plena, mas tão só suficiente para se posicionar a favor dos interesses de uma das partes litigantes.[17]

---

[12] Valendo aqui a reflexão até mais ampla de Galeno Lacerda: "A função da economia no processo transcende a mera preocupação individualista de poupar trabalho a juízes e partes, de frear gastos excessivos, de respeitar o dogmatismo dos prazos. Não visa à comodidade dos agentes da atividade processual, mas à ânsia de perfeição da justiça humana – reconhecer e proclamar o direito, com o menor gravame possível" (LACERDA, Galeno. *Despacho Saneador*. Porto Alegre: La Salle, 1953, p. 6).

[13] BRITO MACHADO, Hugo de. *Decisão judicial não fundamentada e recurso extraordinário* in Revista Dialética de Direito Processual n° 122, maio/2013, p. 61/63.

[14] BEDAQUE, José Roberto dos Santos. *Efetividade do processo e técnica processual*. São Paulo: Malheiros, 2007, 2ª ed., p. 63/64.

[15] BARBOSA MOREIRA, J. C. *A motivação das decisões judiciais como garantia inerente ao estado de direito* in Temas de direito processual. 2ª série. São Paulo: Saraiva, 1988, p. 83/95.

[16] A questão é bem desenvolvida pela especializada doutrina do processo: DINAMARCO, Cândido Rangel. *A instrumentalidade do processo*. 4ª ed. São Paulo: RT, 1994, p. 200; ALVARO DE OLIVEIRA, Carlos Alberto. *Do formalismo no processo civil*. 2ª ed., São Paulo: Saraiva, 2003, p. 151.

[17] Nesse sentido, dentre outros arestos, seguem-se dois: "O provimento dos embargos de declaração prequestionadores só poderão ser providos no caso de haver omissão, contradição ou obscuridade na decisão recorrida, o que não foi demonstrado do recurso proposto. Salienta-se que o magistrado tem o dever de fundamentar devidamente sua decisão, mas não tem a obrigação de analisar todos os argumentos apresentados pelas partes" (Embargos de Declaração n° 70016937179, Sexta Câmara Cível, Tribunal de Justiça do RS, Relator: Ney Wiedemann Neto, Julgado em 19/10/2006); "Inexiste obrigação do julgador em pronunciar-se sobre cada alegação trazida pelas partes, de forma pontual, bastando que apresente argumentos suficientes às razões de

Há, no entanto, firmes vozes, ao encontro do nosso raciocínio,[18] fixando que a eventual autorização concedida ao juiz para não se manifestar expressamente a respeito de todo o material coletado no feito, entendendo-se que bastaria "uma consideração global e sintética dos elementos conhecidos sobre os quais se funda o seu convencimento", nas palavras de Michele Taruffo, é regra que, por trás de uma aparente razoabilidade, esconde grave equívoco procedimental.[19]

Egas Moniz de Aragão observa, criticamente, que é comum se dizer que na fundamentação da sentença/acórdão o magistrado não precisa examinar todas as questões do processo: "Isto está absolutamente equivocado (...); é inadmissível supor que o juiz possa escolher, para julgar, apenas algumas das questões que as partes lhe submeterem. Sejam preliminares, prejudiciais, processuais ou de mérito, o juiz tem de examiná-las todas. Se não fizer a sentença estará incompleta".[20]

Pensamos que tal corrente, valiosa embora minoritária, deve ganhar mais espaço no atual cenário processual pátrio, ainda mais com a publicação do Novo CPC.

Primeiro porque o número de julgamentos realizados pelos tribunais, em cada sessão, é cada vez mais assustador, o que facilita as simplificações e também os equívocos no exame de cada uma das causas julgadas. Segundo porque os problemas de compreensão das demandas aumentaram diante da complexidade maior das questões postas em juízo, mesmo individuais, mas com forte efeito prospectivo, como verificado no último período. Terceiro porque também vem se acompanhando a dificuldade cada vez maior de acesso às instâncias excepcionais, sendo notório o número de recursos encaminhados ao STJ e ao STF que sequer passam da fase de admissibilidade, o que confirma que as decisões finais proferidas pelos tribunais de segunda instância estão realmente transitando em julgado em elevada proporção – sem posterior retificação, mesmo que parcial. Por fim, não se pode olvidar que, na outra ponta, as decisões de primeiro grau geralmente não transitam em julgado imediatamente (sequer possuem eficácia imediata, diante da concessão de efeito suspensivo, como regra), seguindo extremamente corriqueira a interposição de recurso de mérito ao segundo grau por uma das partes – e mesmo por ambas, de forma autônoma ou até adesiva, conforme faculta a lei processual.

---

seu convencimento, pretensão de rediscussão da matéria, o que se mostra inviável pela via eleita, já que o recurso ora manejado, originariamente, possui natureza integrativa. Inteligência do art. 535 do CPC" (Embargos de Declaração nº 70022860035, Décima Câmara Cível, Tribunal de Justiça do RS, Relator: Paulo Roberto Lessa Franz, Julgado em 28/02/2008).

[18] RUBIN, Fernando. *A preclusão na dinâmica do processo civil*. São Paulo: Atlas, 2015, p. 194/195.
[19] TARUFFO, Michele. *La motivazione della sentenza*. Padova: CEDAM, 1975, p. 445 e ss.
[20] ARAGÃO, E. D. Moniz. *Sentença e coisa julgada*. Rio de Janeiro: AIDE, 1992, p. 101/103.

Ora se assim for, forçoso reconhecer que há de se ter cuidado redobrado no exame da causa por esses tribunais de segunda instância – reais definidores de um número elevado de demandas no país, especialmente nas questões fáticas que não mais serão reexaminadas em ulterior instância[21] – cenário previsto especialmente pela multiutilizada Súmula 7 do STJ.[22] Realmente, passamos a acreditar na importância do papel dos tribunais de segundo grau no exame minudente das causas, mormente individuais e com discussão de importantes questões de fato, em razão do cenário atual exposto; sendo que a forma (sumária) como vem sendo julgadas as demandas e ainda a maneira (pouco aprofundada) como vem sendo conduzidos os julgamentos dos aclaratórios estão em desacordo com essa realidade.[23]

Nesse diapasão, estamos em perfeito acordo com Teresa Arruda Alvim Wambier quando sustenta, partindo-se notadamente da premissa da dificuldade do acesso às superiores instâncias ("fruto de mero juízo de constatação"), que há necessidade de uma "significação jurídica diferenciada para o dever de motivar", especialmente em se tratando de decisão de segundo grau de jurisdição.[24]

Forçoso reconhecer, agora em sintonia fina com Marinoni e Arenhart, que realmente os embargos de declaração vêm sendo enfrentados por muitos julgadores como uma forma de "crítica" às suas decisões; deixando assim, alguns juízes, de examinar com propriedade o recurso apresentado, visando com isso a esconder eventuais defeitos em suas decisões, colocando-as a salvo de reparos, como se o erro não fosse possível na atividade jurisdicional: "tal mentalidade deve ser revista urgentemente, uma vez que os embargos de declaração não podem ser considerados como ataque pessoal ao juiz, mas como forma de colaboração

---

[21] Daí por que não se pode afirmar, como desenvolve Cambi, que há necessariamente, no Brasil, uma "terceira instância", uma vez que apenas os casos excepcionais, os quais se enquadram em restritos pressupostos constitucionais, podem ser objeto de recurso extraordinário e/ou recurso especial (CAMBI, Eduardo. *A prova civil – Admissibilidade e relevância*. São Paulo: RT, 2006, p. 268/270).

[22] Súmula 7 do STJ: "A pretensão de simples reexame de prova não enseja recurso especial" – que encontra o seu paralelo na Súmula 279 do STF: "Para simples reexame de prova não cabe recurso extraordinário". Análise crítica e adequada do exame de admissibilidade dos recursos excepcionais, em que é discutida a dicotomia entre "questão de fato" e "questão de direito", é feita em: KNIJNIK, Danilo. *O recurso especial e a revisão da questão de fato pelo Superior Tribunal de Justiça*. Rio de Janeiro: Forense, 2005. p. 162 e ss.

[23] Cenário que de alguma forma já começa a preocupar algumas esclarecidas vozes dentro da própria magistratura, inclusive de segundo grau: PISKE, Oriana. *Nova postura político-social do Poder Judiciário* in Revista Bonijuris n° 590 (2013): 30/37.

[24] WAMBIER, Teresa Arruda Alvim. *Omissão judicial e embargos de declaração*. São Paulo: RT, 2005, p. 248.

com a atividade estatal, tendente a permitir que a decisão seja a mais perfeita, completa e clara possível".[25]

No mesmo sentido colhe-se a observação de Clito Fornaciari Júnior ao registrar que se os embargos de declaração "fossem isentamente examinados, ou seja, sem rancor ou ira, poderiam contribuir para a melhor qualidade da atividade jurisdicional e efetiva distribuição da tutela que se reclama".[26]

Por isso, necessário assentarmos que após o julgamento do recurso ordinário pelos tribunais de segundo grau, sendo opostos embargos de declaração, os responsáveis Desembargadores precisam agir com maior cautela no exame do recurso – ainda mais se a causa envolver matéria fática substanciosa, aprofundando as questões postas pelas partes, prestando efetiva jurisdição e consolidando a legitimidade da decisão com o selo do Estado (aguardada ansiosamente pelos cidadãos/jurisdicionados).

IV. Interpretação extensiva das hipóteses de cabimento dos embargos de declaração

Muito preocupados, como estamos, com a deficiente prestação de jurisdição no Brasil, soa absolutamente relevante discutirmos, nesse item à parte, algumas seguras hipóteses em que o julgamento do recurso dos embargos de declaração, notadamente pelos magistrados de segundo grau, poderia ser utilizado para adequado julgamento da causa, com efeitos infringentes, caso necessário.

Reafirmarmos a nossa maior atenção com o segundo grau de jurisdição, já que teríamos nos embargos de declaração uma derradeira oportunidade para adequação do julgado à realidade da causa que envolva matéria fática importante, sendo razoável a defesa de uma interpretação extensiva das hipóteses de cabimento do recurso a fim de que haja melhor resposta do Poder Judiciário, especialmente a esse tipo de demanda encaminhada pelos jurisdicionados – que provavelmente, como elucidamos, terão mínima ou mesmo inexistente chance de acessar com êxito a "terceira instância", a fim de ser corrigida determinada injustiça/imprecisão no julgado.

Bem já escreveu Barbosa Moreira que a rigor, o eventual provimento dos embargos de declaração não poderá importar, no julgado,

---

[25] MARINONI, Luiz Guilherme; ARENHART, Sérgio Cruz. *Processo de conhecimento* – Vol. 2. 11ª ed., São Paulo: RT, 2013, p. 547.
[26] FORNACIARI JR., Clito. *Embargos de declaração com efeitos infringentes* in Revista Magister de Direito Civil e Processo Civil n° 50, outubro/2012, p. 63/66.

qualquer outra alteração além da consistente no esclarecimento, na eliminação da contradição ou no suprimento da omissão, com as repercussões acaso necessárias na matéria restante; no entanto o mesmo autor, na sequência, chega a admitir que "na prática judiciária, todavia, observa-se aqui certa tendência à flexibilidade, transpondo-se não raro esses limites".[27]

De fato, na prática observa-se certa tendência à flexibilidade, mas ainda de forma muito tímida,[28] persistindo a interpretação restritiva das disposições contidas no codex processual.[29]

Cabe, por isso, inegavelmente, ser feito maior esforço exegético, a partir de uma leitura constitucional do dispositivo legal envolvido, a fim de que de acordo com a disciplina vigorosa constante nos debatidos art. 5°, LIV e LV, art. 93, IX, e até art. 5°, LXXVIII, todos da CF/88, seja admitido com maior facilidade o exame cuidadoso e imediato dos aclaratórios em um rol mais alargado de casos, com o seu provimento parcial e total, quando for o caso, presente o foco na plena prestação de jurisdição[30] – a qual muitas vezes acaba não sendo realizada, a partir de um isolado e açodado exame do recurso ordinário (apelação) pelo colegiado.[31]

---

[27] BARBOSA MOREIRA, J. C. *O novo processo civil brasileiro*. 24ª ed., Rio de Janeiro: Forense, 2006, p. 157.

[28] MARINONI, Luiz Guilherme; ARENHART, Sérgio Cruz. *Processo de conhecimento* – Vol. 2. 11ª ed., São Paulo: RT, 2013, p. 547.

[29] Conforme passagem da ementa do STJ que segue: "(...) I – Não há que se falar em contrariedade aos arts. 458 e 535 do Código de Processo Civil quando o acórdão recorrido é fundamentado e não contém omissões, contradições nem obscuridades, tendo o Tribunal se manifestado sobre todas as questões que lhe foram submetidas à apreciação. No caso, os fundamentos do acórdão eram suficientes para a prestação jurisdicional e, tendo sido oferecidos argumentos para a tomada de decisão, era desnecessário rebater, um a um, todos os outros argumentos que com os primeiros conflitassem. A rejeição dos embargos era medida que se impunha, pois visavam à rediscussão e julgamento da causa. II – Ainda que opostos com fins de prequestionamento, os embargos de declaração devem se ajustar às suas estritas hipóteses de cabimento, enumeradas no art. 535 do Código de Processo Civil (...)" (1ª Turma, Min. Francisco Falcão, AgRg no REsp 885197 / RJ, j. em 28/11/2006).

[30] Sendo salutar a ressalva de que sempre é oportuna a firmação de um consenso a respeito da interpretação de determinada regra processual, já que também esse "estado de incerteza" impede que o processo cumpra corretamente sua função, gerando sérios prejuízos para a efetividade (MACHADO, Marcelo Pacheco. *Incerteza e processo – de acordo com o Projeto de novo CPC*. São Paulo: Saraiva, 2013, p. 116/117).

[31] Isso sem contar com a possibilidade de o exame do recurso ordinário (apelação) ser feita – abusivamente – pelo juízo monocrático, a partir de uma excessiva utilização do art. 557 do CPC, o que não raro vem acontecendo. Nesses casos a profunda análise derradeira dos embargos de declaração, como defendido no presente trabalho, se faria ainda mais relevante, mesmo porque o procurador da parte perderia, no caso concreto, a oportunidade de debater a causa da tribuna, já que para levar o processo ao colegiado deverá interpor recurso de agravo interno diante da prejudicial decisão monocrática, o qual, nos contornos do Código Buzaid, não autoriza a sustentação oral, como ocorre com o tradicional recurso de apelação (pelo Projeto de novo CPC, com a redação conferida na fase final de tramitação na Câmara Federal, no agravo interno e nessas condições, passou também a ser autorizada a sustentação oral – situação que, diga-se de passagem, não era

Há, pois, espaço para avanços. A partir desse prisma constitucional, já houve inclusive incipiente manifestação do Superior Tribunal de Justiça, por intermédio do Min. Sálvio de Figueiredo Teixeira, no sentido de que "a interpretação meramente literal do art. 535 do CPC (Código Buzaid) atrita com a sistemática que deriva do próprio ordenamento processual, notadamente após ter sido erigido a nível constitucional o princípio da motivação das decisões judiciais".[32]

Portanto, se é verdade que um exame mais cuidado dos aclaratórios, quando aviados, precisa ser efetuado, também nos parece pertinente sustentar que em algumas hipóteses bem marcantes, mas fora das estritas previsões constantes no texto da lei processual, deva notadamente o tribunal se manifestar imediatamente quando opostos os embargos.

Pensamos, nesse diapasão, que seria possível a apresentação dos aclaratórios não só diante das hipóteses restritivas constantes no CPC (obscuridade, contradição ou omissão), mas também em situação de equívoco evidente ("manifesto equívoco") do julgador (onde estaria abarcado o erro material[33]) e até em casos de erro de fato[34] (questão material) ou erro de procedimento[35] (questão processual) facilmente verificáveis.

A propósito, Teresa Arruda Alvim Wambier ressaltou que o Superior Tribunal de Justiça, mais recentemente, vem alargando o conceito de "erro manifesto" nos julgamentos de embargos de declaração, para

---

prevista no Projeto originário vindo do Senado Federal, conforme se verifica em: GUEDES, Jefferson Carús; DALL´ALBA, Felipe Camillo; NASSIF AZEM, Guilherme Beux; BATISTA, Liliane Maria Busato (orgs.). *Novo código de processo civil. Comparativo entre o projeto do novo CPC e o CPC de 1973*. Belo Horizonte: Fórum, 2010, p. 236).

[32] STJ, Corte Especial, Embargos de Divergência no REsp n° 159317-DF, Rel. Min. Sálvio de Figueiredo Teixeira, j. em 07/10/1999.

[33] "EMBARGOS DE DECLARAÇÃO. APELAÇÃO CÍVEL. RECURSO ADESIVO. FORNECIMENTO DE ENERGIA ELÉTRICA. CRITÉRIO DE CÁLCULO DE RECUPERAÇÃO DE CONSUMO. CORTE NO FORNECIMENTO. Omissão, obscuridade, contradição ou erro material inexistentes. Reexame da matéria recorrida" (Embargos de Declaração n° 70019740406, Terceira Câmara Cível, Tribunal de Justiça do RS, Relator: Pedro Luiz Pozza, Julgado em 21/06/2007).

[34] "EMBARGOS DECLARATÓRIOS. CONTRADIÇÃO. ERRO DE FATO. Contradição, para fins de embargos declaratórios, é a constatação de assertivas inconciliáveis na motivação apresentada ou fundamento em choque com a conclusão, o que não ocorre na espécie. Há possibilidade de correção de erro de fato em aclaratórios" (Embargos de Declaração n° 70020953917, Vigésima Segunda Câmara Cível, Tribunal de Justiça do RS, Relator: Rejane Maria Dias de Castro Bins, Julgado em 20/08/2007).

[35] "I – DOUTRINA E JURISPRUDÊNCIA TÊM ADMITIDO O USO DE EMBARGOS DECLARATÓRIOS COM EFEITO MODIFICATIVO DO JULGADO EM CARÁTER EXCEPCIONAL, QUANDO MANIFESTO O EQUÍVOCO HAVIDO. II – É NULA A DECISÃO PROFERIDA SEM AUDIÊNCIA DA PARTE CONTRÁRIA SOBRE DOCUMENTAÇÃO JUNTADA AOS AUTOS, SE DELA RESULTAR EFETIVO PREJUÍZO. RECURSO ESPECIAL CONHECIDO, EM PARTE, E PROVIDO" (STJ, 4ª Turma, Rel. Min. Barros Monteiro, REsp n° 48981-GO, j. em 16/08/1994).

abranger mais do que as hipóteses de erro material – abrindo as portas para imediata retificação de patentes erros de julgamento.[36]

Desdobremos, pois, essas hipóteses: o erro material consiste em vício na exteriorização do julgamento, por equívoco/omissão de linguagem e/ou vocabulário utilizado pelo Estado-juiz; o erro de julgamento decorre de equívoco na apreciação do conjunto fático-probatório ou das disposições jurídicas, de direito material, a orientar o julgamento do caso *sub judice*, daí ser tecnicamente correto se distinguir duas espécies de erro de julgamento (de direito material): erro de fato e erro de direito.[37]

Temos que o manifesto equívoco de direito, a abranger as normas de direito material a solucionar a demanda, não pode, *a priori*, ser corrigido pelos embargos de declaração, mas sim pela via do recurso próprio submetido à superior instância – a apelação, no caso de a decisão gravosa ser uma sentença; no entanto, manifestos erros de fato poderiam ser excepcionalmente alterados pela apresentação dos aclaratórios, com efeitos infringentes.

De qualquer forma, os erros de julgamento, notadamente os erros de fato, por afetarem diretamente o objeto a ser abrangido pela coisa julgada, devem ser corrigidos pela interposição de recurso dentro do prazo legal,[38] sob pena de preclusão,[39] o que inocorre com os erros materiais, não suscetíveis aos efeitos preclusivos, os quais podem ser corrigidos pela via recursal, como sedimentado, mas também a qualquer tempo, por meio de peça simples lançada pela parte interessada na correção do manifesto equívoco, ou mesmo por iniciativa oficiosa do

---

[36] WAMBIER, Teresa Arruda Alvim. *Omissão judicial e embargos de declaração*. São Paulo: RT, 2005, p. 100 e 96.

[37] Goldschmidt leciona que toda injustiça, em última análise, é sempre uma aplicação inadequada do Direito, combatível mediante o recurso próprio. Tratando dos erros de julgamento, e de suas subespécies erros de fato e erros de direito, expõe o seguinte: "En efecto, la Ley de Enjuiciimiento Civil art. 1692, n° 7, admite el recurso de casacíon por infracción de ley y de doctrina legal, 'cuando em la apreciacción de las pruebas haya habido error de derecho o error de hecho, si este último resulta de documentos o actos antéticos que demuestren la equivocación evidente del juzgador'. Una ley de 28 junio 1933 há intercalado uma disposición correspondiente em la lay de Enjuiciimiento Criminal – art. 849, n° 2" (GOLDSCHMIDT, James. *Teoria general del proceso*. Trad. Leonardo Prieto Castro. Barcelona: Editorial Labor, 1936, p. 177/178).

[38] Veja o excerto de Moniz de Aragão: "(...) Os erros acaso cometidos no próprio julgamento não estão abrangidos pelo dispositivo em foco (o art. 463, I do CPC); tais vícios ou serão corrigidos através de embargos de declaração, ou através de recurso" (ARAGÃO, E. D. Moniz. *Sentença e coisa julgada*. Rio de Janeiro: AIDE, 1992, p. 145).

[39] O erro de fato não corrigido pela interposição de recurso no momento apropriado pode ser excepcionalmente corrigido, após o trânsito em julgado, em face de dispositivo expresso, constante no art. 485, IX do Código Buzaid, a autorizar a utilização da ação rescisória dentro do prazo legal (RUBIN, Fernando. *A preclusão na dinâmica do processo civil*. 2ª ed., São Paulo: Atlas, 2014, p. 216).

Estado-juiz, preocupado com o escorreito desenvolvimento e exatidão dos comandos lavrados no feito.[40]

Cabe ainda tratarmos do manifesto equívoco correspondente ao erro de procedimento. Eis aqui hipótese até mais comum na prática forense, em que o julgador se engana na aplicação de dispositivo de direito processual pertinente, daí podendo ser aviados os aclaratórios, com efeitos infringentes, quando for realmente gritante a incorreção. É o caso, *v.g.*, do Desembargador que se negava a admitir pedido de reconsideração quanto à concessão de efeito suspensivo ativo ao agravo de instrumento interposto alegando falta de previsão legal, não obstante o teor do novo art. 527, parágrafo único, a partir da publicação da Lei n° 11.187/2005.[41] À semelhança do erro de julgamento (de direito material: erro de fato ou erro de direito), a não oposição de recurso (seja embargos, seja qualquer outro) impede que haja modificação da matéria decidida pelo juiz com erro de procedimento, mesmo que com flagrante incorreção, ao passo que passaria o *decisum* a ser coberto pelo manto da coisa julgada interna (a preclusão).[42]

Fecha-se, assim, o panorama do estudo, alertando-se, como exposto, para a possibilidade de a expressão "manifesto equívoco" ser utilizada também para identificar erros de julgamento (notadamente os erros de fato), de natureza de direito material, e os erros de procedimento, de natureza de direito processual, os quais podem ser objetos de discussão via embargos de declaração, com efeitos infringentes (com exceção, *a priori*, dos erros de direito, a ser objeto de recurso próprio). E assim sendo, oportuno que quando vislumbrada pelo órgão julgador a chance de o acolhimento dos embargos modificar o julgado, seja oportunizada à parte contrária se manifestar antes de o recurso ser colocado em pauta – uma espécie de contrarrazões de embargos de declaração, em nome da defesa do pleno contraditório.

Nesses mais amplos contornos, pensamos que o recurso de embargos de declaração passa a constituir, com maior fôlego, poderoso

---

[40] Faz-se questão de explicitar, nesse sentido, orientação de Edson Ribas Malachini: "se houver erro do juiz, será erro do próprio julgamento (só eliminável, pois, mediante recurso); não se tratará de não-coincidência entre o pensamento do julgador e sua expressão – que é a hipótese típica de erro material" (MALACHINI, Edson Ribas. Inexatidão material e erro de cálculo – conceito, características e relação com a coisa julgada e a preclusão in *Revista de Processo* n° 113 (2004): 208/245).

[41] "EMBARGOS DE DECLARAÇÃO. EFEITOS INFRINGENTES. EQUÍVOCO NA DECISÃO EMBARGADA. OCORRÊNCIA. Incorre em manifesto equívoco a decisão que entendeu incabível pedido de reconsideração da decisão que converteu o agravo de instrumento em agravo retido, tendo em vista o disposto no art. 527, parágrafo único, do CPC, com a redação conferida pela Lei n° 11.187/2005" (Embargos de Declaração n° 70022843395, Décima Câmara Cível, Tribunal de Justiça do RS, Relator: Paulo Roberto Lessa Franz, Julgado em 06/02/2008).

[42] Diga-se, por oportuno, que a disposição de lei que autorizava o pedido de reconsideração nessa hipótese acabou não sendo renovada pela Lei n° 13.105/2015, conforme leitura do art. 1.019 do Novo CPC.

instrumento de colaboração no processo, permitindo um juízo plural, aberto, célere e ponderado a partir de um diálogo que visa a um efetivo aperfeiçoamento da tutela jurisdicional.

V. As novidades trazidas pelo novo CPC (Lei nº 13.105/2015)

Tal concepção mais abrangente dos cenários de utilização dos embargos de declaração acabaram, de certa forma, sendo assimilados pelo novel diploma processual pátrio.[43]

De fato, com relação à Lei nº 13.105/2015 para um Novo CPC,[44] temos que foram implementadas algumas melhoras interessantes nos dispositivos que tratam dos Embargos de Declaração, não obstante a revolução que ainda precisa ser feita é de culturalmente valorizarmos mais este instrumento recursal, especialmente nas instâncias ordinárias, sem permitir, por outro lado, a sua banalização.

As mais relevantes mudanças, no nosso ponto de vista, circunscrevem-se justamente à previsão de formação de contraditório, sempre que houver possibilidade de ser concedido efeito infringente ao recurso – o que já vinha sendo admitido pela jurisprudência, mesmo sem previsão legal;[45] como também a determinação para que se considerem incluídos no acórdão os elementos que o embargante pleiteou, para fins de prequestionamento, ainda que os embargos de declaração sejam inadmitidos ou rejeitados, caso o tribunal superior considere existentes erro, omissão, contradição ou obscuridade – o que evita que o tribunal superior tenha que declarar, nesse caso, a nulidade do acórdão e o consequente retorno dos autos ao tribunal de origem para novo julgamento, proferindo desde já a sua decisão final de mérito.

---

[43] Os embargos de declaração possuem um nexo de instrumentalidade muito íntimo com importantes garantias fundamentais do processo, a exemplo dos direitos fundamentais à motivação, à inafastabilidade do controle jurisdicional e à razoável duração do processo; o regramento conferido aos embargos de declaração pelo NCPC potencializa o referido recurso, incorpora os bons entendimentos doutrinários e jurisprudenciais e combate, com mais rigor, o mau uso que se possa deles fazer (ALVES E SILVA, Ticiano. *Os embargos de declaração no Novo CPC* in Processo nos tribunais e meios de impugnação às decisões judiciais. Org. Lucas Buril, Ravi Peixoto e Alexandre Freite. Salvador: Jus Podivm, 2015, Vol. 6, p. 661/684).

[44] RUBIN, Fernando. *Fragmentos de processo civil moderno, de acordo com o novo CPC*. Porto Alegre: Livraria do Advogado, 2013, p. 15/19.

[45] Da mesma forma, a doutrina já caminhava no sentido da necessidade de se abrir a possibilidade de manifestação da parte embargada em caso de possível efeito infringente, com a utilização plena do contraditório, como forma de respeitar-se a paridade de armas processuais e manifestações no processo; possível uma modificação, possível um prejuízo para a outra parte com estas alterações, pertinente a abertura de prazo para manifestação, o que se torna elogiosa a positivação contida na atual codificação (LEMOS, Vinicius Silva. *Recursos e processos nos tribunais no novo CPC*. São Paulo: Lexia, 2015, p. 228).

A primeira novidade vem insculpida no art. 1.023, § 2°, ao registrar que o juiz intimará o embargado para, querendo, manifestar-se, no prazo de 5 (cinco) dias, sobre os embargos opostos, caso seu eventual acolhimento implique a modificação da decisão embargada; já a segunda novidade exposta vem regulamentada no art. 1.025: consideram-se incluídos no acórdão os elementos que o embargante suscitou, para fins de prequestionamento, ainda que os embargos de declaração sejam inadmitidos ou rejeitados, caso o tribunal superior considere existentes erro, omissão, contradição ou obscuridade.

Ainda com relação à temática "prequestionamento", há previsão avulsa – no capítulo "da ordem dos processos no tribunal" – a respeito da possibilidade de o voto vencido servir expressamente para fins de prequestionamento. De fato, há menção no texto, desde a versão originária do Projeto (n° 8.046/2010), que necessariamente o voto vencido será declarado e considerado parte integrante do acórdão para todos os fins legais, inclusive de prequestionamento – o que evita que o procurador tenha que interpor embargos de declaração diante de acórdão para o fim específico de prequestionamento da matéria ao menos tratada no voto vencido, caso não tenha sido ventilada no voto dos demais desembargadores que se posicionaram contrários às teses da parte irresignada.

Tal disciplina restou consolidada no art. 941, § 3°, da Lei n° 13.105/2015, *in verbis*: o voto vencido será necessariamente declarado e considerado parte integrante do acórdão para todos os fins legais, inclusive de prequestionamento.

Ademais, digna de registro a previsão de que se os embargos de declaração forem rejeitados ou não alterarem a conclusão do julgamento anterior, o recurso interposto pela outra parte, antes da publicação do julgamento dos embargos de declaração, será processado e julgado independentemente de ratificação[46] – art. 1.024, § 5°; como também a expressa menção de que cabem embargos de declaração contra qual-

---

[46] Exigência essa de ratificação, mesmo sem qualquer alteração no julgado dos embargos, que, no nosso entendimento, vem sendo indevidamente mantida pela jurisprudência, à luz do verbete n° 418 do STJ: "É inadmissível o recurso especial interposto antes da publicação do acórdão dos embargos de declaração, sem posterior ratificação". Trata-se de típico formalismo pernicioso, revelador de preocupação exacerbada com a forma em detrimento do conteúdo do julgado: "o excesso de formalismo no contexto do direito brasileiro decorre, em princípio, mais da cegueira do aplicador da lei ou dos demais operadores coadjuvantes – desatentos aos valores do processo, pouco afeitos ao manejo das possibilidades reparadoras contidas no ordenamento ou ansiosos por facilitar o seu trabalho – do que do próprio sistema normativo. Nesse aspecto, influi também a excessiva valorização do rito, com afastamento completo ou parcial da substância, conduzindo à ruptura com o sentimento de justiça" (ALVARO DE OLIVEIRA, Carlos Alberto. *Do formalismo no processo civil*. 2ª ed., São Paulo: Saraiva, 2003, p. 207).

quer decisão judicial (monocrática ou colegiada, interlocutória ou final)[47] – art. 1.022, *caput*.

Dessas últimas duas novidades, inegável que a primeira é de maior envergadura, já que põe fim à chamada "intempestividade por prematuridade", consistindo essa retrógrada corrente jurisprudencial em reputar intempestivo o recurso especial interposto antes do julgamento dos embargos de declaração:[48] em síntese, mesmo que a parte saiba do teor da decisão antes de ela ser publicada e, justamente por isso, interponha recurso contra essa decisão, tal recurso não seria conhecido por ser considerado intempestivo.[49]

No entanto, com relação específica às hipóteses de cabimento, temos que foi tímido o Novo CPC,[50] sendo previsto além dos requisitos de obscuridade, omissão e contradição, tão somente a possibilidade de correção de erro material através dos embargos de declaração, "prática que já vinha sendo admitida há tempos para tal hipótese".[51]

De fato, quando do lançamento da nossa obra de processo civil, em 2010,[52] já alertávamos para essa hipótese, indo até mais longe: o erro material configura-se um determinado vício na exteriorização (expressão) do julgamento, não no teor do julgamento em si (âmbito de cognição do Estado-juiz), daí a razão pela qual se diz que pode ser auferível numa vista de olhos. É, sem dúvida, regra que deita raízes no direito romano e tem validade universal (tanto é que presente nos mais diversos ordenamentos alienígenas), atendendo a um "princípio" elementar e de razoabilidade, pois não se compadece com o senso comum a ideia de que, contendo uma sentença ou acórdão lapso manifesto, não possa este ser eliminado. O erro material pode ser objeto de análise judicial a qualquer tempo – seja na fase de conhecimento ou de execução, sem

---

[47] Tal comando legal, contido no Projeto, reforça o posicionamento doutrinário no sentido de cabimento dos Embargos de Declaração contra toda decisão gravosa, inclusive a interlocutória, monocrática ou proferida por um colegiado (WAMBIER, Teresa Arruda Alvim. *Omissão judicial e embargos de declaração*. São Paulo: RT, 2005, p. 56/61). Assim, parece-nos totalmente impreciso o genérico posicionamento pretoriano no sentido de descabimento dos aclaratórios contra toda e qualquer decisão de Vice-Presidência que não admite recurso excepcional desafiado pela parte – como no AgRg no Ag 1.341.818-RS do STJ, Rel. Min. Maria Isabel Gallotti, julgado em 20/9/2012.

[48] DONIZETTI, Elpídio. *Novo código de processo civil comentado*. São Paulo: Atlas, 2015, p 785/786.

[49] A retrógrada posição jurisprudencial também já verificada na esfera trabalhista foi objeto de nossa crítica em período anterior: RUBIN, Fernando; FORESTI, Rafael. *A extemporaneidade de recurso protocolado antes da publicação oficial de decisão judicial*. Justiça do Trabalho, v. 329, p. 77-85, 2011.

[50] THEODORO JR., Humberto. *Curso de direito processual civil – Vol. 1, de acordo com o Novo CPC*. São Paulo: Gen/Forense, 2015, 56ª ed, p. 1061.

[51] JAEGER, Giulia; NEUMANN, Greice Schmidt; BIANCHI, Matheus. *Breves considerações sobre o sistema recursal no novo CPC* in Inquietações jurídicas contemporâneas, org. Marco Félix Jobim. Porto Alegre: Livraria do Advogado, 2013, p. 112.

[52] RUBIN, Fernando. *A preclusão na dinâmica do processo civil*. Porto Alegre: Livraria do Advogado, 2010, p. 188/189 (a 2ª edição desta obra foi lançada pela Editora Atlas, em 2014).

que daí resulte ofensa à coisa julgada; sendo matéria reconhecível de ofício, pode ser retificado pela iniciativa do próprio Estado-juiz ou de qualquer um que tenha interesse na correção, inclusive pelas vias recursais adequadas, como os embargos de declaração.[53]

Mais: a CLT, no art. 897-A, parágrafo único, acrescido pela Lei 9.957/2000, já previa que "os erros materiais poderão ser corrigidos de ofício ou a requerimento de qualquer das partes",[54] razão pela qual realmente não houve grande novidade do Novo CPC nessa questão envolvendo as hipóteses legais de cabimento dos embargos. Não foi verificado, pois, enfrentamento mais sério a respeito da possibilidade de utilização expansiva do recurso, fora das hipóteses restritivas que já vêm sendo admitidas pela jurisprudência – sendo esse um dos tormentosos objetos de preocupação da doutrina pátria.

Explicita o Novo CPC no art. 1023, § 3°, que poderão os embargos de declaração ser conhecidos como agravo interno, quando o órgão julgador entender que é esse o recurso cabível na espécie, cabendo daí ser intimado o procurador para complementar o seu recurso querendo – mesmo porque tais recursos têm âmbito de atuação própria e, inclusive, prazos diferentes, sendo de cinco dias úteis o dos embargos e quinze o do agravo interno.[55]

Na hipótese de recurso contra a decisão monocrática do Relator, não raro ocorre a dúvida a respeito do recurso a ser utilizado, podendo o causídico optar por embargar de declaração o decidido antes de levar a matéria ao Colegiado mediante o agravo interno, razão pela qual a fungibilidade proposta pode otimizar o tempo de tramitação dos recursos, simplificando a atuação da Corte, desde que efetivamente se preste tutela jurisdicional (finalidade a que se dedicam, ao fim e ao cabo, ambos os recursos narrados).

O art. 1.026, por sua vez, regula a possibilidade excepcional de concessão de efeito suspensivo aos embargos de declaração, se demonstrada a probabilidade de provimento do recurso ou, sendo relevante a fundamentação, se houver risco de dano grave ou de difícil reparação. No entanto, tal medida suspensiva tende a não ser tão rigorosa para

---

[53] Veja-se, nesse diapasão, julgado do Pretório Excelso decidido em 12/09/1969 – ainda então sob a égide do anterior Código de Processo Civil (CPC/1939): "Embargos de declaração – Devem ser conhecidos e recebidos quando houver êrro material evidente da decisão" (RE n° 67.593/MA, 1ª Turma, STF, Rel. Min. Aliomar Baleeiro, publicado na Revista Trimestral de Jurisprudência n° 53 (1970): 324/325).

[54] BARBOSA GARCIA, Gustavo Filipe. *Curso de direito processual do trabalho – de acordo com o projeto de novo CPC*. Rio de Janeiro: Forense, 2012, 2ª tiragem da 1ª ed., p. 585.

[55] PAIVA, Vinícius Monteiro. *O agravo interno no Novo CPC in Novo CPC – Análise doutrinária sobre o novo direito processual brasileiro*. Org. Alexandre Ávalo e José de Andrade Neto. Campo Grande: Contemplar, 2016, Vol. 3, p. 636/652.

a parte adversa a partir do momento em que o art. 1.024, § 1°, exige que, nos tribunais, o relator apresente os embargos em mesa na sessão subsequente, proferindo voto, e, não havendo julgamento nessa sessão, será o recurso incluído em pauta automaticamente.

Voltando ao teor do inovador art. 1.026 da Lei n° 13.105/2015, tem-se rigor maior quanto aos declaratórios procrastinatórios, nos termos dos §§ 2° ao 5°. Quando manifestamente protelatórios os embargos de declaração, o juiz ou o tribunal, em decisão fundamentada, condenará o embargante a pagar ao embargado multa não excedente a 2% sobre o valor atualizado da causa – pelo sistema anterior a multa era de 1%, conforme apresentamos no início deste trabalho.

Na reiteração de embargos de declaração manifestamente protelatórios, a multa será elevada a até 10% sobre o valor atualizado da causa, e a interposição de qualquer recurso ficará condicionada ao depósito prévio do valor da multa, à exceção da Fazenda Pública e do beneficiário de gratuidade da justiça, que a recolherão ao final. Não serão admitidos novos embargos de declaração se os 2 (dois) anteriores houverem sido considerados protelatórios – disciplina final esta que não encontra paralelo com o sistema anterior.

Não poderíamos encerrar esse breve estudo de reflexão quanto aos embargos de declaração destacando a dicção do art. 1.022, parágrafo único, II, o qual autoriza o recurso quando o julgador incorra em qualquer das condutas descritas no art. 489, § 1°, do Novo CPC, dispositivo central do sistema, a regular a ampla fundamentação das decisões judiciais, como linhas acima apontamos. Caso haja mera fundamentação módica, sem ser completa, caberia a parte embargar a decisão, a fim de que seja prestada exauriente jurisdição, sendo esse o grande ponto objeto de incorporação do Novo CPC.

Criticamos, por derradeiro, o Enunciado 47 dos magistrados (ENFAM) sobre o Novo CPC,[56] a determinar que a fundamentação completa constante no art. 489, § 1°, não se exige nos Juizados Especiais.[57] Pensamos ser destituída de sólida razão essa proposição, já que as decisões nos juizados também devem ser amplamente fundamentadas,

---

[56] Enunciados retirados do sítio da ENFAM: <http://www.enfam.jus.br/2015/09/enfam-divulga-62-enunciados-sobre-a-aplicacao-do-novo-cpc/>. Acesso em 28/11/2015.

[57] Em recente obra de Processo e Previdência, pudemos investigar o rito sumaríssimo dos juizados com maior atenção, sendo forjada a seguinte conclusão: "(...) Seja como for, tramitando a demanda no Juizado Especial, necessário observar que tais lides embora propícias à efetividade da prestação jurisdicional, não podem, sob qualquer pretexto, deixar de garantir aos litigantes a mínima observação do devido processo legal. O processo nos juizados especiais, sejamos mais diretos, não pode se transformar em uma lide de segunda classe – mesmo que admitamos que possa o jurisdicionado ter optado por este rito menos complexo, como hoje se admite, mais abertamente, no JEC" (RUBIN, Fernando. *Aposentadorias previdenciárias no RGPS*. São Paulo: Atlas, 2015, p. 123/124).

em resguardo as garantias constitucionais do processo já transcritas[58] – desafiando recurso de embargos de declaração caso não se postem dessa forma as decisões judiciais, justamente nos termos do estudado art. 1.022, parágrafo único, II.

Seja como for, os dispositivos do Novo CPC no trato dos aclaratórios (arts. 1022 a 1026) tratam de melhor regulamentar este importantíssimo recurso, de acordo com a realidade atual do foro, em busca de uma prestação integral, tempestiva e de resultado – inclusive sendo contemplada a parte principiológica do novo sistema (arts. 10 e 11), a expor, em linhas gerais, a necessidade de formação da colaboração entre os atores do processo mediante contraditório prévio, mesmo nas matérias em que o Estado-juiz poderia se manifestar *ex officio*, e a exigência de todos os julgamentos dos órgãos do Poder Judiciário serem públicos, e fundamentadas todas as decisões, sob pena de nulidade.

VI – Conclusão

O recurso de embargos de declaração figura-se, no novo sistema processual, como peça mais decisiva para a efetiva prestação jurisdicional, não podendo mais ser relegado a segundo plano, como principalmente vinha procedendo parte da nossa jurisprudência. O número elevado de julgados, a complexidade dos mesmos, a alta incidência de decisões que não transitam imediatamente no primeiro grau de jurisdição e, na outra ponta, a dificuldade extrema de acesso às instâncias excepcionais justificam, sem sombra de dúvidas, a necessidade de exame cuidadoso e imediato dos aclaratórios pelos tribunais, seja para fins de complementação do julgado, seja para fins de correção de erros materiais, erros de fato e até mesmo erros de procedimento nas instâncias ordinárias.

Vimos que há importante arcabouço constitucional que sustenta a necessidade de utilização dos embargos de declaração para superação imediata de omissões da decisão guerreada, especialmente no que toca ao oferecimento de respostas aos argumentos relevantes lançados pela parte prejudicada no julgado; como também dão corpo a uma interpretação extensiva das hipóteses de cabimento dos aclaratórios, sendo superados desde já manifestos equívocos presentes no acórdão. Nesse diapasão, reafirmamos a disciplina articulada constante no art. 5°, LIV,

---

[58] Vale aqui a oportuna reflexão da doutrina especializada no rito sumariíssimo: Será que o Judiciário terá considerado cumprido o seu papel na pacificação social ao entregar a tutela jurisdicional em menor tempo, independentemente da consistência de suas decisões, ou da correspondência delas à realidade? (SAVARIS, José Antônio; XAVIER, Flávia da Silva. *Manual dos recursos nos Juizados Especiais Federais – de acordo com o Novo CPC*. Curitiba: Alteridade, 2015, 5ª ed., p. 154).

(devido processo legal) e LV (contraditório), art. 93, IX (motivação das decisões), e mesmo art. 5°, LXXVIII (duração razoável do processo), todos da CF/88.

Conclui-se, pois, pela relevância do recurso de embargos de declaração no sistema processual contemporâneo, especialmente no segundo grau, nas demandas individuais envolvendo matéria fática substanciosa, em que cabe aos Desembargadores, nesse derradeiro instante, sanar, além de obscuridades e contradições, ao menos as omissões, os erros materiais, os erros de fato e os erros de procedimento, com muito mais facilidade, preocupação e desprendimento, em nome da economia processual e da exigência de completa prestação jurisdicional.

No Novo CPC ratificamos, nessas últimas linhas, especialmente a dicção do art. 1.022, parágrafo único, II, o qual autoriza o recurso quando o julgador incorra em qualquer das condutas descritas no art. 489, § 1°, do Novo CPC, dispositivo central do sistema, a regular a ampla fundamentação das decisões judiciais. Caso haja mera fundamentação módica, longe de ser completa, caberia à parte embargar a decisão, a fim de que seja prestada exauriente jurisdição, sendo esse o grande ponto objeto de incorporação da Lei n° 13.105/2015.

VII. Referências bibliográficas

ALVARO DE OLIVEIRA, Carlos Alberto. *Do formalismo no processo civil*. 2ª ed. São Paulo: Saraiva, 2003. ALVARO DE OLIVEIRA, Carlos Alberto; MITIDIERO, Daniel. *Curso de processo civil – Vol. II*. São Paulo: Atlas, 2012.

ALVES E SILVA, Ticiano. *Os embargos de declaração no Novo CPC* in Processo nos tribunais e meios de impugnação às decisões judiciais. Org. Lucas Buril, Ravi Peixoto e Alexandre Freite. Salvador: Jus Podivm, 2015, Vol. 6, p. 661/684.

AMENDOEIRA JR., Sidnei. *Manual de direito processual civil – Vol. II*. São Paulo: Saraiva, 2002.

ARAGÃO, E. D. Moniz. *Sentença e coisa julgada*. Rio de Janeiro: AIDE, 1992.

BARBOSA GARCIA, Gustavo Filipe. *Curso de direito processual do trabalho – de acordo com o projeto de novo CPC*. 2ª tiragem da 1ª ed. Rio de Janeiro: Forense, 2012.

BARBOSA MOREIRA, J. C. *A motivação das decisões judiciais como garantia inerente ao estado de direito* in Temas de direito processual. 2ª série. São Paulo: Saraiva, 1988, p. 83/95.

——. *O novo processo civil brasileiro*. 24ª ed. Rio de Janeiro: Forense, 2006.

BEDAQUE, José Roberto dos Santos. *Efetividade do processo e técnica processual*. 2ª ed. São Paulo: Malheiros, 2007.

BRITO MACHADO, Hugo de. Decisão judicial não fundamentada e recurso extraordinário. In: *Revista Dialética de Direito Processual* n° 122, maio/2013, p. 61/63.

BUZAID, Alfredo. *Estudos e pareceres de direito processual civil*. Notas de adaptação de Ada Pellegrini Grinover e Flávio Luiz Yarshell. RT: 2002.

CÂMARA, Alexandre Freitas. *Lições de direito processual civil – Vol. 2*. 22ª ed. São Paulo: Atlas, 2013.

CAMBI, Eduardo. A prova civil – Admissibilidade e relevância. São Paulo: RT, 2006.
DALL´ALBA, Felipe Camilo. *Curso de juizados especiais*. Belo Horizonte: Fórum, 2011.
DIDIER JR., Fredie. *Curso de direito processual civil – Vol. III*. Salvador: JusPodivm, 2008.
DINAMARCO, Cândido Rangel. *A instrumentalidade do processo*. 4ª ed. São Paulo: RT, 1994.
DONIZETTI, Elpídio. *Novo código de processo civil comentado*. São Paulo: Atlas, 2015.
FORNACIARI JR., Clito. *Embargos de declaração com efeitos infringentes* in Revista Magister de Direito Civil e Processo Civil nº 50, outubro/2012, p. 63/66.
GOLDSCHMIDT, James. *Teoria general del proceso*. Trad. Leonardo Prieto Castro. Barcelona: Editorial Labor, 1936.
GUEDES, Jefferson Carús; DALL´ALBA, Felipe Camillo; NASSIF AZEM, Guilherme Beux; BATISTA, Liliane Maria Busato (organizadores). *Novo código de processo civil. Comparativo entre o projeto do novo CPC e o CPC de 1973*. Belo Horizonte: Fórum, 2010.
JAEGER, Giulia; NEUMANN, Greice Schmidt; BIANCHI, Matheus. *Breves considerações sobre o sistema recursal no novo CPC* in Inquietações jurídicas contemporâneas, org. Marco Félix Jobim. Porto Alegre: Livraria do Advogado, 2013, p. 105/116.
KNIJNIK, Danilo. O recurso especial e a revisão da questão de fato pelo Superior Tribunal de Justiça. Rio de Janeiro: Forense, 2005.
LACERDA, Galeno. *Despacho Saneador*. Porto Alegre: La Salle, 1953.
LEMOS, Vinicius Silva. *Recursos e processos nos tribunais no novo CPC*. São Paulo: Lexia, 2015.
MACHADO, Marcelo Pacheco. Incerteza e processo – de acordo com o Projeto de novo CPC. São Paulo: Saraiva, 2013.
MALACHINI, Edson Ribas. Inexatidão material e erro de cálculo – conceito, características e relação com a coisa julgada e a preclusão in Revista de Processo nº 113 (2004): 208/245.
MARINONI, Luiz Guilherme; ARENHART, Sérgio Cruz. *Processo de conhecimento – Vol. 2*, 11ª ed. São Paulo: RT, 2013.
PAIVA, Vinícius Monteiro. *O agravo interno no Novo CPC* in *Novo CPC – Análise doutrinária sobre o novo direito processual brasileiro*. Org. Alexandre Ávalo e José de Andrade Neto. Campo Grande: Contemplar, 2016, Vol. 3, p. 636/652.
PISKE, Oriana. *Nova postura político-social do Poder Judiciário* in Revista Bonijuris nº 590 (2013): 30/37.
RUBIN, Fernando. *A preclusão na dinâmica do processo civil*, 2ª ed. São Paulo: Atlas, 2014.
——. *Aposentadorias previdenciárias no RGPS*. São Paulo: Atlas, 2015.
——. *Fragmentos de processo civil moderno, de acordo com o novo CPC*. Porto Alegre: Livraria do Advogado, 2013.
——. O cabimento dos embargos de declaração para a concretização de uma prestação jurisdicional efetiva. *Revista de Processo*, v. 230, p. 175-193, 2014.
——; FORESTI, Rafael. A extemporaneidade de recurso protocolado antes da publicação oficial de decisão judicial. *Justiça do Trabalho*, v. 329, p. 77-85, 2011.
SAVARIS, José Antônio; XAVIER, Flávia da Silva. *Manual dos recursos nos Juizados Especiais Federais – de acordo com o Novo CPC*, 5ª ed. Curitiba: Alteridade, 2015.
TARUFFO, Michele. *La motivazione della sentenza*. Padova: CEDAM, 1975.
THEODORO JR., Humberto. *Curso de direito processual civil – Vol. 1, de acordo com o Novo CPC*. São Paulo: Gen/Forense, 2015, 56ª ed.

USTÁRROZ, Daniel; PORTO, Sérgio Gilberto. *Manual dos recursos cíveis*, 4ª ed. Porto Alegre: Livraria do Advogado, 2013.

WAMBIER, Teresa Arruda Alvim. *Omissão judicial e embargos de declaração*. São Paulo: RT, 2005.

— 7 —

O Agravo de Instrumento no novo Código de Processo Civil

JOSÉ TADEU NEVES XAVIER[1]

Sumário: 1. Considerações iniciais; 2. A recorribilidade das decisões interlocutórias na nova sistemática processual civil; 3. Hipóteses de cabimento do recurso de Agravo de Instrumento; 3.1. Cabimento da utilização de Mandado de Segurança em relação às decisões interlocutórias não recorríveis de imediato; 4. Procedimento do Agravo de Instrumento; 4.1. Requisitos da petição recursal no Agravo de Instrumento; 4.2. Forma de interposição e formalidades complementares; 4.2.1. Comprovação da interposição do recurso de Agravo de Instrumento perante o juízo de primeiro grau; 4.3. Processamento e julgamento do Agravo de Instrumento; 5. Considerações finais; Referências bibliográficas.

1. Considerações iniciais

A nova Codificação Processual Civil traz uma série de novidades que proporcionam verdadeira dobra histórica na forma de atuação jurisdicional brasileira, propondo diferentes paradigmas para a prática da prestação jurisdicional, com foco na efetividade e celeridade, sem descuidar da necessidade de observância da boa técnica.

O âmbito recursal é um dos setores do direito processual que recebeu maior atenção do codificador, passando por profundas transformações, com a extinção de algumas formas recursais e modificações em seus princípios e procedimentos.

O presente ensaio se dedica à análise do recurso de agravo de instrumento, que foi remodelado pela Codificação Processual de 2015, ingressando em um novo capítulo de sua tumultuada evolução,[2] alterando as suas hipóteses de cabimento.

---

[1] Doutor e Mestre em Direito pela Universidade Federal do Rio Grande do Sul – UFRGS –, Professor e Coordenador de Cursos de Pós-Graduação da Faculdade IDC, Professor da Faculdade Fundação Escola Superior do Ministério Público – FMP –, Professor da Escola da Magistratura do Trabalho do Rio Grande do Sul – FEMARGS. Advogado da União.

[2] Gilberto Gomes Bruschi oferece didática síntese sobre a trajetória do regramento do agravo de instrumento no processo civil brasileiro, relatando: "antes mesmo da entrada em vigor do Código,

O recurso de Agravo representa uma das formas de impugnação de decisão judicial mais destacada em nosso sistema processual, o que decorre da ampla dimensão que assume, atuando em momentos diversos da prestação jurisdicional. Assim, o nosso escopo é a análise da formatação normativa que lhe foi atribuída na recente Codificação, na qual vem regulado entre os artigos 1.015 e 1.020.

2. A recorribilidade das decisões interlocutórias na nova sistemática processual civil

A lógica recursal implementada pela nova legislação processual inova ao consolidar o princípio da *irrecorribilidade em separado das decisões interlocutórias*, ou, se visto de outro ângulo, da *recorribilidade postergada*, ou, ainda, na expressão de Cassio Scarpinella Bueno, do *princípio da recorribilidade temperada das interlocutórias*.[3] O modelo adotado extinguiu a figura do agravo retido que reformulou as hipóteses de cabimento do agravo de instrumento, abandonando a técnica da adoção da cláusula aberta, que permitia a sua utilização para impugnar decisões suscetíveis de causar à parte lesão grave e de difícil reparação.

Nesta linha, o novo Código de Processo Civil inaugura sistemática inovadora sobre o tratamento recursal das decisões interlocutórias, consagrando a sua recorribilidade, que poderá ocorrer de forma postergada, na oportunidade da apelação ou contrarrazões de apelação, como preliminares destas, ou de imediato, por meio do recurso de agravo de instrumento. De forma perspicaz, José Miguel Garcia Medina observa que "o CPC/2015 não considerou o conteúdo para distinguir as hipóteses de cabimento de agravo de instrumento e de apelação: assim, p. ex., pode haver decisões interlocutórias que versem sobre o mérito e são agraváveis e decisões interlocutórias relacionadas a questões pro-

---

o agravo de instrumento foi alterado pela Lei 5.925, de 1º de outubro de 1973. Na conhecida primeira onda de reforma, em 1995, o agravo de instrumento, que antes era interposto em primeiro grau de jurisdição (ensejando um juízo de retratação prévio à remessa ado agravo ao tribunal), passou a ser interposto diretamente no tribunal, sendo que, o agravo retido passou a ter regras próprias e hipóteses de cabimento específicas. Em 2001, houve nova reforma que viabilizou a possibilidade do relator do agravo de instrumento convertê-lo em agravo retido. Finalmente, em 2005, o agravo retido passou a ser a regra e o agravo de instrumento exceção", complementando: "a regra imposta pela Lei 11.187/2005 fez com que o agravo retido fosse a regra geral e que fosse possível a interposição de agravo de instrumento e apenas três hipóteses previstas expressamente no art. 522, ou seja, nas decisões posteriores à sentença de inadmissibilidade da apelação e em relação aos efeitos de seu recebimento, bem como nas situações de lesão grave e de difícil ou incerta reparação em decorrência da decisão interlocutória proferida" – *Breves comentários ao novo Código de Processo Civil*, Coordenadores Teresa Arruda Alvim Wambier, Fredie Didier Jr. e Bruno Dantas, São Paulo: RT, 2015, p. 2.240-2.250.

[3] *Manual de Direito Processual Civil*, São Paulo: Saraiva, 2015, p. 624.

cessuais, por não poderem ser impugnadas em agravo de instrumento, poderão sê-lo em apelação".[4]

A extinção do agravo retido, por consequência natural, também pôs fim à possibilidade de o relator, na análise do cabimento do agravo de instrumento, determinar a sua conversão na modalidade retida. Logo, não sendo caso de cabimento do agravo de instrumento, a solução será a sua não admissão, com a sua negativa de seguimento mediante decisão monocrática do relator. É de se notar que na dinâmica da legislação revogada, como não havia viabilidade recursal em relação à decisão que determinasse a concessão de agravo de instrumento em retido, abria-se espaço para a possibilidade de impetração de mandado de segurança em relação a este ato jurisdicional do relator, o que contava, inclusive, com o aval do Superior Tribunal de Justiça.[5]

3. Hipóteses de cabimento do recurso de Agravo de Instrumento

No esquadro apresentado pela recente Codificação Processual, o agravo de instrumento é a técnica recursal adequada para impugnação às decisões interlocutórias de primeira instância, nos casos expressamente consignados em lei.

---

[4] *Novo Código de Processo Civil anotado*, São Paulo: RT, 2015, p. 1398.

[5] Neste sentido foi o julgamento do RMS nº 25.143-RJ, rel. Ministra Nancy Andrighi, 3ª Turma do STJ, DJ de 19.12.2007, que recebeu a seguinte ementa: "Processo civil. Recurso em mandado de segurança. Possibilidade de impetração do writ, visando a impugnar decisão irrecorrível proferida pelo relator que, nos termos do art. 522, II, do CPC (com a redação dada pela Lei nº 11.187/2005), determinou a retenção do agravo de instrumento interposto pela parte. O prazo para a impetração do writ não se interrompe ou se suspende com o pedido de reconsideração. – Por ser garantia constitucional, não é possível restringir o cabimento de mandado de segurança. Sendo irrecorrível, por disposição expressa de lei, a decisão que determina a conversão de agravo de instrumento em agravo retido, ela somente é impugnável pela via do remédio heroico. – O pedido de reconsideração não tem, na hipótese do art. 527, parágrafo único CPC, natureza recursal. A possibilidade de haver retratação pelo relator indica apenas que a legislação afastou a 'preclusão pro judicato'. Assim, o pedido de reconsideração é simples decorrência lógica do sistema de preclusões processuais. – Agravo previsto no Regimento Interno do Tribunal local não é meio idôneo para a reforma da decisão unipessoal que retém o Agravo de Instrumento. Com efeito, o legislador ordinário, detentor do legítimo poder de representação democrática, determinou, no art. 527, parágrafo único, CPC, que a retenção do agravo de instrumento 'somente é possível de reforma no momento do julgamento do agravo, salvo se o próprio relator a reconsiderar'. Não pode se admitir, portanto, que a norma regimental se sobreponha à lei federal, criando recurso onde ela expressamente o afastou. – Já com a retenção do agravo pode haver violação a direito líquido e certo do impetrante. Com a violação, nasce ao impetrante a pretensão de obter segurança para afastar o ato coator. – Com a publicação da decisão que retém o agravo de instrumento, inicia-se o prazo decadencial para a impetração do mandado de segurança. A rejeição do pedido de reconsideração é mero desdobramento do ato coator anterior, e não uma nova violação a direito líquido e certo. – Pedido de reconsideração não suspende ou interrompe o prazo para impetrar mandado de segurança. Precedentes".

Diversamente do modelo adotado pela codificação processual anterior, o novo Código de Processo Civil optou por identificar com maior precisão as hipóteses de cabimento do recurso de Agravo de Instrumento, indicando em seu artigo 1.015, que esta forma recursal será adequada para impugnar as decisões interlocutórias que versem sobre:[6] (a) tutela antecipada, (b) mérito do processo, como ocorre no caso de julgamento antecipado parcial de mérito,[7] (c) rejeição da alegação de convenção de arbitragem, (d) o incidente da desconsideração de personalidade jurídica, (e) rejeição do pedido de gratuidade de justiça ou acolhimento do pedido de sua revogação, (f) exibição ou posse de documento ou coisa, (g) exclusão de litisconsórcio, (h) rejeição do pedido de limitação de litisconsórcio, (i) admissão ou inadmissão de intervenção de terceiros, (j) concessão, modificação ou revogação do efeito suspensivo aos embargos à execução, (l) redistribuição do ônus da prova[8] e (m) nos demais casos referidos em lei. O parágrafo único deste dispositivo legal prevê a possibilidade de manuseio do Agravo de Instrumento para atacar decisões interlocutórias proferidas na fase de liquidação ou de cumprimento de sentença, no processo de execução e no processo de inventário.

A legislação esparsa é pródiga em exemplos de autorização específica de utilização do agravo de instrumento, que terá oportunidade, dentre outros casos de destaque, de servir para impugnar decisão sobre liminar em mandado de segurança, que recebe a petição inicial

---

[6] O texto aprovado pelo Congresso Nacional contemplava também a viabilidade de interposição do recurso de agravo de instrumento em relação à decisão interlocutória que versasse sobre "conversão da ação individual em ação coletiva", hipótese que acabou sendo alvo do veto presidencial.

[7] Luis Alberto Reichelt, após analisar a polêmica experimentada no passado sobre o mecanismo recursal adequado para a impugnação às sentenças parciais – que se polarizou entre os partidários da utilização do agravo de instrumento e aqueles que defendiam a figura atípica da apelação por instrumento – e cotejá-la com a atual tendência irreversível de adoção do processo eletrônico, adverte: "ainda que o legislador responsável pela nova codificação venha a prever a existência de agravo de instrumento como meio de impugnação em face das chamadas sentenças parciais, certo é que o tempo reclamará nova reforma, introduzindo a apelação como recurso cabível em face de tais decisões" (*Sistemática recursal, direito ao processo justo e o novo Código de Processo Civil*: os desafios deixados pelo legislador ao intérprete. Revista de Processo, vol. 244, jun/2015, p. 26).

[8] Fernando Rubin critica a postura legislativa por não ter inserido dentre as decisões autorizadoras do agravo de instrumento aquelas que dizem respeito à análise de deferimento de realização de prova, argumentando: "diante do cenário processo-constitucional em que se visualiza o direito fundamental da parte de provar, entendemos equivocada a versão final conferida ao agravo de instrumento no art. 1.015 da Lei nº 13.105/2015, desestimulando inclusive para que se desenvolva uma cultura no meio jurídico pátrio e na magistratura brasileira de que a prova é importante para todos os participantes na relação jurídica processual (a prova não é destinada exclusivamente ao juiz!), sendo que o seu indeferimento deve ser medida absolutamente excepcional e sujeita à célere revisão – até para que não se crie problemas procedimentais sérios na hipótese de indeferimento de meio de prova que venha a ser reformado pelo Tribunal em momento muito remoto" – Cabimento de agravo de instrumento em matéria probatória: crítica ao texto final do novo CPC: Lei n 13.105/2015, art. 1.015, *Revista Dialética de Direito Processual*, nº 151, out/2015, p. 48.

da ação por ato de improbidade administrativa e aquela que decreta a falência.

Analisando as hipóteses previstas na legislação, Guilherme Rizzo do Amaral anota que as decisões passíveis de ensejarem o recurso de agravo podem estar simplesmente vinculadas à determinada matéria indicada no texto legislativo, enquanto outras somente serão passíveis de recurso imediato quando tiverem conotação negativa explicando: "no primeiro grupo, encontram-se as decisões sobre tutela provisória, sobre o mérito (quando interlocutória, é claro), sobre o incidente de desconsideração da personalidade jurídica, sobre a exibição ou posse de documento ou coisa, sobre inadmissão ou inadmissão de intervenção de terceiros, sobre concessão, modificação ou revogação do efeito suspensivo aos embargos à execução e sobre a distribuição do ônus da prova", enquanto "no segundo grupo, encontram-se a decisão de rejeição da alegação de convenção de arbitragem, de rejeição do pedido de gratuidade da justiça ou acolhimento de pedido de sua revogação, de exclusão de litisconsorte, de rejeição de pedido de limitação de litisconsórcio".[9] É relevante destacar que nestes últimos casos, não se admite interpretação extensiva, de forma de que as decisões em sentido contrário, ou seja, de caráter positivo, não admitirão a impugnação via recurso de agravo de instrumento, *v. g.*, quando for deferido pedido de gratuidade judiciária ou permitido o ingresso de litisconsorte, casos que vigorará a regra da irrecorribilidade em separado, ficando a viabilidade de impugnação postergada para ser levantada em preliminar de eventual recurso de apelação (ou de suas contrarrazões).

A adoção do modelo de restringir os limites do agravo de instrumento a apenas algumas hipóteses taxativamente consignadas pelo legislador já vinha sendo postulado por parte da doutrina na vigência da Codificação de Buzaid. Tereza Arruda Alvim Wambier, ao comentar sobre uma das reformas experimentadas pelo Código de Processo Civil anterior, postulava expressamente a adoção do modelo restritivo do agravo de instrumento, defendendo que "poderia ter optado, o legislador da reforma, por ter restringido o campo de cabimento do recurso de agravo a algumas interlocutórias, já que se comentava não ser conveniente que toda e qualquer interlocutória fosse recorrível como era no regime anterior e continua sendo no sistema atual".[10]

A postura legislativa estabelece, portanto, tábua restrita de situações ensejadoras do agravo de instrumento. É um rol taxativo, porém não exaustivo, eis que ao final da listagem indicada no art. 1.015 há a inserção de cláusula geral possibilitando a previsão normativa de outras

---

[9] *Comentários às alterações do novo CPC*, São Paulo, RT, 2015, p. 1028.
[10] *Os agravos no Código de Processo Civil* brasileiro, 4ª ed., São Paulo: RT, 2006, p. 102.

hipóteses de cabimento desta espécie recursal. Neste contexto, Alexandre Freitas Câmara adverte: "a existência de um rol taxativo não implica dizer que todas as hipóteses nele previstas devam ser interpretadas de forma literal ou estrita", explicando: "é perfeitamente possível realizar-se, aqui – ao menos em alguns incisos, que se valem de fórmulas redacionais mais 'abertas' –, interpretação extensiva ou analógica".[11]

A escolha legislativa expressa nitidamente o escopo de restrição das hipóteses de recorribilidade imediata das decisões interlocutórias e, por consequência, de redução da extensão de utilização de recurso de agravo de instrumento. Flávia Pereira Hill elogiou este modelo, destacando que, na sua visão, "a previsão expressa das hipóteses de cabimento do recurso de agravo de instrumento torna a questão mais clara, evitando os entendimentos jurisprudenciais díspares que atualmente circundam a avaliação da presença dos requisitos legais para o cabimento do agravo de instrumento".[12] De outra banda, em sentido oposto, Luis Alberto Reichelt oferece duras críticas ao codificador de 2015, argumentando: "imaginar que o agravo de instrumento somente é cabível nas hipóteses previstas em lei, de modo a fazer com que fosse incabível qualquer insurgência pela parte prejudicada por uma decisão judicial pela simples ausência de previsão legal, é uma violação direta a um direito humano e fundamental", arrematando: "um novo Código de Processo Civil somente mostra-se justificado se ele traz progresso e não retrocesso do ponto de vista da inafastabilidade do controle jurisdicional".[13]

Não há como deixar de concordar com as críticas levantadas pelo jusprocessualista, pois a concretização do ideal de processo justo passa pela necessidade de reconhecimento da grandeza e importância categórica do postulado constitucional de efetivo acesso à prestação jurisdicional, com a garantia de que toda lesão – ou ameaça de lesão – a direito receba o *devido processo legal* no sentido máximo de sua

---

[11] O novo processo civil brasileiro, São Paulo: Atlas, p. 520.

[12] Breves comentários às principais inovações aos meios de impugnação das decisões judiciais no novo CPC, *Coleção novo CPC*, vol. 6. Processo nos tribunais e meios de impugnação às decisões judiciais, Coordenador: Fredie Didier Jr., Salvador: Juspodivum, 2015, p. 369.

[13] *Op. cit.*, p. 26-27. O autor reforça seu posicionamento, ponderando: "essas considerações impõem, pois, a necessidade de uma releitura do citado art. 1.015, de modo a nele identificar a existência de um fio condutor comum às situações elencadas pelo legislador, qual seja o da possibilidade de manejo do agravo de instrumento em face de decisões proferidas em um debate processual que deve ter prosseguimento perante o juízo a quo, impondo sucumbência em desfavor de uma das partes" acrescentando que assim "cria-se o substrato necessário para que se possa afirmar, em um segundo momento, que o rol de hipóteses trazido pelo legislador é meramente exemplificativo, e não exauriente. Por força disso, tem-se que a inclusiva proposta exegética ora defendida permite sejam contempladas outras hipóteses de cabimento do agravo de instrumento que se mostrem moldadas à cláusula geral acima anotada, ainda que não contempladas de maneira expressa em lei".

expressão, com contraditório efetivo e tempestivo, no qual as decisões judiciais são passíveis de controle imediato.[14] Porém, dentro do modelo desenhado pelo codificador processual de 2015, acreditamos que a prática pretoriana vai se mostrar refratária à aplicação do agravo de instrumento para além das hipóteses fixadas em lei. Depõe a favor desta orientação a não repetição da cláusula, contida no código revogado, que ao dispor sobre as decisões interlocutórias de primeiro grau capazes de gerar lesão grave e de difícil reparação, permitia a sua recorribilidade imediata, por meio do recurso de agravo de instrumento. O caráter nitidamente proposital da mudança legislativa, especificamente neste ponto, anuncia o seu destino.

3.1. Cabimento da utilização de Mandado de Segurança em relação às decisões interlocutórias não recorríveis de imediato

A inovação trazida pela Codificação Processual, no sentido de restringir em muito as hipóteses de cabimento do agravo de instrumento acarreta o inevitável questionamento sobre a viabilidade de utilização de alguma forma alternativa para atacar as decisões interlocutórias não recorríveis de imediato, nos casos em que não for adequado se aguardar até o momento da apelação para impugná-las. Mais pontualmente, questiona-se sobre o cabimento da interposição do Mandado de Segurança em relação a estas decisões judiciais.[15]

A Lei nº 12.016/2009, que regula o procedimento do Mandado de Segurança, prevê em seu artigo 5º a viabilidade de seu manuseio como mecanismo apto a atacar decisões judiciais que venham a ferir direito

---

[14] Cabe aqui, por oportuna, a referência às lições oferecidas por Klaus Cohen Koplin, que em estudo tratando sobre os direitos fundamentais processuais, após atribuir ao *direito fundamental ao processo justo* a condição de *'sobreprincípio'*, pondera: "não se pode perder de vista que o devido processo legal, desempenhando função integrativa (como os demais princípios), permite a criação de novos elementos essenciais à configuração do estado ideal de protetividade de direitos que ele encerra. Atua, assim, como fonte de direitos fundamentais processuais não expressos (CF, art. 5º, § 2º), como o direito fundamental ao duplo grau de jurisdição, o direito fundamental à colaboração no processo e o princípio da adequação ou adaptabilidade legal e judicial do procedimento" – O novo CPC e os direitos fundamentais processuais: uma visão geral, com destaque para o direito ao contraditório, *Grandes temas do novo Código de Processo Civil*, Organizadores Fernando Rubin e Luis Alberto Reichelt, Porto Alegre: Livraria do Advogado, p. 20-21.

[15] Em lição que tornou-se clássica sobre o cabimento do mandado de segurança em relação a ato judicial, J.J. Calmon de Passos identificou a existência de três fases de sua utilização, sendo a primeira até o advento da Lei nº 1.533/51, quando se discutia se o juiz poderia se enquadrar na condição de autoridade coatora; a segunda que surgiu a partir da vigência desta legislação, que consagrou expressamente a viabilidade de utilização do *mandamus* em relação a ato jurisdicional; e o terceiro momento, com o advento do Código de Processo Civil de 1973, que num primeiro instante afastou a utilização do mandado de segurança, implementando a regra geral da recorribilidade das decisões judiciais (O Mandado de segurança contra atos jurisdicionais: tentativa de sistematização nos cinquenta anos de sua existência, *Revista de Processo*, vol. 33, jan-mar/1984, p. 47-69).

líquido e certo e que não sejam passíveis de serem impugnadas por meio de recurso com efeito suspensivo. No mesmo sentido é o enunciado da Súmula nº 267 do Supremo Tribunal Federal, dispondo *"não cabe mandado de segurança contra ato judicial passível de recurso ou correição"*. Rigorosamente as decisões interlocutórias são recorríveis, sendo algumas passíveis de impugnação imediata e as demais mediante *impugnabilidade remota*,[16] na oportunidade da apelação ou das contrarrazões a esta espécie recursal. Porém, se determinada decisão interlocutória que não se enquadra nas estreitas hipóteses autorizadoras do recurso de agravo de instrumento, poderá ser ensejadora de lesão grave e de difícil reparação à parte, tornando inaceitável que se lhe imponha aguardar até a decisão final do feito para vir a impugná-la. Nestes casos, o uso do Mandado de Segurança se impõe como forma de instrumentalização da obrigatoriedade de prestação jurisdicional.

Nesta linha são as lições esposadas por Gilberto Gomes Bruschi, a afirmar: "havendo relevância e urgência, tornando necessária a primordial revisão pelo tribunal e não havendo como se aguardar análise do recurso de apelação pelo tribunal (*v.g.* decisão eu indefere a alegação de incompetência relativa) ou, ainda, quando a decisão tornar impossível a interposição de apelação (*v.g.* decisão que inadmite os embargos de declaração mercê de sua intempestividade), surgiria ao menos numa primeira análise, o cabimento do mandado de segurança".[17]

José Miguel Garcia Medina, após manifestar sua simpatia em relação à utilização do *mandamus* nos casos de não cabimento de agravo de instrumento quanto à decisão interlocutória, sempre que se demonstra a inutilidade do exame do ato acoimado de ilegal apenas por ocasião do julgamento da apelação, oferece como exemplo a hipótese em que o magistrado venha a ilegalmente indeferir pedido de carga dos autos formulado por advogado, onde a irrecorribilidade imediata acarreta inequívoco risco de grave prejuízo à parte, dando ensejo à utilização do *writ* mandamental.[18]

A nova legislação acaba por impor este caminho do manuseio do remédio constitucional do mandado de segurança como instrumento necessário para a garantia de efetivação do devido processo legal, para se viabilizar, assim, a adequada prestação jurisdicional. A solução é lamentável e representa retrocesso na evolução das técnicas de prestação da tutela jurisdicional, estimulando a vulgarização da utilização de medida que deveria ser resguardada para situações extremas e pro-

---

[16] A expressão *'impugnabilidade remota'* é utilizada por José Miguel Garcia Medina, *op. cit.*, p. 1399.
[17] *Op. cit.*, p. 2.251. No mesmo sentido coloca-se Flávio Cheim Jorge, *Teoria geral dos recursos cíveis*, 7ª ed., São Paulo: RT, p. 282 e seguintes.
[18] *Op. cit.*, p. 1.400.

piciando o que Ernesto José Toniolo designou de *desordem ao sistema recursal*.[19]

4. Procedimento do Agravo de Instrumento

4.1. Requisitos da petição recursal no Agravo de Instrumento

Conforme indica o artigo 1.016 da nova Codificação Processual, a petição do recurso de Agravo de Instrumento deverá ser dirigida ao órgão jurisdicional competente para o seu conhecimento e julgamento (Tribunal de Justiça ou Tribunal Regional Federal).

A petição recursal deverá conter (a) o nome das partes. (b) a exposição do fato e do direito, (c) as razões do pedido de reforma ou de invalidação da decisão e próprio pedido e (d) o nome e endereço completo dos advogados do processo.

Na interposição do recurso de Agravo de Instrumento, deverá haver o cuidado de formação adequada do instrumento, atendendo-se ao comando constante do artigo 1.017 do novo Código Processual,[20] contendo obrigatoriamente cópia da petição inicial e da contestação, da petição que ensejou a decisão agravada, da própria decisão agravada, da decisão da respectiva intimação ou outro documento oficial que comprove a tempestividade e das procurações outorgadas aos advogados do agravante e do agravado.[21] Na inexistência de algum desses documentos obrigatórios, o advogado do declarante deverá formular declaração expressa neste sentido, sob pena de sua responsabilidade pessoal.

Além dos documentos tidos como obrigatórios, a petição do recurso de Agravo de Instrumento também poderá contar com os chamados *documentos úteis* ou *peças essenciais à compreensão da controvérsia*,[22] con-

---

[19] Os requisitos de admissibilidade dos recursos no novo Código de Processo Civil (Lei nº 13.105/2015), *op. cit.*, p. 184.

[20] Conforme observa Guilherme Rizzo do Amaral: "agora, a petição inicial, a contestação e a petição que ensejou a decisão agravada. Tratam-se de peças que poderiam ser consideradas 'necessárias' na vigência do CPC revogado, porém não obrigatórias, a despeito de muitas vezes serem essenciais à compreensão da controvérsia recursal" – *op. cit.*, p. 1030.

[21] Gilberto Gomes Bruschi aponta que "no que diz respeito à indicação do nome e do endereço completo dos advogados constantes do processo, sua finalidade é propiciar futuras intimações, seja por via postal, seja por meio do Diário Oficial", concluindo: "Dessa forma, não se mostra concebível deixar de conhecer do recurso de agravo de instrumento interposto caso não constem tais dados da petição, mas seja possível colher tais informações das peças que formam o instrumento". Neste sentido, o doutrinador cita o seguinte precedente: "RSTJ 110/327: Dispensa-se a indicação dos nomes e endereços dos advogados, quando da interposição do agravo de instrumento, se nas cópias das procurações, juntadas se pode claramente verificar tais registros. Em se tratando de comarca na qual a intimação se faz pela imprensa, dispensável até mesmo o requisito do endereço do advogado" – op. cit., p. 2.252.

[22] A referência a *peças essenciais à compreensão da controvérsia* é utilizada por Daniel Amorim Assumpção Neves, *Novo Código de Processo Civil* – Lei 13.105/2015, Rio de Janeiro: Forense; São Paulo: Método, 2015, p. 558.

substanciados nas peças processuais do feito originário que o agravante reputar relevantes para a adequada compreensão da matéria pelo órgão jurisdicional que irá julgá-lo. Se realizarmos a comparação do novo modelo processual com o anterior, constatamos de plano que a sistemática nova apresenta rol bem mais completo de documentos que obrigatoriamente devem ser utilizados para a formação do instrumento, o que tornam mais rara a necessidade de o agravado anexar outras peças além daquelas ali indicadas. Porém, as peculiaridades do caso concreto é que irão orientar o recorrente neste procedimento. Esse aspecto não passou despercebido por Gilberto Gomes Boschi, apontando: "o rol mais completo do CPC/2015 faz com que praticamente se torne desnecessária a juntada de qualquer outra peça do processo, mas isso não pode ser interpretado de forma infalível, já que, a depender do caso concreto será necessário, à exata compreensão dos magistrados no tribunal, o traslado de outra(s) peça(s) do processo, ato que se encartaria no inc. III do mesmo art. 1.017 (*v.g.* contrato com cláusula abusiva juntado como documento capaz de ensejar uma tutela de urgência indeferida pelo juiz de primeiro grau)".[23]

A peça exordial do recurso também se fará acompanhar da comprovação do respectivo preparo, quando devido, de acordo com os valores constantes das tabelas publicadas pelos respectivos tribunais.

Conforme expressamente estabelece o § 5º do Código de Processo Civil de 2015, em sendo eletrônicos os autos do processo, fica dispensada a formação do instrumento, porém é facultado ao recorrente anexar outros documentos que entender úteis para a compreensão da controvérsia.

Efetivando o ideal de simplificação e instrumentalização dos recursos, o novo Código de Processo Civil estabelece que no caso de ausência de alguma documentação devida, ou mesmo na presença de algum vício, o relator, ao despachar o recurso e antes de considerá-lo inadmitido, concederá o prazo de cinco dias para que o recorrente realize a complementação da documentação necessária para o conhecimento do recurso ou sane o vício em questão (artigo 932, parágrafo único).[24] A previsão em questão não deve ser compreendida como uma faculdade do relator, mas sim como um direito recorrente, de concre-

---

[23] *Op. cit.*, p. 2.254.

[24] Na lição de Guilherme Rizzo do Amaral: "o relator deverá determinar a intimação do agravante para que junte aos autos do recurso o documento faltante no prazo de cinco dias e, somente não havendo suprimento da falta de peça 'obrigatória', não conhecerá do recurso", concluindo: "a falta de peça 'necessária', porém, 'facultativa', não será motivo para não conhecimento do agravo, mas, sim, para lhe negar provimento" – *op. cit.*, p.1.031. Neste ponto específico, pedimos *venia* para discordar, pois consideramos que em ambos os casos, ou seja, na ausência de atendimento a emenda do instrumento com a juntada de peças obrigatórias ou necessárias, acarretará idêntica consequência, qual seja, a não admissão do recurso.

tização, portanto, impositiva. Tal inovação é um golpe certeiro na perniciosa *jurisprudência defensiva*, tão utilizada pelos tribunais para criar óbices à fluidez dos recursos em direção ao julgamento de seu mérito.

4.2. Forma de interposição e formalidades complementares

O recurso de agravo de instrumento será interposto no prazo de quinze dias (úteis), contados da intimação da decisão recorrida.

Especificamente sobre a forma de interposição, o § 2º do artigo 1.017 estabelece que o agravo de instrumento poderá ser interposto por (a) protocolo realizado diretamente no tribunal competente para julgá-lo, (b) protocolo realizado na própria comarca, seção ou subseção judiciárias, perante o cartório ou secretaria da vara judicial onde tramita o processo em que a decisão impugnada foi proferida, cabendo à serventia providenciar a remessa do recurso ao tribunal competente, (c) postagem, sob registro, com aviso de recebimento, endereçada ao tribunal competente e (d) transmissão de dados fac-símile. Nesta última modalidade, há a necessidade de protocolo da petição original e respectivos documentos perante o órgão competente, no prazo de cinco dias, contados do término do prazo recursal pertinente.[25] Na transmissão de dados, será suficiente a apresentação da petição recursal, acompanhada das respectivas razões desenvolvidas para produzir o provimento do recurso. As demais peças que formarão o instrumento – obrigatórias ou facultativas – serão juntadas na oportunidade da oferta da via original do recurso no protocolo competente. A codificação ainda abre a possibilidade de a lei vir a fixar forma diversa de interposição.

4.2.1. Comprovação da interposição do recurso de Agravo de Instrumento perante o juízo de primeiro grau

A nova legislação processual, repetindo o sistema anterior, impõe ao agravante – nos processos físicos – a realização da juntada aos autos de primeiro grau, de cópias da petição do agravo de instrumento, do comprovante de sua interposição e da relação dos documentos que instruíram o recurso. O prazo para a realização desta providência é de três dias, contados da interposição do agravo de instrumento. O objetivo desse procedimento é, precipuamente, provocar a realização de juízo de retratação pelo julgador de primeiro grau, o que, em sendo

---

[25] Lei nº 9.800/99, art. 2º: "A utilização de sistema de transmissão de dados e imagens não prejudica o cumprimento dos prazos, devendo os originais ser entregues em juízo, necessariamente, até cinco dias da data de seu término".

realizado de forma positiva, acarretará, inevitavelmente, prejudicado o recurso interposto em relação à decisão interlocutória.

O descumprimento desta exigência poderá ser arguido e provado pela parte agravada, acarretando o não conhecimento do recurso. Não há na legislação indicação expressa no sentido do momento oportuno para a arguição do descumprimento da referida formalidade. Gilberto Gomes Boschi indica que tal alegação deverá ser formulada por ocasião da resposta do agravado, sendo tal prazo de caráter preclusivo.[26]

A dicção legislativa indica que não bastará a mera arguição da omissão da comprovação da interposição do agravo de instrumento ao juízo originário, sendo exigível também a sua comprovação, que poderá ser demonstrada por meio de certidão expedida pelo órgão de jurisdição da causa.

Cabe ressaltar que a não comprovação da interposição do recurso de agravo de instrumento ao juízo recorrido somente acarretará a inadmissão desta impugnação recursal, pela perda superveniente do objeto, se houver iniciativa da parte recorrida, com a devida comunicação ao relator. Portanto, não poderá haver o seu reconhecimento *ex officio*. A provocação do relato, no caso, é indispensável.

A perda de objeto do agravo de instrumento, em função da retratação do juízo recorrido, poderá ser verificada de forma total ou parcial, de acordo com a extensão assumida pelo juízo de retratação realizado. Nesta última hipótese, o recurso de agravo de instrumento continua íntegro no seu regular processamento, havendo tão somente a restrição do seu conteúdo. Porém, se a retratação foi integral, envolvendo toda a matéria recorrida do agravo de instrumento, a inadmissão deste é impositiva, mas não deixa de permitir que a outra parte do processo originário venha a interpor novo agravo de instrumento, agora em relação à decisão proferida no juízo de retratação.

4.3. Processamento e julgamento do Agravo de Instrumento

O processamento do recurso de Agravo de Instrumento vem regulado no artigo 1.016 da nova Codificação Processual.

Recebido o recurso no Tribunal, este deverá ser imediatamente distribuído, cabendo ao relator verificar a sua regularidade formal e determinar, se for o caso, a prática dos atos de saneamento de eventuais vícios.

Não havendo defeitos formais, o relator, então, analisará se o caso permite a realização do julgamento monocrático liminar. As hipóteses

---

[26] *Op. cit.*, p. 2.255.

do julgamento singular pelo relator estão elencadas nos incisos III e IV do artigo 930 do Código de Processo Civil de 2015, a saber: (a) quando o recurso for inadmissível, prejudicado, ou que não tenha impugnado especificamente os fundamentos da decisão recorrida e, (b) para negar provimento a Agravo de Instrumento contrário a entendimento sumulado pelo Supremo Tribunal Federal, pelo Superior Tribunal de Justiça ou pelo próprio tribunal competente para apreciação do recurso em questão, ou contrariar acórdão proferido pelo Supremo Tribunal Federal ou pelo Superior Tribunal de Justiça no julgamento de recursos repetitivos, ou ainda a entendimento firmado em incidente de resolução de demandas repetitivas ou de assunção de competência.

De pronto constata-se distanciamento da nova Codificação Processual em relação à atual, pois deixa de existir, tanto para o agravo de instrumento, quanto para os demais tipos de recursos, a possibilidade de o relator valer-se do julgamento monocrático quando o recurso se mostrar manifestamente improcedente. Nas palavras de Alexandre Freitas Câmara, "com o novo CPC, portanto, só haverá julgamento monocrático de mérito do recurso quando este versar sobre matéria a cujo respeito já existia entendimento firmado em precedente vinculante".[27]

Os julgamentos em regime de recurso especial ou extraordinário repetitivo, no incidente de resolução de demandas repetitivas e no incidente de assunção de competência possuem caráter vinculante, o que legitima o relator a proceder ao julgamento monocrático, aplicando o precedente.

Porém, cabe frisar que a previsão é tão somente sobre a força do precedente e por consequência, a sua aplicação é impositiva, sendo, portanto, vedado ao relator valer-se do julgamento monocrático quando entender que a questão posta em juízo não se enquadra no precedente paradigma (*distinguishing*) ou mesmo decidir de forma singular para opor-se ao precedente.[28]

Vencida a etapa inicial da verificação dos requisitos de admissão recursal e não sendo caso de julgamento monocrático, caberá ao relator, em havendo pedido neste sentido, analisar a viabilidade de atribuição de efeito suspensivo ao recurso ou de deferimento de tutela antecipada recursal.

---

[27] Do agravo de instrumento no novo Código de Processo Civil, in: *Desvendando o novo CPC*, Darci Guimarães Ribeiro, Marco Félix Jobim, (orgs.). Porto Alegre: Livraria do Advogado, 2015, p. 14.

[28] Neste sentido é o magistério de Alexandre Freitas Câmara, afirmando "só poderá o relator julgar monocraticamente o mérito do recurso, frise-se, nos casos em que se aplique o precedente vinculante. Não é possível, porém, o julgamento monocrático nos casos em que haja um afastamento daquele precedente, seja por se estar diante de caso distinto (*distinguishing*), seja por tratar-se de casso em que se supere o precedente (*overruling*)" – *op. cit.*, p. 14.

O efeito suspensivo em Agravo de Instrumento está relacionado aos casos de decisão interlocutória de conteúdo positivo, ou seja, que tenha deferido algo, como, *v.g.*, tenha deferido pedido de antecipação de tutela postulado no primeiro grau de jurisdição. O que se busca é exatamente suspender os efeitos da decisão recorrida, evitando a sua efetivação, pelo menos enquanto não for julgado o recurso.

A concessão de tutela antecipada recursal, por sua vez, está atrelada às hipóteses em que a decisão impugnada tenha conteúdo negativo, ou seja, haja indeferido algum pedido formulado no curso do procedimento de primeiro grau. O exemplo tradicional é o ato de indeferimento de pedido de antecipação de tutela pelo juízo *a quo*. Neste caso, o que se pretende é a obtenção de medida em caráter provisório, que se projete sobre a situação fática, permitido a fruição de efeitos pelo menos até o julgamento final do Agravo de Instrumento. Os requisitos da tutela antecipada estão indicados no artigo 298 da nova Codificação. Em ocorrendo a concessão de alguma das tutelas de urgência – efeito suspensivo ou antecipação de tutela recursal –, a decisão em questão será comunicada ao juízo de primeiro grau para observá-la ou mesmo efetivá-la.[29]

Inovando em relação ao texto anterior, a nova Codificação Processual prevê expressamente a possibilidade de recurso em relação à decisão que concede efeito suspensivo ativo ou antecipação de tutela recursal. Na sistemática antiga, tal atitude do relator era irrecorrível e se permitia tão somente a formulação de pedido de reconsideração dirigido ao relator. O Código de 2015 mostra-se mais receptivo em relação ao debate sobre a concessão de efeito suspensivo ou de tutela antecipada recursal em sede de agravo de instrumento, outorgando à parte interessada que venha a impugná-la por meio de agravo interno, a ser interposto no prazo de quinze dias (úteis).[30] A modificação é louvável e merece ser aplaudida, pois a práxis tem comprovado que tal decisão, mesmo que de caráter provisório, é capaz de trazer considerável prejuízo a parte em desfavor de quem é deferida, não podendo ficar *a latere* do contraditório proporcionado pela via recursal.

Na etapa procedimental seguinte, o agravado será intimado para oferecer suas contrarrazões. O ato intimatório será realizado na pessoa do advogado constituído pelo recorrido e que patrocina os seus interesses em sede de primeiro grau de jurisdição.

---

[29] Sobre o regime da tutela provisória na nova legislação processual remetemos o leitor à obra de Jaqueline Mielke Silva, *A tutela provisória no novo Código de Processo Civil*: tutela de urgência e tutela de evidência, Porto Alegre: Verbo Jurídico, 2015.

[30] Art. 1.021. Contra decisão proferida pelo relator caberá agravo interno, observadas, quanto ao processamento, as regras do regimento interno do tribunal.

Em não havendo patrono constituído, a intimação ocorrerá de forma pessoal, por via postal.

Seguindo o princípio da igualdade, o prazo para a oferta das contrarrazões recursais será de quinze dias (úteis), sendo facultado ao agravado a juntada de peças ou documentos que entender necessário para o julgamento do recurso.

Se o feito ensejar, pelo seu conteúdo ou em função das partes envolvidas,[31] a participação do representante do Órgão do Ministério Público, o *parquet* será intimado (preferencialmente por meio eletrônico) para se manifestar no prazo de quinze dias.[32] Veja-se que a existência de prazo específico afasta a regra geral de trinta dias indicada no art. 178 da nova legislação processual.

Encerrado o processamento propriamente dito, passa-se ao julgamento do recurso de Agravo de Instrumento. Aqui, abrem-se duas possibilidades: o julgamento monocrático e o colegiado. O primeiro ocorrerá nas hipóteses acima analisadas, se apenas neste momento o relator constatou ser caso de decisão singular. Note-se que o julgador não sofre preclusão no curso do procedimento, de forma que ainda lhe é viável proceder ao julgamento monocrático do recurso.

No julgamento colegiado, o relator irá requerer a inclusão do recurso em pauta de sessão de julgamento, o que deverá ocorrer em prazo não superior a um mês, contado a partir da intimação do recorrido para oferecer suas contrarrazões.

O referido prazo não tem caráter impositivo, sendo *prazo impróprio*, ou seja, aquele em que a não observância deixa de acarretar prejuízo ou vícios ao procedimento, podendo eventualmente acarretar consequências tão somente no âmbito disciplinar, a depender do rigor dos órgãos competentes dos tribunais.[33] Porém, como observa Alexandre Freitas Câmara, o referido prazo merece ser respeitado, em nome da garantia de razoável duração do processo.[34] Gilberto Gomes Bruschi, por sua vez, critica a postura legislativa, contida no art. 1.020 da nova Codificação Processual, comparando-a com o regramento da legislação anterior, taxando-o de

---

[31] Art. 178. O Ministério Público será intimado para, no prazo de 30 (trinta) dias, intervir como fiscal da ordem jurídica nas hipóteses previstas em lei ou na Constituição Federal e nos processos que envolvam: I – interesse público ou social; II – interesse de incapaz; III – litígios coletivos pela posse da terra rural ou urbana. Parágrafo único. A participação da Fazenda Pública não configura, por si só, hipótese de intervenção do Ministério Público.

[32] No Código de Processo Civil anterior, o prazo para a manifestação ministerial no procedimento era de dez dias, sendo ampliado para quinze na Codificação atual ("Art. 1.019, III – determinará a intimação do Ministério Público, preferencialmente por meio eletrônico, quando for o caso de sua intervenção, ara que se manifeste no prazo de 15 (quinze) dias").

[33] Guilherme Rizzo do Amaral, *op. cit.*, p.1034.

[34] Do agravo de instrumento no novo Código de Processo Civil, in: *Desvendando o novo CPC*, Darci Guimarães Ribeiro, Marco Félix Jobim, (orgs.). Porto Alegre: Livraria do Advogado, 2015, p. 15.

inviável, pois "levando em conta que o prazo para a resposta do agravo de instrumento será de 15 (quinze) dias úteis, no mínimo 19 (dezenove) dias corridos, ainda mais se houver necessidade de participação do Ministério Público, que terá os mesmos 15 (quinze) dias úteis para emitir sua manifestação".[35] Efetivamente, parece ter ocorrido aqui equívoco do codificador, pois o prazo em questão deveria ser contado a partir da finalização do prazo para a manifestação da parte agravada (ou da sua efetiva ocorrência), ou, se for o caso, do parecer do representante do Ministério Público. A manutenção da dicção normativa, apesar de poder ser construída a compreensão de atribuir-lhe a natureza de prazo impróprio e, portanto, não peremptório, não satisfaz. Acreditamos que a redação deve ser corrigida, pois previsões como essa, que já nascem fadadas ao ostracismo, acabam depondo contra a legitimidade da nova Codificação Processual, que surge para implementar procedimento judicial efetivo, quando conteúdo de seu próprio texto já nasce com a pecha de ineficaz.

Deve ser observado que no caso de utilização do agravo de instrumento para atacar decisão interlocutória de mérito, em ocorrendo o seu provimento, por decisão não unânime, incidirá a previsão contida no artigo 942, § 3º, II, do novo Código de Processo Civil, sendo aplicada a técnica de complementação de julgamento que substituiu o antigo recurso de embargos infringentes.[36]

5. Considerações finais

Qualquer conclusão sobre algum aspecto da nova Codificação Processual Civil neste momento de transição será precipitada e mais se aproximará de um exercício de prognósticos acerca de um futuro meramente provável. Considerando esta realidade, ao invés de adotarmos a clássica forma de encerramento dos ensaios acadêmicos por meio de *conclusões*, nos limitaremos a registrar algumas breves considerações finais sobre a temática recursal e o tratamento outorgado ao Agravo de Instrumento no Código de Processo Civil de 2015.

---

[35] *Op. cit.*, p. 2.258.
[36] Cabe aqui compartilhar dúvida levantada por Francisco Barros Dias, ao analisar o tema: "não será, portanto, possível a utilização da técnica de julgamento nas hipóteses de agravo de instrumento do art.1.015 e nem em outras especificamente nominadas? Muitas discussões irão surgir a esse respeito. Pelo menos nas hipóteses em que o agravo de instrumento esteja sendo utilizado como substitutivo do recurso de apelação acreditamos que a lógica indica que seu conteúdo cuida sempre do mérito da demanda. Essas hipóteses deverão surgir na análise casuística das demandas, pois o exercício da atividade jurisdicional é que fazem nascer circunstâncias que fogem a previsões que só o futuro irá apontar" – Técnica de julgamento: criação do novo CPC (substitutivo dos embargos infringentes), Processo nos tribunais e meios de impugnação às decisões judiciais, *Coleção novo CPC*: doutrina selecionada, vol. 6, Salvador: Juspodivum, 2015, p. 56.

A primeira observação a ser consignada é no sentido de que o novo não é o velho rejuvenescido ou uma versão atualizada do antigo. A Codificação Processual que está para entrar em vigor deve ser lida, compreendida e refletida de acordo com a sua concepção própria, no sentido de um texto normativo voltado a atender à realidade atual, que lhe serviu de manjedoura e lhe dará o devido conforto.

Esta concepção de novidade-atualidade-efetividade fica bastante evidente em diversos momentos na legislação adjetiva de 2015, mormente na sistemática recursal adotada, numa clara insurgência em relação à *jurisprudência defensiva* que representado a pauta dos tribunais nas últimas décadas, valorizando a instrumentalidade das formas e priorizando a análise do mérito.

A métrica do modelo recursal, portanto, é nova, e deve ser compreendida no esquadro proposta na Codificação, livre das peias impostas pelo sistema processual vigente.

Pontualmente no concernente ao Agravo de Instrumento, a inovação fica por conta formatação dos casos de cabimento desta espécie recursal, que passa a contar com um rol de hipóteses em relação ao qual ainda não se tem plena segurança sobre a sua exta dimensão.

De plano a nova realidade do Agravo de instrumento nos provoca uma série de questionamentos que vão além das fronteiras da seara acadêmica e das possíveis críticas – positivas ou negativas – que a ele se possam atribuir. A primeira e talvez a mais indagação diz respeito à suficiência da moldura normativa para atender a realidade cotidiana da vida forense, ou dizendo de forma mais clara, estamos regredindo e repetindo os equívocos do passado, ressuscitando os problemas presentes no Código de Processo Civil de 1939, ou estamos, enfim, caminhando num processo evolutivo em relação ao modelo recursal ideal.

Por outro lado, mas não se afastando muito deste debate, é também de se questionar se as decisões interlocutórias não contempladas pelo cabimento do recurso de Agravo de Instrumento servirão de combustível para a impetração de mandado de segurança contra ato judicial, relembrando também a realidade de outrora.

Estas são as grandes dúvidas que somente poderão ser respondidas com a vivência da nova Codificação e sobre as quais refletimos no decorrer do texto, sem, no entanto, ousar oferecer respostas categóricas.

Referências bibliográficas

AMARAL, Guilherme Rizzo. *Comentários às alterações do novo CPC*, São Paulo, RT, 2015.

BRUSCHI, Gilberto Gomes. *Breves comentários ao novo Código de Processo Civil*, Coordenadores Teresa Arruda Alvim Wambier, Fredie Didier Jr. e Bruno Dantas, São Paulo: RT, 2015.

BUENO, Cassio Scarpinella. *Manual de Direito Processual Civil*, São Paulo: Saraiva, 2015.

CALMON DE PASSOS, J. J. O Mandado de segurança contra atos jurisdicionais: tentativa de sistematização nos cinquenta anos de sua existência, *Revista de Processo*, vol. 33, jan-mar/1984, p.

CÂMARA, Alexandre Freitas. Do agravo de instrumento no novo Código de Processo Civil, in: *Desvendando o novo CPC/* Darci Guimarães Ribeiro, Marco Félix Jobim, (organizadores), Porto Alegre: Livraria do Advogado Editora, 2015, p. 09-15.

——. *O novo processo civil brasileiro*, São Paulo: Atlas.

DIAS, Francisco Barros. Técnica de julgamento: criação do novo CPC (substitutivo dos embargos infringentes), *Processo nos tribunais e meios de impugnação às decisões judiciais, Coleção novo CPC: doutrina selecionada*, vol. 6, Salvador: Juspodivum, 2015.

HILL, Flávia Pereira. Breves comentários às principais inovações aos meios de impugnação das decisões judiciais no novo CPC, *Coleção novo CPC, vol. 6. Processo nos tribunais e meios de impugnação às decisões judiciais*, Cood. Fredie Didier Jr., Salvador: Juspodivum, 2015, p. 357-380.

JOBIM, Marco Félix; CARVALHO, Fabrício de Farias. A disciplina dos agravos no projeto do novo Código de Processo Civil, *Revista da Ajuris*, vol. 41, nº 135, set/2014, p. 265-288.

JORGE, Flávio Cheim, *Teoria geral dos recursos cíveis*, 7ª ed., São Paulo: RT, 2015.

KOPLIN, Klaus Cohen. O novo CPC e os direitos fundamentais processuais: uma visão geral, com destaque para o direito ao contraditório, *Grandes temas do novo Código de Processo Civil*, Organizadores Fernando Rubin e Luis Alberto Reichelt, Livraria do Advogado Editora: Porto Alegre, p. 20-21

LESSA, Guilherme Thofehrn. Irrecorribilidade das decisões interlocutórias e regime de agravo no Projeto do novo CPC. *Revista de Processo*, vol. 230, abr/2014, p. 193-210.

MARINONI, Luiz Guilherme; ARENHART, Sérgio Cruz; MITIDIERO, Daniel. *Novo Curso de Processo Civil: Tutela dos direitos mediante procedimento comum*, vol. II, São Paulo: RT, 2015.

MEDINA, José Miguel Garcia. *Novo Código de Processo Civil anotado*, São Paulo: RT, 2015.

NASSIF AZEM, Guilherme Beux. Mandado de segurança contra ato judicial. In: Nery Jr., Nelson; Wambier, Teresa Arruda Alvim. (Org.). *Aspectos polêmicos e atuais dos recursos cíveis e assuntos afins*. São Paulo: RT, 2011, v. 12, p. 209-223.

NEVES, Daniel Amorim Assumpção. *Novo Código de Processo Civil. – Lei 13.105/2015*, Rio de Janeiro: Forense; São Paulo: Método, 2015.

SILVA, Jaqueline Mielke. A tutela provisória no novo Código de Processo Civil: tutela de urgência e tutela de evidência, Porto Alegre: Verbo Jurídico, 2015.

TONIOLO, Ernesto José. Os requisitos de admissibilidade dos recursos no novo Código de Processo Civil (Lei nº 13.105/2015) *Grandes temas do novo Código de Processo Civil*, Organizadores Fernando Rubin e Luis Alberto Reichelt, Livraria do Advogado Editora: Porto Alegre, p. 169-198.

REICHELT, Luis Alberto. Sistemática recursal, direito ao processo justo e o novo Código de Processo Civil: os desafios deixados pelo legislador ao intérprete. *Revista de Processo*, vol. 244, jun/2015, p. 15-30.

RUBIN, Fernando. Cabimento de agravo de instrumento em matéria probatória: crítica ao texto final do novo CPC: Lei n 13.105/2015, art. 1.015. *Revista Dialética de Direito Processual*, nº 151, out/2015, p. 38-48.

WAMBIER, Tereza Arruda Alvim. *Os agravos no Código de Processo Civil brasileiro*, 4ª ed., São Paulo: RT, 2006.

— 8 —

Da instrumentalidade objetiva dos recursos extraordinário e especial – Breves considerações sobre o art. 1.029, § 3º, do novo Código de Processo Civil[1]

GUILHERME BEUX NASSIF AZEM[2]

Sumário: 1. Origens e natureza dos recursos extraordinário e especial; 2. Da "instrumentalidade objetiva" dos recursos extraordinário e especial no novo Código de Processo Civil; 3. Considerações finais; Referências bibliográficas.

1. Origens e natureza dos recursos extraordinário e especial

Proclamada a República, instituída a forma federativa de Estado e assentada a obrigatoriedade das leis federais em todo o território nacional, reconheceu-se, entre nós, a necessidade de se criar um instrumento processual capaz de zelar pela uniforme aplicação dessas leis e, claro, da própria Constituição.[3] O recurso extraordinário foi introduzido em nosso ordenamento pelo Decreto nº 848, de 11 de outubro de 1890, que organizou a Justiça Federal.[4] Sua atual denominação, no entanto,

---

[1] Dedico o presente ensaio, com saudades, à memória do meu querido tio-avô e grande incentivador, Dr. Moacir dos Santos Freire.

[2] Mestre em Direito pela PUC/RS. Membro do Instituto Brasileiro de Direito Processual e do Instituto Panamericano de Derecho Procesal. Professor nos cursos de pós-graduação em Direito Processual Civil da Uniritter, do Instituto de Desenvolvimento Cultural (IDC) e do Verbo Jurídico, dentre outras instituições. Membro da Comissão Executiva da Escola da Advocacia-Geral da União no Estado do Rio Grande do Sul. Procurador Federal em Porto Alegre/RS.

[3] Segundo observou Epitácio Pessoa em 1907, "conferir ás justiças independentes de 21 Estados autônomos o direito de julgar sem recurso da validade ou aplicabilidade dos actos do poder legislativo da Nação, seria lançar a maior confusão e obscuridade na legislação, enfraquecer as garantias que ella proporciona as liberdades individuaes, perturbar as relações que ella regula e por ultimo quebrar a unidade nacional, que encontra na unidade do direito um dos seus mais solidos esteios". (PESSOA, Epitácio. Do recurso extraordinário. *Revista do Supremo Tribunal Federal*, Rio de Janeiro, v. XXXVIII, p. 255-293, março 1922).

[4] Nesse sentido, MARTINS, Pedro Batista. *Recursos e processos da competência originária dos tribunais*. Rio de Janeiro: Forense, 1957, p. 373.

adveio do primeiro Regimento Interno do STF, de 26 de janeiro de 1891, e foi consagrada, no plano constitucional, com a Carta de 1934.[5] Remontam suas raízes ao direito norte-americano, mais especificamente no *Judiciary Act* de 1789, que consagrou o *writ of error*.[6]

Estritamente vocacionado à resolução de questões de direito, o recurso extraordinário não se destina a corrigir a má apreciação da prova[7] ou a eventual injustiça da decisão.[8] Por essência, sua existência dentro do sistema é animada por outro interesse, que não apenas o direito das partes envolvidas no conflito.[9] Tutela imediatamente o direito objetivo[10] e se vincula à supremacia da Constituição no ordenamento jurídico, enquadrando-se, assim, dentre os denominados *recursos excepcionais* (ou *extraordinários*).[11] Como ressalta Humberto Theodoro Júnior:

> Esse tipo de recurso nunca teve a função de proporcionar ao litigante inconformado com o resultado do processo uma terceira instância revisora da injustiça acaso cometida nas instâncias ordinárias. A missão que lhe é atribuída é de uma carga política maior, é a de propiciar à Corte Suprema meio de exercer seu encargo de guardião da Constituição, fazendo com que seus preceitos sejam corretamente interpretados e fielmente aplicados. É a autoridade e supremacia da Constituição que toca ao STF realizar por via dos julgamentos dos recursos extraordinários.[12]

Inverte-se, pois, no recurso extraordinário, a tradicional lógica recursal: nele, fundamentalmente são as partes instrumentos de uma finalidade maior cometida ao recurso. O interesse privado na reforma ou na cassação da decisão que lhe é desfavorável atua em serviço do

---

[5] CASTRO NUNES. *Teoria e prática do Poder Judiciário*. Rio de Janeiro: Forense, 1943, p. 315-316.

[6] BERMUDES, Sérgio. *Curso de direito processual civil (recursos)*. Rio de Janeiro: Borsoi, 1972, p. 162. Também nesse sentido: PONTES DE MIRANDA. *Comentários à Constituição de 1967*. 2. ed., rev. São Paulo: Editora Revista dos Tribunais, 1970, t. IV, p. 83; MARQUES, José Frederico. *Instituições de direito processual civil*. 2. ed. rev. Rio de Janeiro: Forense, v. IV, 1963, p. 322-323.

[7] STF, Súmula 279.

[8] Nesse sentido, JORGE, Flávio Cheim. *Teoria geral dos recursos cíveis*. 3. ed. rev., atual. e ampl. São Paulo: Editora Revista dos Tribunais, 2007, p. 33. Assim, já assentou o STF: "O recurso extraordinário é via processual estreitíssima, cujo potencial para desfazer eventuais injustiças na solução do caso concreto pelas instâncias ordinárias se restringe – aqui e alhures – às hipóteses infreqüentes nas quais a correção do erro das decisões inferiores possa resultar do deslinde da questão puramente de direito, e de alçada constitucional, adequadamente trazida ao conhecimento do Supremo Tribunal: por isso, a decisão do RE não se compromete com a justiça ou não do acórdão recorrido". (Tribunal Pleno, RE 254948/BA, Rel. Min. Sepúlveda Pertence, DJ 31.08.2001, p. 66).

[9] PORTO, Sérgio Gilberto; USTÁRROZ, Daniel. *Manual dos recursos cíveis*. 2. ed. rev. e ampl. Porto Alegre: Livraria do Advogado, 2008, p. 199.

[10] ASSIS, Araken de. *Manual dos recursos*. 3. ed., rev., atual. e ampl. São Paulo: Revista dos Tribunais, 2011, p. 58-59.

[11] Os recursos extraordinários têm como objeto imediato a tutela do direito objetivo. Somente de forma mediata protegem o direito subjetivo da parte. Nesse sentido: PINTO, Nelson Luiz. *Manual dos recursos cíveis*. 2.ed. rev., atual. e ampl. São Paulo: Malheiros, 2000, p. 32.

[12] THEODORO JÚNIOR, Humberto. Repercussão geral no recurso extraordinário (Lei nº 11.418) e súmula vinculante do Supremo Tribunal Federal (Lei nº 11.417). *Revista Magister de Direito Civil e Processual Civil*, Porto Alegre, nº 18, maio-junho 2007, p. 6.

interesse público na exata aplicação do direito constitucional, sendo reconhecido e tutelado desde que coincida com o especial interesse coletivo que constitui a base do instituto.[13]

Ressalta claro, pois, que, desde a sua origem, a missão do Supremo Tribunal Federal não se confunde com a dos tribunais locais. O interesse público ao qual servem os tribunais de cúpula, de fato, não se confunde com aquele a que servem os demais órgãos jurisdicionais.[14] A missão das cortes superiores vincula-se à defesa e à preservação da unidade do ordenamento jurídico, de modo a garantir a observância do direito objetivo e a uniformidade da jurisprudência.[15] Cabe-lhes, pois, precipuamente, a *função nomofilácica*, isto é, de zelar pela interpretação e aplicação do direito de forma tanto quanto possível uniforme.[16]

A finalidade do recurso extraordinário, assim, transcende o mero interesse das partes. Como aponta Castro Nunes: "A interpretação boa ou má, o julgamento, certo ou errado, da espécie, não interessa à Nação, não compromete a preeminência e a autoridade das leis federais, não põe em xeque a supremacia da União na ordem judiciária".[17]

Enrico Tullio Liebman, em conferência pronunciada no ano de 1940 sobre as perspectivas do recurso extraordinário, já referia:

> As tendências mais recentes na França, Itália e Alemanha indicam, com uniformidade realmente interessante, um desenvolvimento no sentido de caracterizar, de maneira cada vez mais pronunciada, a função específica dêstes tribunais supremos, de dar prevalência à tutela de um interêsse geral do Estado sobre os interêsses dos litigantes.[18]

---

[13] CALAMANDREI, Piero. *La casación civil*. Traducción de Santiago Sentís Melendo. Buenos Aires: Editorial Bibliografica Argentina, 1961, v. I, t. II, p. 147-151.

[14] Idem, p. 40. Faça-se, aqui, um breve esclarecimento: em linhas gerais, o sistema de cassação confere ao tribunal a competência para verificar a existência de violação à lei. No caso positivo, a causa é devolvida à instância de origem, para novo julgamento. Já o sistema de revisão, reúne os dois juízos. Não se limita à anulação da decisão impugnada, mas também aplica o direito ao caso concreto. Nesse sentido, BUZAID, Alfredo. Nova conceituação do recurso extraordinário na Constituição do Brasil. *Revista da UFPR*, Curitiba, v. 11, 1968, p. 52-53. De qualquer sorte, especialmente para a finalidade ora proposta – demonstrar a verdadeira função cometida aos tribunais superiores –, inexiste óbice para que os sistemas sejam tratados de forma conjunta, sem distinção terminológica.

[15] A uniformidade da jurisprudência decorre da própria necessidade de preservação da unidade do direito, somada à garantia da igualdade. Nessa linha, a lição de Piero Calamandrei: "Los dos principios, conexos entre si y complementarios, de la unidad del derecho positivo en el Estado y de la igualdad de todos los ciudadanos ante la ley, pueden ser prácticamente actuados sólo cuando las amenazas, que contra los mismos surgen de la inevitable pluralidad de los órganos jurisdiccionales del mismo grado, sean, dentro de lo posible, templadas por la *uniformidad de la interpretación jurisprudencial*". (CALAMANDREI, Piero. Id., p. 82).

[16] CRUZ E TUCCI, José Rogério. Art. 475-J e o STJ. *Revista Jurídica Consulex*, Brasília, n. 260, p. 51, novembro 2007.

[17] CASTRO NUNES. A Tarefa do Supremo Tribunal. *Revista Forense*, Rio de Janeiro, v. XCIX, p. 608, julho 1944.

[18] LIEBMAN, Enrico Tullio. Perspectivas do recurso extraordinário. *Revista Forense*, Rio de Janeiro, v. 85, nº 451/453, p. 605, janeiro-março 1941.

O inciso III do art. 102 da CF/88 estabelece as hipóteses de cabimento do recurso extraordinário, que expressa a mais significativa competência recursal do Supremo Tribunal Federal.[19] Como salienta José Afonso da Silva: "Supremo Tribunal Federal e Recurso Extraordinário complementam-se pela identidade de função. Um não se compreenderia sem o outro, no que tange à matéria constitucional".[20]

De tais características, não se afasta o recurso especial, ramificação que é do recurso extraordinário.[21] Com efeito, a Constituição Federal de 1988, na tentativa de conter a já visível "crise" do Supremo,[22] criou o Superior Tribunal de Justiça (STJ) e o recurso especial, deslocando para o novo tribunal parte da competência recursal até então cometida ao STF na via do extraordinário.[23] As hipóteses de cabimento do recurso especial encontram-se previstas no art. 105, III, da CF/88.

De tal modo, hoje convivem, em nosso ordenamento, dois recursos excepcionais – os quais, ao fim e ao cabo, possuem finalidades similares: o recurso extraordinário, cuja competência para o julgamento é do STF, com o objetivo de tutelar a unidade do direito constitucional; e o recurso especial, a ser julgado pelo STJ, com o objetivo de tutelar a unidade do direito infraconstitucional federal.[24]

---

[19] DINAMARCO, Cândido Rangel. A função das Cortes Supremas na América Latina. *Revista Forense*, Rio de Janeiro, v. 342, p. 6, abril-junho 1998.

[20] SILVA, José Afonso da. *Do recurso extraordinário no direito processual brasileiro*. São Paulo: Editora Revista dos Tribunais, 1963, p. 106.

[21] "[...] o recurso especial desmembrou-se do extraordinário, e, desse modo, o respectivo genoma ali se desenhou, mantendo variadas características da procedência". (ASSIS, Araken de. *Manual dos recursos*. 7. ed. rev. atual. e ampl. São Paulo: Editora Revista dos Tribunais, 2015, p. 834). Não à toa, portanto, foram adotadas para o novo recurso (o recurso especial), via de regra, as construções doutrinárias e jurisprudenciais sobre a finalidade, a natureza e a admissibilidade do recurso extraordinário.

[22] A chamada "crise" do Supremo se traduz no excessivo número de processos. Não obstante, como observa Araken de Assis: "O STJ não deu cabo da 'crise' do STF. Essa última persistiu indômita. A última tentativa de solução cristalizou-se no instituto da repercussão geral (art. 102, § 3º, da CF/1988, c/c Lei 11.418/2006)". (ASSIS, Araken de. *Manual dos recursos*. 7. ed. rev. e ampl. São Paulo: Editora Revista dos Tribunais, 2015, p. 835). Sobre a repercussão geral da questão constitucional, v. AZEM, Guilherme Beux Nassif. *Repercussão geral da questão constitucional no recurso extraordinário*. Porto Alegre: Livraria do Advogado, 2009.

[23] Não se olvide da crítica pontual de José Carlos Barbosa Moreira: "A bipartição do antigo recurso extraordinário, perfeitamente explicável à luz da reestruturação da cúpula do Poder Judiciário, não deixou de causar problemas de ordem prática. Temos agora dois recursos em vez de um só, interponíveis ambos, em larga medida, contra as mesmas decisões. Daí a necessidade de articulá-los; e o sistema resultante teria de ficar, como na verdade ficou, bastante complicado em mais de um ponto. É inegável que o novo regime acarreta, muitas vezes, aumento considerável na duração do processo". (BARBOSA MOREIRA, José Carlos. *Comentários ao código de processo civil*. 14. ed. rev. e atual. Rio de Janeiro: Forense, 2008, p. 586, v. V).

[24] "O julgamento de um recurso extraordinário ou de um recurso especial constitui, portanto, uma oportunidade para que o Supremo Tribunal Federal ou ou o Superior Tribunal de Justiça outorguem adequada interpretação ao direito, adscrevendo significado ao discurso do legislador (aos textos constitucionais e legais), reduzindo com isso o grau de indeterminação inerente ao direito."

2. Da "instrumentalidade objetiva" dos recursos extraordinário e especial no novo Código de Processo Civil

É inseparável do direito processual a noção de instrumentalidade. O processo, não se têm dúvidas, deve cumprir seus escopos jurídicos, sociais e políticos.[25]

Classicamente, o caráter instrumental do processo é utilizado para justificar o desapego ao formalismo exacerbado, de forma a que se permita atingir, no caso concreto, a mais justa composição da lide. Nesse sentido, por exemplo, José Augusto Delgado destaca que "a função jurisdicional tem como destino único e exclusivo fazer justiça, pelo que a peculiaridade instrumental da lei formal não deve atuar como obstáculo para o alcance desse fim".[26]

Cândido Rangel Dinamarco, ao abordar a instrumentalidade do processo, assim anotou:

> É vaga e pouco acrescenta ao conhecimento do processo a usual afirmação de que ele é um *instrumento*, enquanto não acompanhada da indicação dos *objetivos* a serem alcançados mediante o seu emprego. Todo instrumento, como tal, é *meio*; e todo meio só é tal e se legitima, em função dos *fins* a que se destina.[27]

Tomando em conta a lição do referido autor paulista, releva anotar que o Novo Código de Processo Civil objetiva agregar ao sistema uma nova dimensão da instrumentalidade, ínsita e vinculada à finalidade dos recursos extraordinário e especial e à missão do Supremo Tribunal Federal e do Superior Tribunal de Justiça. Com efeito, como forma de vincular o instrumento (recurso) aos fins aos quais ele se destina (defesa e preservação da unidade do direito), o novo diploma assim prevê, em seu art. 1029, § 3º: "O Supremo Tribunal Federal ou o Superior Tribunal de Justiça poderá desconsiderar vício formal de recurso tempestivo ou determinar sua correção, desde que não o repute grave".

Como afirmam Luiz Guilherme Marinoni, Sérgio Cruz Arenhart e Daniel Mitidiero, trata-se "de estímulo ao conhecimento do mérito do

---

(MARINONI, Luiz Guilherme; ARENHART, Sérgio Cruz; MITIDIERO, Daniel. *Novo código de processo civil comentado*. São Paulo: Editora Revista dos Tribunais, 2015, p.p. 962-963.

[25] PORTANOVA, Rui. *Princípios do processo civil*. 7. ed. Porto Alegre: Livraria do Advogado, 2008, p. 48.

[26] DELGADO, José Augusto. Princípio da instrumentalidade, do contraditório, da ampla defesa e modernização do processo civil. *Revista Jurídica*, Porto Alegre, v. 285, julho 2001, p. 38. Destaca-se, na mesma linha, excerto de decisão do Superior Tribunal de Justiça: "Conquanto mereça relevo o atendimento às regras relativas à técnica processual, reputa-se consentâneo com os dias atuais erigir a instrumentalidade do processo em detrimento ao apego exagerado ao formalismo, para melhor atender aos comandos da lei e permitir o equilíbrio na análise do direito material em litígio". (Terceira Turma, REsp 1109357/RJ, Rel. Min. Nancy Andrighi, DJe 01.07.2010)

[27] DINAMARCO, Cândido Rangel. *A instrumentalidade do processo*. 12. ed. São Paulo: Malheiros, 2005, p. 181.

recurso extraordinário e do recurso especial, desde que, a partir do seu julgamento, possam as Cortes Supremas outorgar unidade ao direito mediante adequada intepretação".[28]

Consagra-se, assim, o que ora denominamos *instrumentalidade objetiva* dos recursos extraordinário e especial.[29] Trata-se de instrumentalidade que se destina a permitir que o recurso extraordinário atenda aos seus fins. Relaciona-se, dessa forma, com a defesa e a manutenção, pelo STF e pelo STJ, da ordem objetiva, constitucional e infraconstitucional federal.

Não há vinculação, ao menos imediata, com o interesse das partes nem com a justiça da decisão. Tampouco há direito subjetivo à superação do vício – seja pela característica ínsita aos recursos excepcionais, seja pela adoção, no texto legal, da forma verbal "poderá", seguida de inequívoco juízo valorativo (a cargo exclusivo do tribunal superior competente), daquilo que não se reputar *grave*.[30]

Por isso, trata-se, como afirmado, de uma nova dimensão da instrumentalidade. Abre-se mão da forma estrita, não para, salvo indiretamente, fazer justiça ao caso concreto, mas para que o instrumento atinja sua finalidade, garantindo-se, assim, a viabilidade do mister de preservação da unidade e da uniformidade do direito.

Como se sabe, costuma-se utilizar a expressão "processo objetivo" para destacar o seu distanciamento daquelas regras processuais próprias dos conflitos intersubjetivos de interesses, do tipo clássico.[31] Desse modo, reforçando tendência que já podia ser verificada em nosso ordenamento,[32] o sistema processual passa a acentuar, de forma explícita, a função instrumental dos recursos extraordinário e especial, que se

---

[28] MARINONI, Luiz Guilherme; ARENHART, Sérgio Cruz; MITIDIERO, Daniel. *Novo código de processo civil comentado*. São Paulo: Editora Revista dos Tribunais, 2015, p. 971.

[29] A ideia já havido sido exposta, ainda que unicamente em relação ao recurso extraordinário e quanto da tramitação do então Projeto do Novo CPC, em AZEM, Guilherme Beux Nassif. A instrumentalidade objetiva do recurso extraordinário, *Revista de informação legislativa*, v. 48, n. 190, t. 1, p. 205-210, abr-jun. 2011.

[30] Difere a norma especial, pois, daquela prevista no art. 932, parágrafo único, do Novo CPC, a qual, nitidamente, configura dever do relator.

[31] TAVARES, André Ramos. *Teoria da justiça constitucional*. São Paulo: Saraiva, 2005, p. 392.

[32] Merecem referência, *v.g.*, a adoção, pela Emenda Constitucional nº 45/2004, do instituto da repercussão geral da questão constitucional, (CF/88, art. 102, § 3º), assim como o entendimento sufragado pelo Pretório Excelso no sentido de que, no controle difuso de normas, uma vez verificada a inconstitucionalidade de determinado preceito, deveria pronunciar-se sobre a sua compatibilidade com o texto constitucional, mesmo que isso se mostrasse dispensável à resolução da controvérsia. Veja-se, a respeito, o MS nº 20.505-DF, em que se acentuou que "Argüida 'incidenter tantum' a inconstitucionalidade de lei ou ato normativo, que se deva aplicar no julgamento da causa, o Plenário do STF não pode furtar-se ao exame preliminar dessa argüição". Já nos autos do RE nº 102.553-DF, o STF, posto que desprovendo o recurso interposto por contribuinte, declarou inconstitucional a Resolução nº 7, de 22 de abril de 1980, do Senado Federal, referente à alíquota de tributo. Recomenda-se, outrossim, a leitura da decisão monocrática proferida pelo Ministro

relaciona, no seu aspecto decisivo, à institucionalização e preservação do Estado Democrático de Direito,[33] mediante a guarda da Constituição Federal e das leis federais, respectivamente.

Para tanto, como visto, poderão o STF e o STJ desconsiderar defeito de ordem formal que não reputarem grave e julgar o recurso extraordinário ou o recurso especial que contiverem questão cuja definição contribua para o aperfeiçoamento do sistema jurídico. Como já apontaram Luiz Guilherme Marinoni e Daniel Mitidiero, ainda à luz do Projeto:

> Trata-se de disposição que leva a sério o caráter paradigmático das decisões do Supremo Tribunal Federal e do Superior Tribunal de Justiça e que outorga o devido valor ao fato de nesses tribunais *julgar-se a partir dos casos* para promoção da unidade do Direito.[34]

Certamente, será o critério da proporcionalidade que balizará a tomada de decisão. Em outras palavras, em juízo valorativo, indagar-se-á o que prepondera diante do caso concreto: o defeito formal – que levará à inadmissão do recurso – ou a relevância da questão para a unidade do direito, que, superando aquele, permitirá o julgamento do mérito.

Feliz, por outro lado, foi a redação proposta ao excluir a intempestividade das hipóteses em que será possível relevar a inadmissibilidade do recurso. Entender de outra forma poderia atentar, inclusive, à garantia constitucional da coisa julgada.

3. Considerações finais

Sem maiores indagações, conclui-se que é extremamente positiva e oportuna a adoção da *instrumentalidade objetiva* para os recursos extraordinário e especial. O legislador, no ponto, mostrou-se afinado, de uma só vez, com duas ideias: a da instrumentalidade do processo (antes pensada preponderantemente sob a ótica subjetiva); e a da função dos recursos excepcionais.

Aguardemos a aplicação do art. 1029, § 3º, do CPC. Caso o dispositivo venha a ser criteriosamente utilizado pelos nossos tribunais superiores, sempre tendo como norte a consecução da verdadeira fun-

---

Gilmar Mendes nos autos do AI nº 685066 MC/BA, na qual se enfatizou o caráter objetivo que, em especial a partir da Lei nº 10.259/01, passou a conformar o recurso extraordinário.

[33] ASSIS, Araken de. *Manual dos recursos*. 3. ed., rev., atual. e ampl. São Paulo: Revista dos Tribunais, 2011, p. 719.

[34] MARINONI, Luiz Guilherme; MITIDIERO, Daniel. *O projeto do CPC: crítica e propostas*. São Paulo: Revista dos Tribunais, 2010, p. 187.

ção dos recursos extraordinário e especial, Supremo Tribunal Federal e Superior Tribunal de Justiça estarão potencializando o seu verdadeiro – e imprescindível – papel em nossa federação.

Referências bibliográficas

ASSIS, Araken de. *Manual dos recursos*. 3. ed., rev., atual. e ampl. São Paulo: Revista dos Tribunais, 2011.

──. *Manual dos recursos*. 7. ed. rev. atual. e ampl. São Paulo: Editora Revista dos Tribunais, 2015.

AZEM, Guilherme Beux Nassif. *Repercussão geral da questão constitucional no recurso extraordinário*. Porto Alegre: Livraria do Advogado, 2009.

──. A instrumentalidade objetiva do recurso extraordinário, *Revista de informação legislativa*, v. 48, n. 190, t. 1, p. 205-210, abr-jun. 2011.

──. Breves notas sobre o prequestionamento no novo Código de Processo Civil. In: RUBIN, Fernando; REICHELT, Luis Alberto (Organizadores). *Grandes temas do novo código de processo civil*. Porto Alegre: Livraria do Advogado, 2015, p. 199-211.

BARBOSA MOREIRA, José Carlos. A recente reforma da Constituição brasileira e o Supremo Tribunal Federal. In: BERIZONCE, Roberto Omar; HITTERS, Juan Carlos; OTEIZA, Eduardo (Coord.). *El papel de los tribunais superiores*. Buenos Aires: Rubinzal-Culzoni Editores, 2006, p. 555-569.

──. *Comentários ao código de processo civil*. 14. ed. rev. e atual. Rio de Janeiro: Forense, 2008, v. V.

BERMUDES, Sergio. *Curso de direito processual civil (recursos)*. Rio de Janeiro: Borsoi, 1972.

BUZAID, Alfredo. Nova conceituação do recurso extraordinário na Constituição do Brasil. *Revista da UFPR*, Curitiba, v. 11, 1968, p. 51-66.

CALAMANDREI, Piero. *La casación civil*. Traducción de Santiago Sentís Melendo. Buenos Aires: Editorial Bibliografica Argentina, 1961.

CÂMARA, Alexandre Freitas. *O novo processo civil brasileiro*. São Paulo: Atlas, 2015.

CASTRO NUNES. *Teoria e prática do Poder Judiciário*. Rio de Janeiro: Forense, 1943.

──. A Tarefa do Supremo Tribunal. *Revista Forense*, Rio de Janeiro, vol. XCIX, p. 606-610, julho 1944.

CHIOVENDA, Giuseppe. *Instituições de direito processual civil*. Tradução J. Guimarães Menegale. 3. ed. São Paulo: Saraiva, 1969, v. I.

CORRÊA, Oscar Dias. A missão atual do Supremo Tribunal Federal e a constituinte. *Revista de Direito Administrativo*, Rio de Janeiro, v. 160, p. 1-31, abril-junho 1985.

CRUZ E TUCCI, José Rogério. Art. 475-J e o STJ. *Revista Jurídica Consulex*, Brasília, n. 260, p. 50-52, novembro 2007.

DANTAS, Bruno. *Repercussão geral: perspectivas histórica, dogmática e de direito comparado: questões processuais*. São Paulo: Editora Revista dos Tribunais, 2008.

DELGADO, José Augusto. Princípio da instrumentalidade, do contraditório, da ampla defesa e modernização do processo civil. *Revista Jurídica*, Porto Alegre, v. 285, p. 31-60, julho 2001.

DINAMARCO, Cândido Rangel. *A instrumentalidade do processo*. 12. ed. São Paulo: Malheiros, 2005, p. 181.

——. A função das Cortes Supremas na América Latina. *Revista Forense,* Rio de Janeiro, v. 342, p. 3 -12, abril-junho 1998.

FAVOREU, Louis. *As cortes constitucionais.* Tradução Dunia Marinho Silva. São Paulo: Landy Editora, 2004.

FERREIRA FILHO, Manoel Caetano. *Comentários ao código de processo civil.* São Paulo: Editora Revista dos Tribunais, 2001, v. 7.

FUX, Luiz. Senado Federal. Os 50 anos de Brasília. Por uma justiça ágil. *Revista de Informação Legislativa,* n. 187, Brasília, p. 161-171, 2010.

JORGE, Flávio Cheim. *Teoria geral dos recursos cíveis.* 3. ed. rev., atual. e ampl. São Paulo: Editora Revista dos Tribunais, 2007.

KNIJNIK, Danilo. *O recurso especial e a revisão da questão de fato pelo Superior Tribunal de Justiça.* Rio de Janeiro: Forense, 2005.

LIEBMAN, Enrico Tullio. Perspectivas do recurso extraordinário. *Revista Forense,* Rio de Janeiro, v. 85, n° 451/453, p. 601-605, janeiro-março 1941.

LIMA, Alcides de Mendonça. A marcha processual do recurso extraordinário. *Revista Jurídica,* Porto Alegre, n° 37, p. 10-16, janeiro-fevereiro 1959.

——. Recurso extraordinário e recurso especial. In: TEIXEIRA, Sálvio de Figueiredo (Coord.). *Recursos no Superior Tribunal de Justiça.* São Paulo: Saraiva, 1991, p. 135-161.

LINS E SILVA, Evandro. O recurso extraordinário e a relevância da questão federal. *Revista dos Tribunais,* São Paulo, v. 485, p. 11-15, março 1976.

MANCUSO, Rodolfo de Camargo. *Recurso extraordinário e recurso especial.* 10. ed. rev., ampl. e atual. São Paulo: Editora Revista dos Tribunais, 2007.

MARINONI, Luiz Guilherme; MITIDIERO, Daniel. *Repercussão geral no recurso extraordinário.* São Paulo: Editora Revista dos Tribunais, 2007.

——. *O projeto do CPC: crítica e propostas.* São Paulo: Revista dos Tribunais, 2010.

——; ARENHART, Sérgio Cruz; MITIDIERO, Daniel. *Novo código de processo civil comentado.* São Paulo: Editora Revista dos Tribunais, 2015

MARQUES, José Frederico. *Instituições de direito processual civil.* 2. ed. rev. Rio de Janeiro: Forense, v. IV, 1963.

MARTINS, Pedro Batista. *Recursos e processos da competência originária dos tribunais.* Rio de Janeiro: Forense, 1957.

MEDINA, José Miguel Garcia. *O prequestionamento nos recursos extraordinário e especial.* 2. ed. rev., ampl. e atual. São Paulo: Editora Revista dos Tribunais, 1999.

OLIVEIRA, Candido de. Algumas notas sobre o recurso extraordinário. *Revista do Supremo Tribunal Federal,* Rio de Janeiro, v. XLIII, p. 267-289, agosto 1922.

OLIVEIRA, Carlos Alberto Alvaro de. *Do formalismo no processo civil.* 2. ed. rev. e ampl. São Paulo: Saraiva, 2003.

PESSOA, Epitacio. Do recurso extraordinario. *Revista do Supremo Tribunal Federal,* Rio de Janeiro, v. XXXVIII, p. 255-293, março 1922.

PINTO, Nelson Luiz. *Manual dos recursos cíveis.* 2.ed. rev., atual. e ampl. São Paulo: Malheiros, 2000.

PONTES DE MIRANDA. *Comentários à Constituição de 1967.* 2. ed., rev. São Paulo: Editora Revista dos Tribunais, 1970, t. IV.

——. *Comentários ao Código de Processo Civil.* 3. ed. rev. e aum. Rio de Janeiro: Forense, 1999.

PORTANOVA, Rui. *Princípios do processo civil.* 7. ed. Porto Alegre: Livraria do Advogado, 2008.

PORTO, Sérgio Gilberto; USTÁRROZ, Daniel. *Manual dos recursos cíveis*. Porto Alegre: Livraria do Advogado, 2007.

RODRIGUES, Lêda Boechat. *História do Supremo Tribunal Federal*. Rio de Janeiro: Editora Civilização Brasileira, 1965, v. I.

SEABRA FAGUNDES, M. A Reforma do Poder Judiciário e a Reestruturação do Supremo Tribunal Federal. *Revista Forense,* Rio de Janeiro, v. 215, p. 5-12, julho-setembro 1966.

SILVA, José Afonso da. *Do recurso extraordinário no direito processual brasileiro*. São Paulo: Editora Revista dos Tribunais, 1963.

SILVA, Ovídio A. Baptista da. A função dos tribunais superiores. In: MACHADO, Fábio Cardoso; MACHADO, Rafael Bicca (Coord.). *A Reforma do Poder Judiciário*. São Paulo: Quartier Latin, 2006, p. 463-483.

SOUZA, Carlos Aureliano Motta de. O papel constitucional do STF: uma nova aproximação sobre o efeito vinculante. Brasília: Brasília Jurídica, 2000.

TAVARES, André Ramos. *Teoria da justiça constitucional*. São Paulo: Saraiva, 2005.

——. Reforma do judiciário no Brasil pós-88: (des)estruturando a justiça: comentários completos à EC n. 45/04. São Paulo: Saraiva, 2005.

THEODORO JÚNIOR, Humberto. Repercussão geral no recurso extraordinário (Lei nº 11.418) e súmula vinculante do Supremo Tribunal Federal (Lei nº 11.417). *Revista Magister de Direito Civil e Processual Civil*, Porto Alegre, nº 18, maio-junho 2007, p. 5-32.

WAMBIER, Teresa Arruda Alvim. Fundamentos do processo. *Revista dos Tribunais,* São Paulo.

— 9 —

Os embargos de divergência no novo Código de Processo Civil

ERNESTO JOSÉ TONIOLO[1]

Sumário: Introdução; Os embargos de divergência como instrumento essencial ao exercício das funções do Supremo Tribunal Federal e do Superior Tribunal de Justiça; A necessidade de uniformização da jurisprudência não se limita às decisões proferidas no julgamento dos recursos extraordinário e especial; Divergência em matéria processual na compreensão dos requisitos de admissibilidade dos recursos extraordinário e especial; Divergência entre decisões de um mesmo órgão fracionário; Outras alterações relevantes nos embargos de divergência; Conclusão; Referências bibliográficas.

Introdução

O novo Código de Processo Civil reformula o recurso de embargos de divergência, ampliando as hipóteses de cabimento do recurso. A seguir, demonstraremos que a reconstrução da espécie recursal guarda íntima relação com expectativa de que o Supremo Tribunal Federal e o Superior Tribunal de Justiça possam ser a principal fonte de segurança jurídica, construindo um sistema jurisprudencial coeso, uniforme e estável, capaz de orientar a conduta do jurisdicionado e dos operadores do direito em geral.

A existência de decisões dissonantes causa grande insegurança e compromete a expetativa da sociedade brasileira em relação ao desempenho ideal das funções do Supremo Tribunal Federal e do Superior Tribunal de Justiça.

---

[1] Doutor e Mestre em Processo Civil pela Universidade Federal do Rio Grande do Sul (UFRGS). Professor do Curso de Especialização em Direito Público da Fundação do Ministério Público – FMP (presencial e EAD), do Curso de Especialização em Direito Processual da UNISC (EAD), do Curso de Especialização em Processo Civil da ESMAFE/RS (presencial e EAD), dos Cursos de Especialização em Processo Civil e Direito do Estado do UNIRITTER. Coordenador acadêmico e professor da Rede e-Jus (Brasília). Procurador do Estado do RS, com atuação junto ao Supremo Tribunal Federal e aos tribunais superiores.

Os embargos de divergência como instrumento essencial ao exercício das funções do Supremo Tribunal Federal e do Superior Tribunal de Justiça

Além de servirem ao interesse particular dos litigantes na obtenção de uma decisão judicial mais favorável, os recursos também exercem a importante função de limitar os poderes do juiz, por meio do controle de suas decisões pelos tribunais. Por essa razão, podemos afirmar que qualquer recurso transcende a esfera do interesse das partes, prestando valioso auxílio na realização do Estado de Direito, ao colaborar com a limitação e com o controle da atividade judicial, além de contribuir para uniformização dos julgados e para o aperfeiçoamento do direito objetivo.[2]

A concepção moderna de que a função do processo civil não se limita apenas à tutela dos interesses subjetivos dos litigantes se acentua ao contemplarmos os recursos especial e extraordinário. Costuma-se afirmar que essas espécies recursais não foram criadas para a tutela dos direitos individuais das partes no caso concreto, mas sim para o aperfeiçoamento do direito e para a uniformização das interpretações, permitindo a unicidade (do ordenamento jurídico) e uma maior segurança jurídica.[3] A realização satisfatória desses resultados demanda a existência dos recursos especial e extraordinário, que permitem a uniformização da exegese da legislação e do próprio texto constitucional, como função exercida por um único tribunal (aqui dois, mas com competências distintas). Divergências significativas na jurisprudência poderiam abalar a confiança dos jurisdicionados no ordenamento jurídico como

---

[2] A esse respeito, ver: TONIOLO, Ernesto José. Os requisitos de admissibilidade dos recursos no novo Código de Processo Civil (Lei nº 13.105/2015). In: *Grandes Temas do Novo Código de Processo Civil*. Luis Alberto Reichelt e Fernando Rubin (orgs.). Porto Alegre: Livraria do Advogado, 2015 p. 169-198.

[3] Acerca do papel desempenhado pelos tribunais superiores, assim discorrem Friedrich Lent e Othmar Jauernig: "O significado da política do direito dos recursos consiste, antes de mais, na garantia reforçada da justeza da decisão. A admissão dos recursos exerce sobre os tribunais inferiores uma pressão salutar para que fundamentem cuidadosamente as decisões. Servem sobretudo à segurança duma jurisprudência unitária, quando os processos terminam no tribunal superior ou poucos atingem os tribunais superiores, enquanto a jurisprudência dos tribunais inferiores tende a permanecer no seu grande número difusa e dispersa. O necessário desenvolvimento da ordem jurídica só é possível pela jurisprudência dos tribunais superiores, cujas decisões são publicadas e dotadas de uma especial autoridade 'natural'. Por isso, a utilização dos recursos não serve apenas o interesse da parte concreta, mas antes da jurisprudência no seu todo, especialmente expressa na revista" (JAUERNIG, Othmar; LENT, Friedrich. *Direito processual civil*. 25. ed. totalmente refundida, da obra criada por Friedrich Lent. Tradução de F. Silveira Ramos. Coimbra: Almedina, 2002. p. 361-362). Também, ver: REICHELT, Luis Alberto; A repercussão geral do recurso extraordinário e a construção do processo civil na era da solidariedade social. *Revista de Processo*, v. 189, p. 88-100, 2010.

um todo, gerando consequências nefastas.[4] Ademais, a necessidade de preservar a unidade do ordenamento jurídico, por meio da uniformização e do controle da interpretação e aplicação da legislação federal e da Constituição sempre foi uma preocupação dos estados organizados sob a forma federativa.[5]

A previsão do cabimento de embargos de divergência apenas no âmbito do Supremo Tribunal Federal e do Superior Tribunal de Justiça relaciona-se com a acentuada função de uniformizar a aplicação e a interpretação do direito. A crescente autoridade dos precedentes formados no Supremo Tribunal Federal e nos tribunais superiores decorre da necessidade de dispensar-se o máximo de segurança jurídica à coletividade, trazendo previsibilidade ao mesmo tempo em que assegura a igualdade perante o direito. Exatamente por isso o novo Código de Processo Civil inicia o Livro III – que trata dos "processos nos tribunais e dos meios de impugnação das decisões judiciais" – estabelecendo que "os tribunais devem uniformizar sua jurisprudência e mantê-la estável, íntegra e coerente" (art. 926, NCPC).[6]

A permanência de decisões dissonantes no âmbito interno das próprias cortes superiores e do STF impediria que fossem alcançadas essas finalidades, causando o efeito contrário, que consiste na insegurança jurídica e na desigualdade perante o direito.

Ao prever o cabimento dos embargos de divergência, o legislador vale-se do interesse das partes em reformar decisões desfavoráveis para atingir as finalidades preponderantemente públicas de pacificação e uniformização do direito, colaborando para que a jurisprudência

---

[4] Tratando do assunto, quanto ao recurso de revista no direito alemão, ver: ROSENBERG, Leo; SCHWAB, Karl Heinz; GOTTWALD, Peter. *Zivilprozessrecht*. 17. ed. München: C. H. Beck München, 2010. p. 819-821, § 141; ZÖLLER, Richard *et al*. *Zivilprozessordnung*. 28. ed. Köln: Dr. Otto Schmidt, 2010. § 543, 4b. Deve-se destacar também, que a crescente importância da jurisprudência como fonte de direito coloca ainda mais relevo na importância de que a função jus-unificadora seja desempenhada pelos tribunais superiores de forma adequada. Acerca do assunto, relevante a leitura da obra de Danilo Knijnik (ver: KNIJNIK, Danilo. *O recurso especial e a revisão da questão de fato pelo Superior Tribunal de Justiça*. Rio de Janeiro: Forense, 2005).

[5] Nesse sentido, segundo José Carlos Barbosa Moreira, "a estreita relação entre os sinais típicos do recurso extraordinário, tal como se institui no País, e as da nossa estrutura político-jurídica. Na foi por acaso que o importamos, após a proclamação da República, do direito norte-americano; nem é por acaso que a correspondência mais exata, na matéria, sempre se estabeleceu com outros Estados também não unitários" (BARBOSA MOREIRA, José Carlos. *Comentários ao Código de Processo Civil*. 14. ed. Rio de Janeiro: Forense, 2008. v. 5, p. 583 -584).

[6] Analisando a transformação do papel das cortes superiores e das cortes supremas, Daniel Mitidiero destaca que seria imprescindível apenas "uma mudança no peso que deve se reconhecer às diferentes funções que podem ser exercidas por essas cortes. É claro que a tutela do direito em geral seria fatalmente incompleta se a tutela do direito em particular, isto é, diante das decisões judiciais individuais, acabasse expurgada das preocupações do Supremo Tribunal Federal e do Superior Tribunal de Justiça" (MITIDIERO, Daniel. *Cortes Superiores e Cortes Supremas. Do Controle à Interpretação, da Jurisprudência ao Precedente*. São Paulo: Revista dos Tribunais, 2013, p. 95).

se mantenha íntegra e coerente.⁷ Todavia, a importância da jurisprudência do Supremo Tribunal Federal e do Superior Tribunal de Justiça não se limita às decisões proferidas no julgamento dos recursos extraordinário e especial. Decisões dissonantes prolatadas no julgamento das demandas de competência originária daqueles tribunais, ou na apreciação de recursos ordinários, também devem ser combatidas e eliminadas.

Atento à crescente importância da jurisprudência do Supremo Tribunal Federal e do Superior Tribunal de Justiça, o legislador redesenhou os embargos de divergência no novo Código de Processo Civil, ampliando as hipóteses de cabimento do recurso unificador.

A necessidade de uniformização da jurisprudência não se limita às decisões proferidas no julgamento dos recursos extraordinário e especial

O Código de Processo Civil de 1973 trata dos embargos de divergência apenas no art. 546, deixando a tarefa de pormenorizar o regramento do recurso unificador a cargo do regimento interno do Supremo Tribunal Federal e do Superior Tribunal de Justiça. De qualquer forma, a redação do art. 546 limitava o cabimento dos embargos de divergência ao âmbito dos recursos extraordinário e especial, impedindo sua interposição quando a divergência decorre do julgamento das ações de competência originária do Supremo Tribunal Federal e do Superior Tribunal de Justiça (*v.g.*: mandados de segurança, ação direta de inconstitucionalidade etc.).⁸ Segundo a jurisprudência dos tribunais superiores, os precedentes formados em ações de competência originária

---

[7] "As funções jus-unificadoras, ou mesmo de realização do ordenamento jurídico (objetivo) e dos direitos fundamentais, mesmo quando consideradas como a própria razão da existência dos recursos especial e extraordinário, não dispensam a iniciativa e o interesse dos recorrentes. Esses instrumentos impugnatórios também se inserem no ambiente processual, no qual vigora o princípio dispositivo em sentido material" (ver: TONIOLO, Ernesto José. Os requisitos de admissibilidade dos recursos no novo Código de Processo Civil. In: *Grandes temas do novo Código de Processo Civil*. Luis Alberto Reichelt e Fernando Rubin (orgs.). Porto Alegre: Livraria do Advogado, 2015, p. 178-179. A prática demonstra que parte prejudicada é aquela que possui razão e maior necessidade de identificar erros no julgado, de forma a tomar iniciativa contra o pronunciamento desfavorável. Como a maior interessada na reforma da decisão no seu próprio interesse e no interesse geral, possui mais condições de ajudar a descobrir os erros do julgamento, apontados em suas razões recursais. Nesse sentido, ver: GILLES, Peter. Anschliessung, Beschwer, Verbot der Reformatio in peius und Parteidispositionen über die Sache in höherer Instranz. *ZZP*, n. 91, 1978. p. 143-144.

[8] PROCESSUAL CIVIL. EMBARGOS DE DIVERGÊNCIA. PARADIGMA. RECURSO EM MANDADO DE SEGURANÇA. IMPOSSIBILIDADE. Os julgados proferidos em sede de recurso ordinário em mandado de segurança são imprestáveis para viabilizar a oposição dos embargos de divergência. Agravo regimental desprovido (AgRg nos EREsp 1353628/RN, Rel. Ministro ARI PARGENDLER, CORTE ESPECIAL, julgado em 20/08/2014, DJe 01/09/2014)

não podem ser utilizados como paradigmas para embasar a oposição de embargos de divergência contra acórdãos proferidos no julgamento de recursos extraordinário e especial.[9] O entendimento fundamenta-se na diferença quanto à ampla possibilidade de análise dos fatos e das provas nas ações de competência originária e no recurso ordinário, diversamente do que ocorre com os recursos especial e extraordinário. Tais decisões seriam qualitativamente diferentes e, portanto, não passíveis de cotejamento. A nosso ver, numerosos argumentos demonstram tratar-se de concepção equivocada, que limita desnecessariamente a uniformização dos precedentes emanados do Supremo Tribunal Federal e do Superior Tribunal de Justiça. Contra esse entendimento, merece destaque a advertência feita pelo Min. Teori Albino Zavascki (quando ainda integrava o Superior Tribunal de Justiça), ao proferir voto divergente no julgamento do AgRg no EREsp 1179978/RJ (Rel. Ministro Humberto Martins, Primeira Seção, julgado em 28/03/2012, DJe 10/04/2012), em que destacou que art. 546, I, do CPC/73 "admite como paradigma é o acórdão que diverge de outro em "julgamento de outra Turma, da Seção do Órgão Especial", o que, à sua evidência, não se limita recurso especial".[10]

---

[9] Exemplificamos com a ementa do seguinte julgado: EMBARGOS DE DIVERGÊNCIA – PRETENDIDA DEMONSTRAÇÃO DE DISSÍDIO JURISPRUDENCIAL MEDIANTE INVOCAÇÃO DE ACÓRDÃOS-PARADIGMAS PROFERIDOS NO JULGAMENTO DE AÇÃO DIRETA DE INCONSTITUCIONALIDADE E DE MANDADO DE SEGURANÇA – INADMISSIBILIDADE – RECURSO DE AGRAVO IMPROVIDO. – Para efeito de interposição de embargos de divergência, somente os acórdãos proferidos em sede de recurso extraordinário, de agravo de instrumento ou de agravo em recurso extraordinário (Lei nº 12.322/2010), poderão revestir-se de caráter paradigmático, viabilizando-se, processualmente, como padrões de confronto aptos a demonstrar a existência de dissídio jurisprudencial no âmbito do Supremo Tribunal Federal. Precedentes. (RE 577184 AgR-segundo-EDv-AgR, Relator(a): Min. CELSO DE MELLO, Tribunal Pleno, julgado em 20/03/2013, ACÓRDÃO ELETRÔNICO DJe-068 DIVULG 12-04-2013 PUBLIC 15-04-2013). No âmbito do Superior Tribunal de Justiça a questão também se encontrava pacificada: PROCESSUAL CIVIL E ADMINISTRATIVO. EMBARGOS DE DIVERGÊNCIA EM RECURSO ESPECIAL. PARADIGMA JULGADO EM RECURSO ORDINÁRIO EM MANDADO DE SEGURANÇA. IMPOSSIBILIDADE. 1. A Corte Especial reafirmou o entendimento de que não se admitem embargos de divergência quando o julgado apontado como paradigma foi proferido em recurso ordinário em mandado de segurança. 2. Embargos de divergência não conhecidos (EREsp 1235881/SC, Rel. Ministro BENEDITO GONÇALVES, CORTE ESPECIAL, julgado em 20/03/2013, DJe 24/10/2013).

[10] Confira na íntegra: "Voto no sentido de admitir o recurso de embargos de divergência, embora o paradigma não seja em recurso especial. Os embargos de divergência são um recurso destinado a uniformizar jurisprudência do Tribunal. Se dermos uma interpretação diferente ao art. 546, I, do CPC, para entender que cabem embargos de divergência em recurso especial, penas quando acórdão embargado divergir de julgamento de outra Turma em recurso especial (o que não está dito no dispositivo legal), significaria impedir que se invocasse, por exemplo, com paradigma, um EREsp sobre a mesma matéria. Ou seja, se a Corte Especial ou a Seção já decidiram sobre aquela matéria de modo diferente, não poderíamos invocar es precedente para embargos divergência no recurso especial. Na verdade, o que o CPC admite com paradigma é o acórdão que divergi de outro em 'julgamento de outra Turma, da Seção do Órgão Especial', o que, à sua evidência, não se limita recurso especial. Por essa razão, peço vênia pra dar provimento agravo regimental".

Já o novo Código de Processo Civil dedica aos embargos de divergência tratamento detalhando, corroborando a função destacada dos precedentes no novo sistema processual e a necessidade de uniformização e coerência dos julgados como requisito essencial para alcançar-se a segurança jurídica. A Lei nº 13.105/2015 introduz grandes avanços, superando, inclusive, entendimentos jurisprudenciais que limitavam, desnecessariamente, a interposição dos embargos de divergência. O art. 1.043 do NCPC, além de permitir a oposição de embargos de divergência no âmbito das ações de competência originária do Supremo Tribunal Federal e do Superior Tribunal de Justiça, autoriza que os precedentes formados no julgamento dessas demandas sirvam de paradigma para o cotejamento com as decisões proferidas no julgamento dos recursos extraordinário e especial. O § 1º do art. 1.043 expressamente prevê que "poderão ser confrontadas teses jurídicas contidas em julgamentos de recursos e de ações de competência originária".

Todavia, compreendermos que os precedentes formados no julgamento das ações de competência originária ou dos recursos ordinários nem sempre poderão ser utilizados como paradigmas para oposição de embargos de divergência contra as decisões proferidas na apreciação dos recursos extraordinário e especial. Somente o exame do caso concreto permitirá aferirmos se o precedente formado no julgamento do recurso ordinário – que possui devolutividade plena – guarda similitude com a decisão dissonante proferida no julgamento do recurso extraordinário ou especial (devolutividade limitada). O entendimento assentado na jurisprudência construída sob a égide do Código de Processo Civil de 1973, embora criticável pela vedação absoluta da utilização desses precedentes, pode representar importante parâmetro para impedir a aplicação indiscriminada da autorização contida no art. 1.043, § 1º, do NCPC. Em certas situações, a diferença na base fática – estabelecida com a utilização de meios de provas admitidos em um determinado procedimento – influencia as premissas sobre as quais se assenta a decisão, podendo tornar inapropriado cotejamento dos acórdãos. A aplicação da louvável inovação legislativa exige a análise das peculiaridades de cada recurso, o que deverá ser feito no juízo de admissibilidade dos (novos) embargos de divergência. A previsão legal da possibilidade de contrastarmos acórdãos formados no julgamento de recursos extraordinários e especial com aqueles proferidos em recursos ordinários ou processos de competência originária – e vice-versa – não dispensa a análise, pelo relator, da semelhança fática e jurídica entre a decisão embargada e o acórdão paradigmático.

Divergência em matéria processual na compreensão dos requisitos de admissibilidade dos recursos extraordinário e especial

Durante a vigência do Código de Processo Civil de 1973, o Supremo Tribunal Federal e o Superior Tribunal de Justiça consolidaram entendimento contrário ao cabimento de embargos de divergência contra decisões proferidas em recursos (extraordinário e especial) que não ultrapassem a barreira da admissibilidade, ainda que a discordância tratasse, justamente, desses requisitos recursais específicos, sempre objeto de muita polêmica.[11] O Superior Tribunal de Justiça já havia, inclusive, editado o enunciado sumular nº 315 ("Não cabem embargos de divergência no âmbito do agravo de instrumento que não admite recurso especial").

Com o novo regramento, também restou superado o posicionamento que entendia incabível a oposição de embargos quando a divergência decorresse de questão relacionada ao juízo de admissibilidade dos recursos extraordinário e especial. O art. 1.043, II, do novo Código de Processo Civil estabelece o cabimento dos embargos de divergência quando "em recurso extraordinário ou em recurso especial, divergir do julgamento de qualquer outro órgão do mesmo tribunal, sendo os acórdãos, embargado e paradigma, relativos ao juízo de admissibilidade". A existência de interpretações dissonantes em questões relacionadas ao juízo de admissibilidade dos recursos também é fonte de grande insegurança jurídica no ambiente interno do processo.[12] Inexistia qualquer

---

[11] No Superior Tribunal de Justiça essa barreira foi reafirmada e consolidada em recente julgado da Corte Especial, assim ementado: "PROCESSUAL CIVIL. AGRAVO REGIMENTAL. EMBARGOS DE DIVERGÊNCIA. AUSÊNCIA DE DISSÍDIO JURISPRUDENCIAL. JUÍZO DE ADMISSIBILIDADE DE RECURSO ESPECIAL. 1. A admissão dos embargos de divergência reclama a comprovação do dissídio jurisprudencial na forma prevista pelo RISTJ, com a demonstração das circunstâncias fáticas e jurídicas que assemelham os casos confrontados. 2. No caso, o acórdão embargado, assim como o paradigma, também analisou a questão do julgamento *extra petita* – apesar de não prequestionada –, afirmando peremptoriamente a sua não ocorrência, apenas não tendo dissertado acerca do efeito translativo do recurso especial, sendo certa a inexistência de aplicação de teses jurídicas distintas a casos faticamente semelhantes, o que é requisito fundamental à utilização da via dos embargos de divergência. 3. Os embargos de divergência não são a via adequada para uniformização da jurisprudência acerca do juízo de conhecimento de recurso especial. 4. No caso, ao ponto relativo ao marco inicial dos juros moratórios foi aplicada a Súmula 284 do STF – regra técnica de admissibilidade insuscetível de avaliação na estreita sede dos embargos de divergência. 5. Agravo regimental não provido" (AgRg nos EDcl nos EAREsp 204.278/MG, Rel. Ministro LUIS FELIPE SALOMÃO, CORTE ESPECIAL, julgado em 04/11/2015, DJe 18/11/2015).

[12] Como bem observado por Humberto Ávila, "os direitos fundamentais, na sua eficácia de defesa relativamente a intervenções estatais, também repelem a surpresa no âmbito dos procedimentos, sejam eles administrativos ou judiciais" (ver: ÁVILA, Humberto. *Segurança jurídica*: entre permanência, mudança e realização no direito tributário. 2. ed. São Paulo: Malheiros, 2012. p. 371. "Já passou do tempo de os processualistas admitirem que, se em todas as demais funções do Estado há mecanismos para a proteção do indivíduo contra as alterações imprevisíveis de padrões de

justificativa plausível a impedir a uniformização dos entendimentos dissonantes relacionados aos requisitos de admissibilidade dos recursos. A simples uniformização da jurisprudência mostra-se insuficiente para assegurar à sociedade a segurança jurídica desejada. O não conhecimento do recurso possibilita a permanência de decisões dos tribunais de apelação dissonantes da jurisprudência uniformizada no âmbito do Supremo Tribunal Federal e do Superior Tribunal de Justiça. A existência de divergência a respeito dos requisitos de admissibilidade dos recursos especial e extraordinários permite resultados aleatoriamente distintos, comprometendo a previsibilidade (aspecto da segurança jurídica) e o direito fundamental à igualdade perante o direito. A própria importância dos recursos especial e extraordinário já se mostra suficiente para justificar a necessidade interpretação uniforme a respeito dos requisitos de admissibilidade dessas espécies impugnatórias.

Portanto, inexistia qualquer justificativa plausível a impedir a uniformização dos entendimentos dissonantes relacionados aos requisitos de admissibilidade dos recursos extraordinário e especial.

O processo civil do Estado Constitucional não tolera a surpresa às partes, com a criação de verdadeiras "armadilhas" processuais, que comprometam o direito fundamental à segurança jurídica.[13]

A coexistência de interpretações dissonantes quanto aos requisitos de admissibilidade dos recursos impede que as partes calculem as possíveis consequências dos atos praticados durante o *iter* procedimental. A Lei nº 13.105/2015 potencializa a utilização dos embargos de divergência como instrumento destinado a reduzir as incertezas no ambiente interno do processo, atendendo aos direitos fundamentais processuais, em especial daquele representado pelo *direito ao processo justo*.[14] Essa inovação, além de justificável em virtude do inestimável

---

conduta estatal estável, não pode o Estado-juiz permanecer imune a essa proteção. Também ao processo os reclamos da segurança e estabilidade exigem a manutenção de padrões de conduta" (ver: CABRAL, Antonio do Passo. *Nulidades no processo moderno*: contraditório, proteção da confiança e validade 'prima facie' dos atos processuais. 2. ed. Rio de Janeiro: Forense, 2010. p. 305). Na doutrina germânica, a polêmica em torno da aplicação da proteção da confiança no âmbito do processo civil é suscitada, principalmente, por Gottfried Baumgärtel, em artigo publicado em 1973 (BAUMGÄRTEL, Gottfried. Treu und Glauben im Zivilprozess. *Zeitschrift für Zivilprozess*, n. 86, 1973. p. 353 et seq.)

[13] Daí por que, na doutrina alemã costuma empregar a expressão "efeito surpresa" (*Überrumpelungseffekt*) para designar o comprometimento da segurança jurídica no ambiente interno no processo. A respeito do assunto, ver: KLAMARIS, Nikolaos. *Das Rechtsmittel der Anschlussberufung*. Tübingen: J.C.B. Mohr, 1975. p. 258-260. Ver: TONIOLO, Ernesto José. Os requisitos de admissibilidade dos recursos no novo Código de Processo Civil (Lei nº 13.105/2015). In: *Grandes Temas do Novo Código de Processo Civil*. Luis Alberto Reichelt e Fernando Rubin (orgs.). Porto Alegre: Livraria do Advogado, 2015. p. 169-198.

[14] Adotamos aqui o conceito de processo justo como aquele que atenta aos direitos fundamentais processuais, equivalendo ao conceito de "giusto processo", do modo como formulado por Nicola Picardi. Ver: PICARDI, Nicola. *Manuale del processo civile*. 3. ed. Milano: Giuffrè, 2013. p. 234-238.

ganho em segurança jurídica e igualdade, não compromete o direito à efetividade ou à duração razoável do processo. No dia a dia do Supremo Tribunal Federal e Superior Tribunal de Justiça, o número de embargos de divergência manjados não apresenta significado estatístico relevante.

O novo Código de Processo Civil destacou a necessidade de interpretação uniforme – tanto quanto possível – das normas processuais em geral, como demonstra a redação contida no § 2º do art. 1.043 (*A divergência que autoriza a interposição de embargos de divergência pode verificar-se na aplicação do direito material ou do direito processual*). O tratamento não poderia ser outro. Aliás, mesmo durante a vigência do código anterior admitia-se a oposição de embargos de divergência para uniformizar decisões que tratassem de questões processuais, com exceção das divergências relacionadas aos requisitos de admissibilidade dos recursos especial e extraordinário (restrição que estará superada com entrada em vigor da Lei nº 13.105/2015).

Outra importante contribuição para o aperfeiçoamento dos embargos de divergência pode ser encontrada no art. 1.043, III, do NCPC, que prevê, expressamente, hipótese de cabimento do recurso uniformizador quando "em recurso extraordinário ou em recurso especial, divergir do julgamento de qualquer outro órgão do mesmo tribunal, sendo um acórdão de mérito e outro que não tenha conhecido do recurso, embora tenha apreciado a controvérsia".

Alguns requisitos das espécies recursais extraordinárias confundem-se com o próprio mérito do recurso, ou mesmo com questões relativas à competência do Supremo Tribunal Federal e do Superior Tribunal de Justiça. Imagine-se, por exemplo, o recurso extraordinário interposto contra decisão que, interpretando a legislação federal, conceda benefício tributário à empresa de telefonia – que realiza atividade expressamente qualificada na Constituição Federal como serviço (artigo 155, II, CF) –por meio da equiparação das empresas desse ramo à indústria (atividade de recebe do legislador determinado benefício tributário). Inadmitido o recurso extraordinário estatal sob o fundado da inexistência de ofensa direta à Constituição Federal, indaga-se se isso não seria contraditório com o acórdão que conheceu e proveu recurso extraordinário do contribuinte interposto contra acórdão que ampliou a tributação pelo alargamento do conceito de receita bruta – termo também utilizado pela Constituição Federal – por legislação infraconstitucional. A questão essencial de ambos os recursos é a mesma: saber se a

---

Para aprofundar o estudo acerca das relações entre sistema recursal e o direito ao processo justo no NCPC, ver: REICHELT, Luis Alberto. Sistemática recursal, direito ao processo justo e o novo Código de Processo Civil: os desafios deixados pelo legislador ao intérprete. *Revista de Processo*, v. 244, p. 15-30, 2015.

lei federal, alterando conceitos jurídicos empregados pela Constituição Federal para estruturar o Sistema Tributário Nacional, pode aumentar ou reduzir tributos. A divergência a respeito dessa questão, de inegável relevância para o direito tributário, verifica-se ainda que um dos recursos não seja conhecido. Com esse singelo exemplo, podemos compreender as razões que levaram o legislador a permitir a oposição de embargos de divergência baseado no cotejo do acórdão que conheceu e proveu o recurso com aquele que não conheceu do recurso por compreender ausente a questão constitucional exigida para o conhecimento do recurso extraordinário.

Divergência entre decisões de um mesmo órgão fracionário

Ao interpretar o Código de Processo Civil de 1973, a jurisprudência do Supremo Tribunal Federal e do Superior Tribunal de Justiça também não admitia a oposição de embargos de divergência com base em decisão paradigmática do mesmo órgão fracionário. Já o novo Código de Processo Civil previu hipótese de cabimento do recurso "quando o acórdão paradigma for da mesma turma que proferiu a decisão embargada, desde que sua composição tenha sofrido alteração em mais da metade de seus membros" (art. 1.043, § 6º, NCPC). Assim, passam a caber embargos de divergência com base em acórdão dissonante do mesmo órgão julgador, desde que o colegiado tenha sofrido alteração de mais da metade de seus integrantes. Caso esse último requisito não se verifique, continua valendo o entendimento anteriormente consolidado na jurisprudência. A oposição de embargos baseados na divergência interna das turmas exige que a nova decisão tenha sido prolatada após a alteração da maioria dos Ministros. Esse requisito deve ser verificado comparando-se a composição do colegiado no momento do julgamento do acórdão utilizado como paradigma, com aquela existente na data em que ocorreu o julgamento do acórdão embargado. Note-se que o dispositivo trata de alteração na composição da turma, não permitindo a realização de contraste considerando o nome dos Ministros que efetivamente participaram da sessão de julgamento.

Outras alterações relevantes nos embargos de divergência

O novo diploma processual, em numerosos dispositivos, atribui ao magistrado o dever de fundamentar satisfatoriamente as decisões judiciais. No caso dos embargos de divergência, o art. 1.043, § 5º, do NCPC, expressamente proíbe a inadmissão do recurso com base em fundamento genérico de que as circunstâncias fáticas seriam diferentes, sem demonstrar a existência da distinção.

O procedimento de tramitação e o julgamento dos embargos de divergência continuam sendo regrados pelo regimento interno dos tribunais superiores, conforme a previsão expressa contida no art. 1.044, *caput*, do novo Código de Processo Civil.

A interposição de embargos de divergência contra decisão do Superior Tribunal de Justiça interrompe o prazo para eventual interposição de recurso extraordinário, por qualquer das partes (art. 1.044, § 1º, NCPC). No caso de sucumbência recíproca, pode ocorrer que uma das partes oponha embargos de divergência contra acórdão do Superior Tribunal de Justiça e a outra, simultaneamente, interponha recurso extraordinário. Nesse caso, o recurso extraordinário somente será processo após o julgamento dos embargos de divergência, trazendo a indagação acerca da necessidade de que o recurso extraordinário interposto pela parte contrária seja reiterado, pena de não conhecimento, a exemplo do que ocorre com o recurso interposto simultaneamente aos embargos de declaração. O novo diploma processual, pautando-se pela eliminação do formalismo excessivo, estabelece que a reiteração do recurso extraordinário impõe-se somente no caso de provimento dos embargos de divergência (art. 1.044, § 2º, NCPC: "Se os embargos de divergência forem desprovidos ou não alterarem a conclusão do julgamento anterior, o recurso extraordinário interposto pela outra parte antes da publicação do julgamento dos embargos de divergência será processado e julgado independentemente de ratificação"). Afastou-se, em parte, a jurisprudência consolidada do Supremo Tribunal Federal que exigia a reiteração do recurso extraordinário.[15] Embora a redação do novo diploma processual mitigue o formalismo excessivo, deixou de esgotar o desejável regramento da questão. Mesmo que providos os embargos de divergência, não há qualquer razão para exigir-se a reiteração do recurso extraordinário quando os recursos disserem respeito a capítulos totalmente independentes.

Como a expressão "embargos de divergência" assemelha-se à expressão "embargos infringentes" (agora extintos como recurso e transformados em técnica de julgamento), surge o questionamento acerca da necessidade interposição deste último recurso como requisito de admissibilidade do recurso extraordinário interposto contra acórdão

---

[15] A questão encontra-se pacificada em ambas as turmas do Supremo Tribunal Federal: AI 716630 AgR, Relator: Min. Ayres Britto, Segunda Turma, julgado em 06/09/2011, DJe-209 divulg 28-10-2011 public 03-11-2011 ement vol-02618-01 pp-00115; ARE 663915 ED, Relator: Min. Luiz Fux, Primeira Turma, julgado em 28/02/2012, acórdão eletrônico dje-063 divulg 27-03-2012 public 28-03-2012.

do Superior Tribunal de Justiça (esgotamento de instância). A resposta é negativa. O Supremo Tribunal Federal há muito consolidou entendimento segundo o qual a ausência de manejo de embargos de divergência contra acórdão de tribunal superior não impede a interposição de recurso extraordinário, por tratar-se de recurso facultativo, cabível em instância não ordinária de jurisdição.[16]

Conclusão

A atenção especial dedicada pelo novo Código de Processo Civil aos embargos de divergência, sobretudo no que diz respeito à ampliação das hipóteses de cabimento, expressa a expectativa da sociedade brasileira no momento atual em relação ao papel do Supremo Tribunal Federal e do Superior Tribunal de Justiça. Espera-se desses tribunais a construção de uma jurisprudência uniforme, estável, integra e coerente, que assegure a realização do direito fundamental à segurança jurídica em todas as suas dimensões.

Referências bibliográficas

ÁVILA, Humberto. *Segurança jurídica*: entre permanência, mudança e realização no direito tributário. 2. ed. São Paulo: Malheiros, 2012.

BARBOSA MOREIRA, José Carlos. *Comentários ao Código de Processo Civil*. 14. ed. Rio de Janeiro: Forense, 2008. v. 5.

CABRAL, Antonio do Passo. *Nulidades no processo moderno:* contraditório, proteção da confiança e validade 'prima facie' dos atos processuais. 2. ed. Rio de Janeiro: Forense, 2010. p. 305.

BAUMGÄRTEL, Gottfried. Treu und Glauben im Zivilprozess. *Zeitschrift für Zivilprozess*, n. 86, 1973.

GILLES, Peter: Anschliessung, Beschwer, Verbot der Reformatio in peius und Parteidispositionen über die Sache in höherer Instranz. *ZZP*, n. 91, 1978. p. 143-144.

JAUERNIG, Othmar; LENT, Friedrich. *Direito processual civil*. 25. ed. totalmente refundida, da obra criada por Friedrich Lent. Tradução de F. Silveira Ramos. Coimbra: Almedina, 2002.

KLAMARIS, Nikolaos. *Das Rechtsmittel der Anschlussberufung*. Tübingen: J.C.B. Mohr, 1975. p. 258-260.

KNIJNIK, Danilo. *O recurso especial e a revisão da questão de fato pelo Superior Tribunal de Justiça*. Rio de Janeiro: Forense, 2005.

MITIDIERO, Daniel. *Cortes Superiores e Cortes Supremas*. Do Controle à Interpretação, da Jurisprudência ao Precedente. São Paulo: Revista dos Tribunais, 2013.

---

[16] V.g.: RE nº 355.497-AgR/SP, Relator o Ministro Maurício Corrêa, Segunda Turma, DJ de 25.4.03; RE 601707 AgR, Relator(a): Min. Dias Toffoli, Primeira Turma, DJe-233 divulg 26-11-2013 public 27-11-2013).

PICARDI, Nicola. *Manuale del processo civile*. 3. ed. Milano: Giuffrè, 2013.

REICHELT, Luis Alberto. Sistemática recursal, direito ao processo justo e o novo Código de Processo Civil: os desafios deixados pelo legislador ao intérprete. *Revista de Processo*, v. 244, p. 15-30, 2015.

——. A repercussão geral do recurso extraordinário e a construção do processo civil na era da solidariedade social. *Revista de Processo*, v. 189, p. 88-100, 2010.

ROSENBERG, Leo; SCHWAB, Karl Heinz; GOTTWALD, Peter. *Zivilprozessrecht*. 17. ed. München: C. H. Beck München, 2010. p. 819-821, § 141; ZÖLLER, Richard *et al*. *Zivilprozessordnung*. 28. ed. Köln: Dr. Otto Schmidt, 2010.

TONIOLO, Ernesto José. Os requisitos de admissibilidade dos recursos no novo Código de Processo Civil (Lei nº 13.105/2015). In: *Grandes Temas do Novo Código de Processo Civil*. Luis Alberto Reichelt e Fernando Rubin (orgs.). Porto Alegre: Livraria do Advogado, 2015, p. 169-198.

Impressão:
Evangraf
Rua Waldomiro Schapke, 77 - POA/RS
Fone: (51) 3336.2466 - (51) 3336.0422
E-mail: evangraf.adm@terra.com.br